PUBLICATIONS

DE

L'ÉCOLE DES LANGUES ORIENTALES VIVANTES

II

HISTOIRE DE L'ASIE CENTRALE

TRADUCTION FRANÇAISE

BOULOGNE (SEINE). — IMPRIMERIE JULES BOYER

HISTOIRE
DE
L'ASIE CENTRALE
(AFGHANISTAN, BOUKHARA, KHIVA, KHOQAND)

Depuis les dernières années du règne de Nadir Châh (1153), jusqu'en 1233 de l'Hégire (1740-1818)

PAR

MIR ABDOUL KERIM BOUKHARY

PUBLIÉE, TRADUITE ET ANNOTÉE

PAR

CHARLES SCHEFER

PREMIER SECRÉTAIRE INTERPRÈTE DU GOUVERNEMENT POUR LES LANGUES ORIENTALES
PROFESSEUR A L'ÉCOLE DES LANGUES ORIENTALES VIVANTES

TRADUCTION FRANÇAISE

PARIS
ERNEST LEROUX, ÉDITEUR
DE LA SOCIÉTÉ ASIATIQUE
DE L'ÉCOLE DES LANGUES ORIENTALES VIVANTES, DES SOCIÉTÉS DE CALCUTTA
DE SHANGHAÏ, DE NEW-HAVEN (ÉTATS-UNIS), ETC.
28, RUE BONAPARTE, 28

1876

INTRODUCTION

L'extrême rareté des documents orientaux relatifs à l'Asie centrale pendant la seconde moitié du xvIII^e siècle m'a engagé à publier le texte et la traduction de l'ouvrage de Mir Abdoul Kerim, malgré ses défauts et ses graves imperfections.

La chute de la dynastie des Séfévis et les conquêtes de Nadir Châh avaient bouleversé l'Asie centrale. La mort de ce conquérant livra le Kharezm aux Turkomans, permit à un aventurier de s'emparer du gouvernement de Boukhara, et à un officier Afghan de fonder un royaume formé de provinces arrachées à la Perse et à l'Inde.

Des chefs indépendants surgirent de tous côtés et les pays qui avaient reconnu l'autorité des rois de Perse ou celle des souverains Uzbeks ou Mogols se trouvèrent livrés aux déchirements et aux guerres intestines.

Les auteurs orientaux nous ont laissé peu de renseignements détaillés sur cette époque troublée; malgré des recherches que des événements récents ont permis d'entreprendre, il n'a été possible de recueillir que fort peu de matériaux pouvant servir à une histoire des États de l'Asie centrale depuis la mort de Nadir Châh.

Les notes de Mir Abdoul Kerim ont été rédigées pour Arif Bey, qui a longtemps rempli à la cour de Constantinople les fonctions de maître des cérémonies et a été, à ce titre, chargé de recevoir les princes et les différents personnages musulmans que les circonstances amenaient en Turquie et à Constantinople. Il lui était utile de connaître exactement leur situation de famille, leur caractère, et les différents épisodes de leur vie. Ainsi se trouvent expliqués les anecdotes, les détails intimes, les singulières redites de notre auteur et le soin scrupuleux avec lequel il donne les légendes des sceaux de tous les personnages, et même de ceux qui ne figurent point dans son récit.

J'ai acquis le manuscrit de l'ouvrage de Mir Abdoul Kerim à la vente de la bibliothèque d'Arif Bey qui eut lieu en 1851. Il est fort probable qu'il a été copié sur les notes d'Abdoul Kerim dont quelques feuillets ont été égarés, car il se trouve une lacune au commencement du règne de Choudja oul Moulk, et on ne voit pas figurer dans le corps de l'ouvrage les notices promises par l'auteur sur certains princes Afghans. Cette imperfection est d'autant moins regrettable que nous possédons sur les règnes d'Ahmed Châh et de ses successeurs les renseignements les plus complets. Il me suffira de citer l'ouvrage de M. Elphinstone, resté classique pour la géographie et l'histoire du royaume de Kâboul, l'histoire des Afghans par M. Ferrier et celle des Sikhs par M. J. Davey Cunningham (1). Ces ouvrages renferment d'intéressants détails sur Ahmed Châh, le fondateur de la dynastie des Dourâny, et sur les souverains qui lui ont succédé. Enfin, le prince Aly Qouly Mirza, Itizad ous Salthanèh, a publié à Téhéran un précis exact de l'histoire de l'Afghanistan depuis la mort de Nâdir Châh jusqu'à l'année 1273 de l'Hégire (1857). Le lecteur pourra recourir à ces ouvrages pour combler les lacunes du récit de notre auteur.

Si la narration d'Abdoul Kerim est défectueuse et sans ordre dans sa première partie relative à l'Afghanistan, elle est, au contraire, claire et précise pour les événements qui se sont déroulés à Boukhara, à Khiva et à Khoqand dans la seconde moitié du XVIIIe et au commencement du XIXe siècle.

---

(1) *An account of the King of Caubul, and its dependencies in Persia, Tartary and India; comprising a view of the Afghan nation and a history of the Douraunee monarchy.* By the Hon. Mountstuart Elphinstone. London 1815.
History of the Afghans, by T.-P. Ferrier, *translated from the original unpublished manuscript*. London 1858
A history of the Sikhs, from the origin of the nation, to the battles of the Sutlej, by Joseph Davey Cunningham. London, 1849.

Les dates font malheureusement presque toujours défaut, mais l'auteur nous dévoile les causes des faits qu'il raconte, il nous donne sur le caractère des personnages, sur les mobiles qui les ont fait agir, des détails précieux et intéressants. Ecrivant à Constantinople, à l'abri des poursuites de princes soupçonneux et cruels, il fait connaître des faits que l'on ne retrouvera dans le récit d'aucun autre auteur.

Malgré toutes mes recherches, il m'a été impossible de recueillir quelques renseignements biographiques sur Mir Abdoul Kerim. Il paraît avoir appartenu à une famille de Seyids de Boukhara : dans les vers qu'il a intercalés dans son récit, il prend le surnom poëtique de Nedim (1) qui fait allusion, sans doute, à la position qu'il a occupée dans la clientèle de hauts personnages. Il nous apprend, en effet, qu'il était au service de Châh Mahmoud et qu'il accompagnait ce prince lorsqu'il se réfugia à Boukhara. Il fut le kiahia ou l'intendant d'Ala oud Din, ambassadeur du khan de Boukhara à la cour de Russie, et enfin il fit partie, en qualité de secrétaire, de l'ambassade qui se rendit à Constantinople en l'année 1222 de l'Hégire (1807). L'auteur nous apprend, en outre, qu'il fit deux fois, en traversant les provinces de l'Asie centrale, le voyage du Kachmir et du nord de l'Inde. Il est fort probable, car nous en sommes réduits aux conjectures, qu'Abdoul Kerim, marié à Constantinople, y passa le reste de ses jours et que sa mort eut lieu après l'année 1246 de l'Hégire (1830).

Le manuscrit dont j'ai fait imprimer le texte à Boulaq est unique. Il est écrit en nestaliq et les caractères dénotent la main d'un copiste de Boukhara. Je n'ai pas cru devoir faire au texte la moindre correction : si j'avais dû faire disparaître les fautes d'orthographe, de grammaire et de syntaxe qui se trouvent à chaque ligne, le texte original eût été complétement transformé. Je me bornerai seulement à signaler la construction plutôt turque que persane des phrases, l'emploi presque exclusif du verbe *noumouden* pour *kerden* (faire), *her gah* (chaque fois), pour *eguer* (si), enfin la suppression de la conjonction *ou* (vè), et son remplacement par l'*izafèh*, faute qui se remarque, du reste, dans un grand nombre de manuscrits renfermant des pièces de poésies et copiés à une époque récente.

Abdoul Kerim, outre les mots turcs introduits dans le persan depuis le XIIIe siècle, emploie fréquemment des expressions empruntées à la

---

(1) Confident, commensal, favori.

langue parlée à Constantinople. Son style se rapproche de celui de plusieurs ouvrages qui ont trait à l'Asie centrale ou à l'extrême Orient, et dont je dirai ici quelques mots.

Le premier est celui de Seyid Aly Ekber Khitay qui, dans les premières années du x⁰ siècle de l'Hégire, fit le voyage de la Chine et résida pendant quelque temps à Pékin.

Il acheva la relation de son voyage à Constantinople en 922 (1516), puis il la dédia à Sultan Suleïman pour engager ce prince à faire la conquête de la Chine. Le Khitay Namèh fut goûté à Constantinople, et il en fut fait une traduction turque sous le titre de *Qanoun Namèhi Tchin ou Khita* (*Organisation de la Chine et du Khita*). Hadji Khalfa, qui cite cet ouvrage dans son *Djihan Numa*, ne paraît pas avoir connu le nom de l'auteur (1).

Un autre écrivain a, dans un style encore plus barbare que celui d'Abdoul Kerim, rédigé des notices sur la Chine et sur quelques Etats de l'Asie centrale. Seïfy, mort en 990 (1582), a dédié à Sultan Murad III un opuscule qui a pour titre : *Histoire des Rois de l'Inde, du Sind, de la Chine, du Khoten, de Dèrèh et de Dervaz, de Kachmir, de la Perse, de Kachgar et des Qalmaq.*

Seïfy parcourut l'Asie centrale et se rendit en Chine vers l'année 950 de l'Hégire (1543). Son récit offre des détails curieux et j'ai pensé que les chapitres relatifs aux Qalmaq et aux Qazaq seraient lus avec intérêt. J'en ai placé la traduction à la fin de l'appendice. Je n'ai pu trouver dans aucun ouvrage des détails sur Seïfy. Il est qualifié de Defterdar sur le titre de son ouvrage et je suppose qu'il a été chargé de la tenue des livres chez un négociant persan ou boukhariote. L'opuscule de Seïfy est écrit en un turc presque inintelligible, tant il est hérissé d'expressions vulgaires ou tombées en désuétude, tant la construction des phrases est incorrecte et l'orthographe fautive. La pièce de vers persans placée en tête de l'ouvrage et à la fin de laquelle l'auteur donne son nom et les citations persanes intercalées dans le texte sont, par contre, de tout point irréprochables.

Je donnerai encore quelques détails sur un ouvrage écrit en vers, en dialecte persan de Boukhara, intitulé *Manzhoumèhi Ghinay* ou recueil poétique de Ghinay, et qui renferme des détails précieux sur

---

(1) *Djihan Numa*, Constantinople 1145 (1735), page 154 et suivantes.
Hadji Khalfa ne cite que la traduction faite sous le règne de Selim II.

l'Asie centrale. L'auteur naquit en 960 de l'Hégire (1552) à Boukhara et il se consacra dès l'âge de quatorze ans à la vie de religieux errant. Il parcourut les États de dix-neuf souverains. Après un séjour à Ispahan, il visita le Dekkan, Agra, capitale des empereurs mogols, le Ghaldjistan ou Ghardjistan, le Guilan et la province de Badakhchan; il s'arrêta à Kachgar où un vieillard de cent trente ans lui fit, dit-il, la proposition de l'accompagner dans ses voyages. Puis il gagna le Gudjerate, où le gouverneur de la ville d'Ahmed Abâd pour Ekber Châh lui confia l'éducation religieuse de son fils; puis il parcourut le Katch, dont les habitants sont infidèles et où on rencontre peu de musulmans. Notre voyageur alla ensuite à Yarkend et en partit à pied pour se rendre en Chine. S'étant égaré dans le désert, il décrit les angoisses qui l'assaillirent jusqu'au moment où il fut retrouvé par le chef de la caravane qui s'était mis à sa recherche. Il donne une courte description de la capitale de la Chine, ville carrée, entourée de murailles fortifiées, dont il mesura le pourtour en comptant 30,700 pas. Il prétend avoir été mandé en présence de l'empereur et lui avoir démontré l'inanité de ses croyances et la vérité des doctrines de l'islamisme. Ghinay assure que l'empereur, convaincu par ses discours, pratiqua en secret le culte de l'islamisme et que trois cents personnes furent en outre, converties par ses prédications.

Ghinay visita ensuite une contrée placée sous la dépendance de la Chine et gouvernée par un prince nommé Guel Foundj. La capitale de ce pays était Motan, ville immense située à dix journées de marche de Khoten et dont la population est remarquable par sa beauté. Au milieu de la ville s'élève une haute tour au sommet de laquelle, suivant une ancienne coutume, on allume un grand feu. On remarque sur la route de Motan à Khoten une série de ces tours qui servent à signaler l'arrivée des caravanes. Ghinay fait le récit des formalités auxquelles les marchands de la caravane, dont il faisait partie, durent se soumettre à leur arrivée à Motan. Il rend compte de ses entrevues avec Guel Foundj, qui le fit voyager avec lui jusqu'à Khoten et le logea dans son palais. Ghinay prétend qu'il fit embrasser l'islamisme à ce prince et qu'il convertit dans ce pays plus de cinq cent cinquante infidèles.

De Khoten, Ghinay se rendit dans le Sind et résida quelque temps à Tattah. Enfin, il pénétra en Turquie par Bagdad où le supérieur de l'ordre des Qadiry voulut le retenir et lui laisser sa succession spirituelle. Il parcourut ensuite la Roumélie et poussa jusqu'à Belgrade. Son ouvrage se termine par le récit de la révolution qui éclata à Constantinople en 1031 de l'Hégire (1622). Il parle en témoin oculaire de la campagne du sultan contre les Polonais, du mécontentement des janissaires et des spahis, de leur révolte, du meurtre de Sultan Osman et de l'avénement de Sultan Mustapha. Le *Manzhoumèhi Ghinay* est écrit sans plan arrêté ; les dissertations en vers ou en prose sur des versets du Qoran, des traditions du Prophète, des maximes de personnages célèbres par leur piété, s'y trouvent intercalées au milieu du récit d'aventures de voyage qui toutes ont un caractère religieux. C'est une sorte de traité destiné aux derviches voyageurs qui parcourent l'Asie pour y répandre leur foi et leurs doctrines. Le style de cet ouvrage est incorrect, les règles de la grammaire, de la syntaxe et de l'orthographe y sont constamment violées.

Le dialecte employé par Ghinay est le même que celui de Mirza Chems. Ce dernier auteur nous donne le récit des événements qui ont eu lieu à Boukhara, à Khoqand et à Kachgar depuis l'avénement d'Emir Hayder au trône de Boukhara. Il fournit des renseignements curieux qui confirment ou complètent quelques-uns de ceux qui nous sont donnés par Mir Abdoul Kerim. Le texte original de l'ouvrage de Mirza Chems a été publié, en 1861, à Cazan, par M. W. Grigoriew, conseiller intime de S. M. l'Empereur de Russie et doyen de la Faculté des lettres orientales à l'Université de Saint-Pétersbourg (1). M. Grigoriew en a donné la traduction qu'il a accompagnée de notes historiques et philologiques du plus haut intérêt pour la connaissance de l'histoire et des dialectes des peuples de l'Asie centrale.

Le dernier texte sur lequel j'appellerai l'attention du lecteur est celui d'un itinéraire de Semipalatinsk à Kachmir, par les villes d'Ilèh, d'Aqsou, de Yarkend et par le Tibet, inséré par M. Senkovski à la suite du « Voyage à Boukhara » de M. de Meyendorf. « Dans le texte
« persan qui offrira un échantillon curieux du langage vulgaire des
« Tadjiks de Boukhara, dit M. Senkovski, je conserve soigneusement
« les fautes de tout genre et même celles d'orthographe, afin de mettre
« le lecteur en état de juger par lui-même du degré d'instruction et

---

(1) *Récit de quelques événements survenus à Boukhara, à Khoqand et à Kachgar*, par Mirza Chems Boukhary, texte, traduction et notes publiés par M. W. W. Grigoriew. Cazan, 1861.

« de la naïveté du style de son auteur. » Les mêmes raisons m'ont déterminé, ainsi que je l'ai dit plus haut, à publier le texte de Mir Abdoul Kerim avec les fautes dont il fourmille.

J'aurais désiré donner une bibliographie complète des auteurs orientaux et occidentaux qui ont écrit sur l'Asie centrale; mais ce travail est trop étendu pour trouver place dans cette introduction, et j'ai dû me borner à l'analyse des ouvrages écrits dans le dialecte de Boukhara, que j'ai été assez heureux pour me procurer.

J'ai placé sur le titre de ce volume la gravure du sceau d'Alim Khan, fils de Ner-Boutèh Bi, dont la fin tragique est racontée par Abdoul Kerim. (1) Par un jeu singulier de la fortune, ce cachet, dont la gravure et la monture sont d'un beau travail, avait été porté à Pékin. M. Schertzer, chancelier de la Légation de France, en a fait l'acquisition; il m'en a fait parvenir une empreinte, et il a eu ensuite l'obligeance de m'envoyer le cachet lui-même. Je suis heureux de pouvoir lui renouveler ici l'expression de mes remercîments.

P. S. — L'impression de cet ouvrage était terminée quand j'ai reçu de Londres le volume de M. Gordon : *The Roof of the world*. J'y trouve la confirmation de faits avancés par Abdoul Kerim et spécialement une note du capitaine Biddulph sur les chèvres et les moutons employés au Tibet comme bêtes de charge, qui complète et rend plus clair le récit de notre auteur. (2)

---

(1) Voy. page 221.
(2) Voy. pages 236 et 237.

AFGHANISTAN

En l'année 1222 de l'Hégire (1), je partis de Boukhara en compagnie de Mirzâ Mehemmed Youssouf, fils de Soufy Redjeb Bay, fils de Bay Kichy, qui se rendait à Constantinople en qualité d'ambassadeur. Nous prîmes la route de la Russie, nous traversâmes ensuite la Bessarabie, la Moldavie, la Valachie et nous passâmes par les villes de Roustchouq, de Razquat (2), de Choumla, d'Islimyé et d'Andrinople.

A la fin du mois de Redjeb de cette même année (septembre 1807), nous arrivâmes à Constantinople. On nous logea dans l'hôtel de Saïd Efendi situé à Baghtchèh Qapou Meïdandjiq (3), et nous fûmes traités

---

(1) L'année 1222 de l'Hégire a commencé le 11 mars 1807.
(2) Razgrad.
(3) La petite place de Baghtchèh Qapou est située entre la pointe du Seraï et la mosquée de Yeny Djami.

avec la plus grande considération et les plus grands honneurs.

Une année s'écoula ; au bout de ce temps, par l'effet de la prédestination et des ordres divins, il advint que l'ambassadeur, les gens de sa suite et mes propres serviteurs moururent de la peste. A la suite de cet événement, je restai longtemps sans savoir à quel parti m'arrêter ni que devenir. Obéissant aux décrets éternels, je me mariai selon les lois de l'orthodoxie et de la doctrine hanéfite, dans le village de Béchiktâch (1) dont le charme égale celui du paradis.

Je fus alors présenté à Arif Bey dont les brillantes qualités et l'affabilité envers les étrangers sont connues de tout le monde, et dont la générosité et la noblesse de caractère sont célébrées par ses amis et par ses ennemis, par les grands et par les petits.

Vers. « Ses manières sont généreuses, et son rang est
« élevé ; il a les qualités du Messie et son caractère est
« celui de Yahya (2). Doué d'une vive intelligence,
« sage, libéral, les enfants de la tribu de Thay ne
« sont auprès de lui que de vils esclaves. L'intelligence et

---

(1) Village situé sur la côte d'Europe à l'entrée du Bosphore. Il doit son nom (Berceau de pierre) à une cuve ou sarcophage antique découvert par un prêtre grec et qui fut transporté à Sainte-Sophie. Depuis le XVIe siècle, la flotte turque mouille pendant l'été devant Bechiktach. (V. Les *Muntekhibat* ou extraits des voyages d'Evlia Efendy, Boulaq, 1264 (1847).

(2) Yahia, fils de Khalid, de la famille des Barmekides, fut nommé par le khalife Mehdy gouverneur de son fils Haroun Errechid. Sous le règne de ce prince il exerça pendant dix-sept ans le pouvoir suprême, et son administration est citée comme un modèle par les auteurs orientaux.

« le bonheur d'Edhem (1) l'accompagnent; il a bridé le
« coursier de la fortune. O Nédim! mets fin à ces louanges,
« car la brièveté caractérise le meilleur discours. »

J'avais toujours eu le plus vif désir d'être admis en sa
présence, et ce fut pour moi le plus heureux des instants
que celui où il me fut possible enfin d'obtenir cette
audience.

Vers. « Il fut pour moi le moment le plus fortuné, celui
« où je vis ce bosquet de beauté et de perfection; louange
« à Dieu ! j'ai obtenu la récompense que j'ambitionnais.
« J'ai vu ce joyau de notre époque, cet homme rare dans
« les révolutions du temps; jamais le monde n'a produit
« une perle aussi resplendissante. Je suis, on ne peut le
« mettre en doute, le serviteur dévoué de ce personnage
« qui inspire une affection pure et sincère. Il est doué
« des plus nobles qualités; que Dieu daigne aussi lui
« accorder ces cinq choses : la prospérité, le bonheur,
« une longue vie, la santé, le succès. Ses amis, en le
« voyant content, sont transportés de joie, ses ennemis
« soucieux s'écrient : « Que ne suis-je poussière (2)! »

---

(1) Edhem, Abou Ishak Ibrahim fils d'Edhem, fils de Souleyman, fils de Mansour, originaire de Balkh, était de famille royale. Obéissant, dans une partie de chasse, à une inspiration divine, il renonça au monde pour embrasser la vie religieuse, se rendit à la Mekke et se retira, en Syrie où il mourut en l'année 161 ou 162 selon les uns, 166 selon les autres. (777-782 A. D.)

Son tombeau se trouve à Djebeleh, qui doit à cette circonstance le surnom d'Edhemieh. (*Lives of the Soofis*, by Mawlana Noor Aldin Jami. Calcutta, 1858, pages 45-46.)

L'auteur joue dans ce vers sur les mots d'Edhem et d'Ablak, dont le premier signifie un homme ou un cheval dont la couleur tire sur le noir, le second un cheval gris blanc.

(2) *Qoran,* chap. 78, vers. 41.

« Nédim répète soir et matin ce vœu : « Exauce mes
« prières en sa faveur, ô Dieu propice ! »

Ce haut personnage avait manifesté le désir de connaître la situation des États de l'Asie centrale et l'histoire des souverains, afghans et autres, qui, depuis l'année 1160 (1747), ont régné sur le Khorassan et sur une partie de l'Hindoustan, de ceux qui y règnent encore, ainsi que de ceux qui ont gouverné les pays du Touran (Turkestan). Il voulait aussi être instruit de l'état de cette partie du monde et connaître celui de ses habitants. Moi, son humble serviteur sans mérite, qui depuis ma jeunesse jusques à présent, ai consacré mon temps à voyager et à parcourir le monde, qui ai obtenu l'honneur d'être admis dans les réunions des grands, des savants, des gens instruits et des sages, j'ai exposé dans les pages suivantes la situation de ces états, dont j'ai vu une grande partie de mes propres yeux. J'ai cherché à connaître les autres par les récits véridiques, clairs et sincères des voyageurs. J'ai écrit ce livre, moi l'humble serviteur de Dieu, Mir Abdoul Kerim, fils de Mir Ismâyl, secrétaire particulier de l'ambassadeur de Boukhara à Constantinople, capitale de l'Islamisme, dans le mois de Rebi second de l'an 1233 (février 1818). Je l'offre comme un souvenir à Son Excellence Arif Bey Efendi, ce personnage revêtu d'un haute dignité, doué des qualités les plus louables et d'une nature angélique. Il est le refuge des hommes : il est doux, bienfaisant, la gloire de son siècle, l'ami des savants musulmans, compatissant envers les étrangers. (Que Dieu prolonge la durée de sa prospérité et augmente ses faveurs envers lui !) J'espère qu'il jettera sur cet ouvrage un noble regard.

NOMS DES POSSESSIONS QUI DÉPENDENT DU SOUVERAIN DES AFGHANS, DANS L'HINDOUSTAN ET DANS LE KHORASSAN (1).

Dans le Khorassan (comprenant l'Afghanistan) : Hérât, Balkh, Chibreghân, Fâryâb, Endkhou, Qoundouz, Méïménèh, Tchidjektou, le Ghardjistan, Bout Bâmiân, Firouz Kouh, la province de Ghour, le district de Taïmen, les districts des Hézârèh, Isfezâr, Ghourian, Khâf, Bâkherz, Djâm, Mouhavvelat, le Qouhistan, le Séïstan, le Zâdestan, Qaleh Gâh, Ferâh, Khoch Nichin, Bemm, Dèrèh, Zekykeddèh, Hirmend, Zemin Daver, Qandahâr, Kélâti Ghildjaï, Ghazna, qui fut la capitale du sultan Mahmoud, Kâboul, les cantons du Béloutchistan, Kelâti Nacîr Khan, etc., Khabis, Nermâchir.

Dans l'Hindoustan : Laghmân, Vekèh, Tchârik Kâr, Djelal Abâd, Pichâver, Galkar, Mefâkhir Abâd, Badjour, Atek, Pind Halim, Kachmir, Bîr, le district des Youssouf Zey, Lyièh, le district de Bendi Khéïber, Tcherkhi Louguer, Kich, Déïrèhi Ghâzhi Khan, Déïrèhi Ismayl Khan, Khéïr-

---

(1) Voir l'appendice I.

pour, Khalpour (Thalpour), Chikarpour, Moultan, le district du Sind, Kouner, Pichout, Lahore, Pindi, le district des Lohâny, celui des Kaukery, etc.

Tous ces noms qui viennent d'être énumérés, désignent des provinces ou des villes, dont chacune est administrée par un hâkim ou gouverneur particulier ; elles comprennent des arrondissements, des districts et des tribus nomades. Dans quelques-unes des provinces, on trouve des mines de cuivre, d'argent, de fer, de plomb, d'or et de mercure ; les mines de soufre y sont en grand nombre. Dans les campagnes, il croît beaucoup d'indigo ; on y cultive la canne à sucre, le gingembre, le curcuma et diverses sortes de plantes médicinales ; la pistache y est abondante.

Les différents cantons composant chaque province fournissent un revenu qui est versé chaque année au trésor royal ou qui sert à payer la solde des troupes. La monnaie en usage dans ce pays est la roupie : chaque roupie vaut deux piastres de Constantinople. La monnaie de compte est le lak ; un lak vaut cent mille roupies, et en monnaie de Constantinople, deux cent mille piastres ; chaque lak vaut donc au juste quatre cents bourses.

Voici le revenu des principales provinces :

Revenu de Kachmir, Mozaffer-Abâd, etc. 24 laks de roupies
— de Djelal Abâd. . . . . 4 —
— de Kâboul. . . . . 5 —

Revenu de Qandahâr. . . . . 2 laks de roupies
— de Chikarpour. . . . . 9 —
— de Moultan . . . . 6 —
— des provinces du Sind, en tout . . 10 —
— de Déïrèhi Ismayl Khan . . . . . 14 —
— de Déïrèhi Ghazhi Khan . . . . . 16 —
— de Pichâver. . . . . 6 —
— d'Hérât et de ses dépendances . . 3 —
— de Bout Bâmiân et de ses dépendances, les Hézârèh . . . . 2 —
— de Tcherkhi Louguer et Nebkechy, etc.. . . . . 2 —
— du Béloutchistan et de ses dépendances . . . . 2 —
— de Khéïrpour, Thalpour, et leurs dépendances . . . . 6 —
— de Balkh, ses dépendances, le district de la tribu afghane de Youssouf Zey, en tout. . . . . 2 —
— d'Atek, Halim, etc. . . . . 1 —
— des districts de Lyièh, Kouner, Pichout, Lahore, Pindi . . . . . 4 —
— du district des Kaukery . . . . . 1 —
— des districts de Tchârik-Kâr et des Lohâny. . . . . 2 —

Il y a en outre d'autres districts dont les revenus s'élèvent de 5 à 10,000 roupies, plus ou moins. On ne les trouve point mentionnés ici, l'énumération en aurait été trop longue.

DISTANCES DES PRINCIPALES VILLES ENTRE ELLES (1)

La distance de Hérât à Qandahâr est de 120 fersakhs ; de Qandahâr à Kâboul, 80 fersakhs ; de Kâboul à Pichâver, 60 ; de Pichâver à Kachmir, 90 ; de Kâboul à Balkh, 80 ; de Balkh à Boukhara, 60.

Entre Boukhara et la Russie il y a 50 étapes ; entre Boukhara et Mervi Chahidjan, il y a 50 fersakhs ; entre Merv et Hérât, 60 ; entre Merv et Mechhed, 60 ; entre Merv et Kharezm (Khiva), 60 ; entre Merv et Balkh, 80 ; entre Mechhed et Hérât, 60 ; entre Hérât et le Séistan, 70.

De Qandahâr à Chikarpour on compte 120 fersakhs ; de Chikarpour à Moultan, 80 ; de Moultan au Sind, 8 ; entre Kâboul et les Déïrèh, il y 100 fersakhs. Nous écrivons ces chiffres, pour qu'on s'en souvienne en lisant ce livre. C'est en l'année 1233 (1818).

---

(1) La fersakh ou ferseng (parasange) usitée dans le Nord de la Perse et dans le Turkestan, doit être évaluée à plus de dix kilomètres.

SOUVERAINS AFGHANS.

C'est de l'Afghanistan que Zémân Khan Abdâli Dourani Sadou Zey, Afghan, vint s'établir à Hérât. Le gouverneur de cette dernière ville était Essed Oullah Khan Sadou Zey.

Hadji Mir Véïs essayait secrètement de soulever les populations : « La puissance des Qizilbachs (Persans) décline, disait-il ; elle n'a plus de prestige ; nous qui, par lâcheté, leur obéissons, unissons-nous, tuons ces misérables qui nous commandent et gouvernons-nous nous-mêmes pour notre propre compte. » La tribu des Abdâlis embrassa son parti, mais en lui disant : « Lève d'abord l'étendard de la révolte à Qandahâr ; alors nous te suivrons. » Hadji Mir Véïs se rendit à Qandahâr : il réunit les Ghildjâïs, leur dépeignit la faiblesse du gouvernement persan et leur fit connaître l'engagement que les Afghans Abdâlis avaient pris et la promesse qu'ils avaient faite de se révolter. Tous acceptèrent ses propositions.

A cette époque (1), Châh Nuvâz Khan, Géorgien, était

---

(1) Châh Nuvâz Khan était le titre donné par la cour de Perse au prince Georges Bagration, gouverneur de la Géorgie sous la suzeraineté de la Perse. Il s'était révolté en 1114 (1702, A. D.) : abandonné par ses troupes à l'approche de l'armée persane commandée par Kelb Aly Khan, gouverneur de Guendjèh (aujourd'hui Elisabethpol), il alla à Ispahan, faire sa soumission et implorer un pardon qui lui fut accordé. Il conserva la vice-royauté de la Géorgie que son frère administra en son nom, et il reçut le gouvernement du Kerman et de

gouverneur de la ville pour le sultan Housseïn de la dynastie des Séfévis : il fut attiré hors de la ville sous prétexte de passer en revue les troupes Ghildjâï. L'armée était rangée en ligne des deux côtés de la route ; Châh Nuvaz Khan passait entre les rangs des soldats, lorsque ceux-ci se jetèrent sur lui et le massacrèrent ainsi que tous les Persans qu'ils rencontrèrent. Les Afghans prirent possession de la ville, et la khoutbeh fut prononcée et la monnaie frappée au nom de Hadji Mir Véis.

Vers. « L'illustre Mir Véis Khan, qui a mis à mort le chef
« géorgien, a battu monnaie et fait réciter la khoutbeh en
« son nom à Qandahâr, la demeure du repos et de la
« durée (1). »

Mir Véis porta par dépêche ces événements à la connaissance d'Essed Oullah Khan Sadou Zey, gouverneur de Hérât ; mais les Abdâlis n'osèrent pas, par leur défection, affaiblir la puissance persane ; tout au contraire, ils firent connaître à Ispahan la conduite de Hadji Mir Véis et protestèrent de leur dévouement pour la cour de Perse. Le sultan Housseïn Séfévi donna l'ordre à un général de marcher contre les révoltés à la tête d'une armée soutenue par les Afghans de Hérât. Le général, dans l'intention de livrer bataille, vint à

Qandahâr dont l'empereur de Delhi venait de revendiquer la possession. Il emmena avec lui des troupes géorgiennes pour contenir les tribus afghanes.

(1) Hanway raconte d'une manière différente l'assassinat de Châh Nuvâz Khan par les Afghans.

The revolutions of Persia containing the reign of Shah Hussein, etc., *by Jona Hanway.* London, 1762, tome II, p. 112. Cet événement eut lieu en 1709.

Hérât, et se dirigea accompagné par les Afghans de cette ville sur Qandahâr. Les deux armées se rencontrèrent près de cette dernière ville (1) ; les Persans furent mis en déroute. Une autre armée envoyée une seconde fois fut également battue (2). Dès lors la cour de Perse ne fit plus marcher de troupes ; la dynastie des Séfévis touchait à son déclin et n'avait plus la force nécessaire pour faire la guerre. La puissance de Mir Véïs s'accrut, il devint souverain indépendant et maître du pays jusqu'à Kâboul. Il se brouilla avec les Afghans de Hérât ; ceux-ci, à cette époque, se révoltèrent contre les Persans et défirent leurs troupes dans une rencontre.

Mir Véïs mourut à Qandahâr (3). Il eut pour successeur son fils Châh Housseïn qui, pour ménager ses intérêts, se montra l'ami des Persans : il conduisit son armée contre Hérât dans l'intention de leur venir en aide. Essed Oullah Khan sortit de la ville et se porta à la rencontre de l'armée Ghildjâï ; les deux adversaires se trouvèrent en face l'un de l'autre à Khâvy, entre Qandahâr et Hérât. Essed Oullah Khan fut tué ; les Afghans de Hérât, mis en fuite, se réfugièrent dans la ville. Châh Housseïn informa le roi de Perse de la victoire et de la mort d'Essed Oullah, et il lui fit par-

---

(1) L'auteur veut sans doute parler ici de l'expédition commandée par Khosrew Khan, oncle de Châh Nuvaz Khan, qui fut tué sous les murs de Qandahâr, en 1711.

(2) La dernière armée envoyée par les Persans était commandée par Mehemmed Rustem Khan qui fut mis en déroute en 1713.

(3) Mir Veïs mourut en 1715, laissant deux fils : Mir Abdallah lui succéda. Ce prince d'un caractère pacifique ayant ouvert des négociations avec la cour de Perse pour lui restituer Qandahâr fut assassiné dans son palais à l'instigation de Mir Mahmoud, qui fut proclamé souverain.

venir ses protestations de dévouement. Les poëtes de la Perse célébrèrent dans leurs vers la mort d'Essed Oullah et les preuves de bon vouloir de Châh-Housseïn.

Hémistiche. « Le chien du roi de Perse a déchiré Essed (le lion). »

A cette époque Zémân Khan Abdâli fut tué. Il est le père d'Ahmed Châh ; son tombeau se trouve à Hérât. Après cet événement, Allah Yar Khan fut nommé gouverneur de cette ville. Mehemmed Khan et Ekrem Khan, frères de Zemân Khan et d'Essed Oullah Khan firent cause commune ; ensuite eurent lieu les expéditions des Ghildjâïs qui s'emparèrent du Kermân, de Yezd et d'Ispahan. Mahmoud, frère de Châh Housseïn, régna dans cette dernière ville. Après sa mort (1722), Echref son cousin devint roi. Il resta sur le trône jusqu'aux victoires de Châh Tahmâsp et jusqu'au moment où Nadir Châh s'empara du pouvoir. Ce prince chassa Echref de la Perse (1729) ; il reprit Hérât sur les Afghans (1731) et soumit Qandahâr (1738). La puissance persane se trouva rétablie, mais après la mort de Nadir Châh, ces villes retombèrent aux mains des Afghans. Cette situation dure encore à présent (1233-1818).

Le père de la nation afghane se nommait Abdâl ; de là vient le nom d'Abdâli que l'on donne aussi à ce peuple. Lorsque Ahmed Châh monta sur le trône, à Qandahâr, il favorisa plus particulièrement les Dourânis.

Primitivement, la tribu de Sadou Zey était établie à Moultan, dans la contrée située sur les bords du Sind dans l'Hindoustan. On rapporte que tous les Afghans descendent d'un même père, qui avait dix fils. Le fils aîné se nommait Sadou ; le second, Foulfoul ; le troisième, Bârik ; le quatrième, Alikou ; le cinquième portait le nom de Nour ; le sixième, celui d'Ishâq ; le septième, celui d'Ali Zou ; le nom du huitième était Khoukan ; le neuvième s'appelait Berdourân et le dixième enfin, Ender.

Du vivant de leur père, leurs familles étaient devenues nombreuses ; d'un commun accord ils vinrent le trouver et lui dirent. « Choisis l'un d'entre nous pour être notre chef, et nous lui obéirons. » Leur père répondit : « J'y consens, à la condition que vous lui serez soumis. » Tous le promirent ; il désigna Sadou comme leur magistrat suprême et leur souverain. Les Afghans prirent l'engagement de considérer les descendants de Sadou comme leurs chefs ; ils décidèrent, qu'en aucun cas, il ne serait permis de tirer l'épée contre eux ni de les tuer, quand même ils auraient commis de grands crimes ; que personne ne prendrait en mariage une fille de la tribu de Sadou ; que sa race serait supérieure à la leur et qu'ils ne seraient pas considérés comme ses égaux. Le pacte fut conclu sur ces bases ; la tribu de Sadou a eu toujours la prééminence sur les autres et elle est encore souveraine. Elle est originaire du Moultan. Quant aux autres tribus, elles se séparèrent et se fixèrent dans les contrées montagneuses de Chikarpour et des Déïreh, jusqu'aux limites de Ghazna et de Kâboul. La tribu des Ghildjâïs avoisine celle des Abdâlis jusqu'auprès de Qandahâr, et elle habite aussi à Qandahâr même.

Sous le règne des rois Séfévis de Perse, les Ghildjâïs se montrèrent soumis. Les Afghans Abdâlis dominèrent dans la province d'Hérât où soixante mille familles étaient venues s'établir. Sous Thahmasp Châh, ils restèrent d'abord dans les limites de l'obéissance. Ils persévérèrent dans cette ligne de conduite, à l'égard des Persans, jusqu'au règne du sultan Housseïn Séfévy. A cette époque Hadji Mir Véis, Ghildjâi de naissance, se rendit de Qandahâr à Hérât et de cette dernière ville à Ispahan, où résidait le sultan Housseïn. Pendant six mois, il présenta des requêtes auxquelles personne ne prêta attention, et il s'aperçut qu'il n'y avait ni ordre, ni organisation, que l'empire n'avait aucune force et que le pouvoir souverain était nominal. Il se rendit en pèlerinage à la Mecque ; à son retour à Ispahan, voyant les affaires dans le même désordre, il conçut de soulever les Afghans.

Lorsque Nadir Châh eut repris Hérât sur les Abdâlis, il les dispersa dans la province du Khorassan et en Perse. Il fit d'Ahmed Khan un de ses écuyers (1), et il leva parmi cette population un millier d'hommes pour son armée ; il leur donna pour chef Mehemmed Ghany Khan Alikou Zey. Dans la bataille que livra Nadir à l'armée turque à Basra, les Afghans firent preuve de courage et combattirent vaillamment ; Nadir était tombé de cheval sur le champ de bataille, et les troupes persanes avaient lâché pied, lorsque les escadrons afghans sous les ordres de Mehemmed Ghany Khan chargèrent l'armée de Basra qui fut mise en déroute ; ils enlevèrent Nadir Châh du milieu de la mêlée et rejoignirent le reste de l'armée (2). Nadir fut satisfait et

---

(1) Il s'agit ici d'Ahmed Khan, fils de Zeman Khan Abdali, qui devint souverain de l'Afghanistan après la mort de Nadir sous le nom d'Ahmed Châh.

(2) L'auteur appelle bataille de Basra la bataille que Nadir livra à Topal Osman Pacha, près de Leitam et Kerkouk, les 22 et 29 octobre 1733.

Riza Qouly Khan dans le *Fihris out tewarikh* mentionne l'action décisive des Afghans pour le résultat de la journée.

content de leur conduite et il leur dit : « Je suis très-heureux de votre bravoure ; en échange de ce que vous avez fait pour mon service, adressez-moi une demande, elle vous sera accordée. »

Ces Afghans voyant l'esprit du souverain bien disposé en leur faveur lui soumirent cette requête : « Nous souhaitons, dirent-ils, deux choses : d'abord que l'ordre soit donné à tous les Afghans dispersés dans les différentes provinces, de retourner dans les lieux qu'ils habitaient autrefois, dans le Khorassan, depuis Hérât jusqu'à Qandahâr : en outre, lorsque notre souverain aura enlevé Qandahâr à Châh Housseïn fils de Hadji Mir Véïs Ghildjâï, que cette ville soit donnée aux Douranis Abdâlis. » Nadir Châh acquiesça le jour même à ces deux demandes. Deux ans après, il s'empara de Qandahâr ; il fit prisonnier Châh Housseïn, qu'il relégua dans le Mazendérân où il fut mis à mort. Il dispersa la tribu des Ghildjâïs, et il donna la ville de Qandahâr aux Abdâlis.

Lorsque Nadir Châh, en l'année 1159 (1746), fut assassiné près de Thous, dans le Kurdistan(1), au milieu de la nuit, par le Persan Sâlih Mehemmed Khan Karakly Efchâr, les troupes afghanes qui formaient la garde particulière du roi apprirent cette catastrophe la nuit même. Mehemmed Ghany Khan et Ahmed Khan firent cause commune ; après avoir pillé une partie des bagages du roi, ils quittèrent le

---

(1) Nadir Châh était campé à Feth-Abâd, près de Khabouchan, à peu de distance de Mechhed et des ruines de Thous.
Cette partie du Khorassan a reçu le nom de Kurdistan, à cause des tribus kurdes qui y furent transplantées par Châh Abbas.
(*J. Fraser's journey into Khorassan*. Londres, 1825, p. 242, et append., p. 42.

camp le matin et se dirigèrent vers Qandahâr par la route de Qâïn (1) et du Séïstan. Pendant la route, les Afghans s'entendirent entre eux ; ils élurent pour chef Ahmed Khan après avoir assassiné Mehemmed Ghany Khan. Ils le proclamèrent roi et lui donnèrent pour ministre Vély Khan Foulfoul Zey. Ils entrèrent à Qandahâr sans coup férir, et tous les Afghans vinrent y saluer le nouveau souverain.

Sur ces entrefaites, un convoi d'argent considérable, venant de l'Hindoustan, du Sind et du Moultan et destiné à Nadir Châh, fut saisi par Ahmed Khan ; il rassembla une armée nombreuse, et en l'année 1164 (1750), il prit le titre de souverain indépendant et s'empara de Ghazna, de Kâboul, de Djelal-Abâd, de Chikarpour, du Séïstan et du Zâdjistan. Il marcha contre Hérât, dont le gouverneur était alors l'émir persan Khan Michmest ; au bout de six mois, il emporta la ville de vive force, et il envoya en enfer nombre de misérables Persans (2).

---

(1) Qâïn est située au S.-O. de Hérat, non loin de Thabès, dans une plaine couverte d'un sable imprégné de sel.
Cette ville était autrefois la capitale du Kouhistan.
Sa forteresse commandait la route du Kerman et celle du Khorassan.
Les habitants de Qâïn descendent d'une tribu arabe qui s'y est établie à l'époque des khalifes. Cette ville est renommée pour ses fabriques de tapis de feutre et de tissus de poil de chèvre.

(2) L'expédition d'Ahmed Châh contre Hérat eut lieu en 1750.
Ce prince attaqua la ville à la tête de soixante-dix mille hommes : elle était alors gouvernée au nom de Châh Roukh Mirza par le serdar Djelil Beg connu aussi sous le nom d'Emir Khan et surnommé Michmest (le bouc ivre ou furieux). Il était d'origine arabe et il avait commandé l'artillerie dans l'armée de Nadir. Il s'était distingué dans la campagne d'Arménie en 1735 et avait fait prisonnier de sa main, à la bataille de Zengui Tchai, Mustapha Pacha, gendre du sultan Mahmoud et gouverneur général de Diarbekir.
Après une défense vigoureuse, qui dura quatorze mois et non six, les habitants, abandonnés par Châh Roukh et réduits à toute extrémité, se rendirent à

Il s'empara de tout le pays, jusqu'auprès de Mechhedi Thous. Il marcha ensuite sur l'Hindoustan (1752) et il enleva Pichâver, Kachmir, Lahore, Routhas, Amber-Nechr et Djihan Abâd à l'empereur Mehemmed Châh, descendant de Timour, avec lequel il conclut un traité. Dans une autre expédition, il se dirigea vers le Sind et conquit les provinces du Moultan, du Sind, des Déïreh, de Khéïrpour, de Nebkech, de Tcherkhi Louguer, le pays des Béloutch, etc.; il soumit Balkh, Endkhou, Bâmian, Qoundouz, la province du Ghouristan, Ysfezâr, Mouhavvelat, Qâïn, Nichapour, Sebzvâr, Mechhed, Kouhi Mich, Merv, Serakhs, Sohrâb Abâd, Djâm, Tourbet, Tirchiz et d'autres villes. Il fut en paix avec Kérim Khan Zend souverain de Chirâz. Il établit son fils aîné le prince Timour à Hérât et le déclara son héritier présomptif. Il fit de Qandahâr sa capitale; il y bâtit une nouvelle ville qu'il appela Ahmed-Châhy. Qandahâr est connu aujourd'hui sous ce nom. C'était vraiment un souverain digne de ce nom, juste et généreux; il était le père de ses sujets; il était doué d'un caractère saint, affable, doux, hospitalier. (Que Dieu lui fasse miséricorde!) Il régna pendant trente années qui furent prospères; sous son règne il n'y eut ni troubles, ni séditions. Il laissa pour héritiers six enfants. Son vézir était Châh Vély Khan, ministre doué de la sagesse d'Aristote, rempli d'intelligence et de connaissance. Sous son administration le royaume fut tranquille et les peuples en repos.

La population afghane augmenta; cinquante mille

---

discrétion. Lorsque les troupes afghanes entrèrent dans les faubourgs, Émir Khan sortit de la citadelle à la tête d'une poignée de soldats, fondit sur elles et périt avec tous les siens les armes à la main.

hommes de cette nation recevaient une solde permanente. Ahmed Châh donna la ville de Mechhed à Châh Roukh, petit-fils de Nadir Châh, qui avait été aveuglé par Alim Khan, Arabe de la tribu de Khozéïma établie dans le Kouhistan. Alim Khan fut arrêté et mis à mort (1). Ahmed Châh mourut à Qandahâr en l'année 1185 (1771); il y est enterré (2).

Légende des monnaies d'Ahmed Châh : « Cet ordre fut donné par le Tout-Puissant, l'inexplicable, à Ahmed le souverain : Frappe le coin sur l'or et sur l'argent, depuis la région du poisson (qui supporte la terre) jusqu'à celle de la lune. »

Légende de son sceau : « L'empire est à Dieu ; ô Lui ! — Ahmed Châh, la perle des Dourânis. — O victorieux ! »

De ses six fils, l'un, le prince Mahmoud mourut dans le qafès (3); le second, le prince Goher, eut le même sort; le troisième, le prince Dârâb mourut à Kâboul; le

---

(1) Nasr oullah Mirza, fils de Châh Roukh, avait suscité la révolte du Khorassan, révolte à laquelle prirent part tous les chefs persans, à l'exception de Kerim Khan Vekil de Chiraz. Une bataille livrée dans les environs de Mechhed, fut gagnée par Ahmed Châh, grâce à la vigueur de Nassir Khan et des Beloutchis. La ville de Mechhed, sur laquelle on ne pouvait tirer sans commettre un acte d'impiété, fut investie et elle capitula après quelques mois de blocus. Châh Roukh en conserva le gouvernement à la condition de donner sa fille à Timour fils d'Ahmed Châh et de fournir un contingent de troupes pour servir dans l'armée afghane.

(2) Ahmed Châh mourut d'un cancer à la face, dont il souffrait depuis longtemps. Il était âgé de cinquante ans.

(3) Le mot qafès désigne une maison ou un appartement dont les fenêtres sont grillées et où sont enfermés les princes de sang royal. Ils ne peuvent communiquer avec le dehors et ils sont l'objet d'une surveillance incessante.

quatrième, le prince Chehâb vivait encore en 1233 (1818); il est mort depuis. Les deux autres étaient le prince Houmay mort dans le qafès et le prince Iskender.

Timour Châh parvenu au pouvoir fit enfermer ses frères dans le qafès du Bâla Hiçar (1) de Kâboul ; il fit de cette ville sa capitale. Plusieurs émirs, après s'être concertés dans des conciliabules secrets, creusèrent un souterrain qui, partant de la boutique d'un boulanger, débouchait au milieu du château. Ils en firent sortir le prince Iskender ; mais, par mesure de prudence, ils l'emmenaient chaque nuit, et le ramenaient au plus vite. Ce manége dura pendant plusieurs jours. Le chef des eunuques, instruit de cette circonstance, en informa le roi; on se saisit de ces conspirateurs, qui furent tous exécutés, et le prince Iskender fut étranglé. Les émirs dont nous venons de parler étaient Kâlou Khan Nour Zéy, Zâl Bey Foulfoul Zey, Rahman Khan Alikou Zey et d'autres.

---

(1) M. Charles Masson a donné, dans le second volume de ses voyages, *Narrative of various journeys in Balochistan, Afghanistan and the Panjab*. London, 1842, une description détaillée du Bâla Hiçar de Kaboul que le lecteur trouvera à l'appendice.

TIMOUR CHAH, FILS D'AHMED, FILS DE ZEMAN KHAN ABDALI.

Légende du sceau de Timour : « L'établissement du pouvoir de Timour Châh dans le monde a été un signe de la faveur divine. »

Légende de la monnaie : « Le ciel fait venir l'or du soleil et l'argent de la lune, pour imprimer sur leur surface le coin de la monnaie de Timour. »

Lorsque la nouvelle de la mort de son père lui parvint à Hérât, il convoqua les supérieurs des ordres religieux, les savants, les lettrés et les chefs de l'armée et les réunit en conseil : « Mon père, leur dit-il, m'avait désigné pour son héritier présomptif; mais, à ses derniers moments, son vézir l'a fait changer d'avis; il a choisi pour lui succéder mon frère Souléïman; aujourd'hui celui-ci fait battre à Qandahâr le tambour de la souveraineté; le trésor paternel est en son pouvoir, ses forces sont considérables; que jugez-vous convenable de faire? » Tous le saluèrent et s'inclinèrent devant lui, en s'écriant : « Le rang suprême vous appartient; nous sacrifierons notre vie pour que votre droit soit assuré et mis hors de toute atteinte. »

Tous les gens de loi et les émirs se rassemblèrent ensuite dans le jardin qui entoure le mausolée d'Abd Oullah Enssary connu sous le nom de Piri Hérât (le patron de Hérât) (1); il y eut un festin royal; le Séyid Yahya de la famille Qitalièh, qui était l'un des plus grands cheikhs de l'époque, ceignit Timour de la ceinture royale, et lui donna l'investiture; Timour posa ensuite la couronne sur sa tête. Il fit réciter la khoutbeh et frapper la monnaie en son nom, il leva des troupes et marcha sur Qandahâr.

Sur la route, les Afghans vinrent en grand nombre se joindre à lui; bref, Timour fit mettre à mort le vézir de son père, et enfermer à cause de son jeune âge le prince Souléïman dans le qafès. Il se dirigea ensuite vers l'Hindoustan et s'empara de Kachmir et de Lahore qui s'étaient révoltées, mais il n'alla pas à Djihan Abâd. Il fit la paix avec Ali Kou Goher, fils de Mehemmed Châh, et il le traita toujours avec bienveillance. Il se rendit maître des provinces du Moultan et du Sind, et de tous les pays qui avaient été soumis au pouvoir de son père.

Il confia chaque province à un gouverneur digne de sa confiance; il donna le gouvernement d'Ahmed Châhy à son fils aîné, le prince Houmâyoun; il laissa d'abord comme gouverneur dans Hérât, Islam Khan Foulfoul Zey; quelques années plus tard il y envoya le prince Mahmoud.

---

(1) Abou Ismayl, Abdallah Ibn Abou Mansour Mohammed el Hérévy, connu sous le nom de Cheikh oul Islam, naquit à Hérât, en 395 de l'hégyre (1004 A. D.) et mourut dans cette ville en 481 (1084). Les poésies spirituelles et les prières qu'il a composées jouissent de la plus grande réputation et ont été plusieurs fois publiées à Téhéran et à Tebriz.

Sa biographie est insérée dans le « *Medjalis oul ouchchaq* » par Kemal oud Din Houssein Kazergahy et dans les « *Vies des Saints personnages par Djamy,* » éditées par le major Nassau Lees. Calcutta, 1858, pp. 376-380.

Il établit comme lieutenant dans Kâboul son fils Zeman qui était arrivé à l'âge d'homme et qui était doué de brillantes qualités. Il gouverna d'une façon tout à fait indépendante. La fermeté distingua son administration et il rendit le peuple heureux; les habitants d'Hérât l'aimaient beaucoup. Il avait dans son palais trois cents filles esclaves; il ne prit pas de femme parmi les Afghans, toutes ses femmes étaient persanes; il laissa trente-six fils.

Lorsque Châh Mourad Bi souverain de Boukhara eut enlevé de vive force la ville de Mervi Châhidjan à Beyram-Ali Khan Kadjar qui fut tué et qu'il en eut transporté les habitants à Boukhara, quelques-uns des grands personnages de cette ville, ainsi que le fils de Beyram Ali, se réfugièrent auprès de Timour Châh, et lui dirent : « Merv fait partie de votre empire; nous tous nous sommes vos sujets; les Uzbeks, injustes et violents, ont dévasté et pillé notre pays, et ils en ont emmené les habitants prisonniers; nous confions à votre foi religieuse le soin de venger notre honneur. » Timour Châh, à la tête d'une armée d'environ cent cinquante mille hommes, marcha de Kâboul sur Balkh par la route de Bout Bâmian avec l'intention de tirer vengeance; des troupes de toutes les provinces de son empire se joignirent à lui. Châh Mourad, de son côté, mit trente mille hommes sous les armes et éleva des retranchements sur la rive du Djihoun. Mais la crainte et la terreur s'emparèrent de son esprit; après de nombreuses intrigues, il se décida à envoyer le qadi Abou Nasr et quelques autres personnages porteurs d'un mémoire appuyé sur des décisions juridiques auprès du qadi Feiz oullah qui possédait la confiance de Timour.

« C'est donc vous, était-il dit dans cette pièce, qui prenez à cœur l'honneur des Persans, et qui venez attaquer des musulmans! Qu'est-ce à dire? En cas de conflit, vos morts seront des apostats, et les nôtres des martyrs. »

Ces arguments étaient basés sur la vérité : le qadi Feiz oullah fit changer d'avis au roi. La paix fut conclue et Timour s'éloigna. Il mourut à la fin de l'année suivante; c'était un souverain ami de la religion et des savants. (Que Dieu lui fasse miséricorde!) (1).

---

(1) Timour Châh mourut à Kaboul, dans la nuit du 8 chevval de l'année 1207 (1792).

SOULÉIMAN CHAH, FILS D'AHMED CHAH.

Au moment de la mort de son père, il se trouvait à Qandahâr. Vély Khan, gendre du roi, et qui était aussi son vézir, importunait Ahmed Châh en lui disant : « Timour est loin de vous ; l'empire sera livré au désordre; faites du prince Souléiman votre héritier présomptif. » Bien qu'Ahmed Châh eut conscience de l'inimitié du vézir à l'égard de Timour, il fut, par ses obsessions, forcé de consentir à laisser le pouvoir à Souléiman. Souléiman Châh fit donc frapper la monnaie et réciter la khoutbeh en son nom dans la ville d'Ahmed Châhy ; il distribua une gratification à l'armée. Le vézir, entièrement maître, excitait le peuple à reconnaître Souléiman comme roi. Celui-ci envoya des ordres de tous les côtés, nomma des fonctionnaires et retint ses frères auprès de lui.

Sur ces entrefaites, on apprit que le prince Timour avait, à Hérât, posé sur sa tête la couronne de la souveraineté, qu'il avait fait battre monnaie, prononcer son nom dans les prières, et qu'il équipait et soldait une armée. La plus grande partie des Afghans qui étaient à Qandahâr avaient le cœur plein de ressentiment contre le vézir; ils s'éloignèrent et gagnèrent Hérât. Timour Châh marcha sur Qandahâr suivi d'un nombre considérable de partisans. L'armée de Souléiman l'abandonna et passa tout entière au camp de Timour. La fortune et l'étoile de Souléiman inclinant au malheur, les efforts du vézir restèrent sans résultat. Bref, il ne resta personne à Qandahâr auprès de Souléïman et de son ministre. Celui-ci, voyant le bonheur l'abandonner, se rendit au-devant de Timour avec ses deux fils, son petit-fils, et des présents considérables, après avoir dicté à Souléïman la conduite qu'il avait à tenir : « Lorsque Timour Châh approchera, vous-même, avec les gens de loi et les religieux, le sabre et le linceul au cou, allez à sa rencontre pour le recevoir. » Le vézir rejoignit l'armée de Timour à l'endroit appelé Siâh Ab ; il s'avança pour saluer le roi ; mais Timour Châh ne jeta même pas un regard sur lui. Lorsqu'on eut campé, le vézir et ses enfants furent arrêtés et mis tous à mort. (Que Dieu leur fasse miséricorde !) Leurs biens furent confisqués au profit du trésor royal. L'armée approchant de la ville d'Ahmed Châhy, Souléïman se porta à la rencontre du roi, accompagné par les gens de loi et les religieux : il avait le sabre et le linceul au cou ; il mit pied à terre et salua le roi. Timour Châh lui accorda le pardon de ses fautes, et lui fit signe de remonter à cheval. Il lui ordonna de demeurer une semaine enfermé dans le mausolée d'Ahmed Châh et de venir ensuite le saluer. « Je vous rends vos biens, lui dit-il ; mais livrez-moi le trésor. » Souléïman obéit de tout cœur, et, au bout d'une semaine, il vint à l'audience royale ; Timour partit pour Kâboul.

La crainte que ses frères lui inspiraient avait déterminé Timour Châh à les emprisonner dans le Bâla Hiçar de Kâboul, château très-bien fortifié.

Il n'eut point de vézir ; le cheikh Abdoul Lethif, un

des fils du cheikh Ahmed Djâmi, était son intendant et son conseiller; le qadi Feiz oullâh Daoulet Châhy, Afghan d'origine, était chargé du soin des affaires de l'État. Il choisit pour capitale Kâboul qui devint le siége du gouvernement.

Quant au prince Souléïman, il passait son temps à copier la parole de Dieu (le Qoran); il avait une belle écriture. Il resta vingt-cinq ans en prison et il y mourut. Il laissa quatre fils qui, à présent (1233-1818), sont renfermés dans le qafès.

LE PRINCE HOUMAYOUN, FILS DE TIMOUR CHAH

Lorsque la nouvelle de la mort de son père parvint à Quandahâr, Houmayoun se déclara souverain ; il était l'aîné de tous les enfants de Timour. Il rassembla une armée ; mais, dans une rencontre qu'il eut avec les troupes de Zéman Châh, à la quatrième étape entre Kâboul et Qandahâr (1), il ne put résister, prit la fuite et se réfugia à Hérât.

Il s'établit dans cette ville et sollicita du prince Mahmoud un secours que celui-ci ne lui fournit point. Au bout de quelque temps, il pilla des caravanes se rendant de Hérât à Qandahâr. Il tira de ces expéditions deux millions de poûls (2), avec lesquels il put solder une armée. Le fils de Zéman Châh, le prince Hayder et le général Ahmed Khan sortirent de Qandahâr pour se porter à sa rencontre. Le prince Houmayoun les battit, s'empara de Qandahâr et mit à la torture des négociants et des notables de la ville ; il se procura ainsi des ressources.

---

(1) La bataille eut lieu sous les murs de Kelati Ghildjaï.

(2) Le poûl est une monnaie de cuivre valant 1 centime et 38 millièmes : 55 poûls équivalent à un tenga, pièce d'argent de la valeur de 76 centimes. Le tilla (pièce d'or) vaut 16 francs ou 21 tengas. *Voyage d'Orenbourg à Boukhara fait en 1820, rédigé par le baron G. de Meyendorff, et revu par M. le chevalier P.-A. Jaubert.* Paris, 1826, p. 212.

Deux millions de poûls représentent donc une somme de 232,000 francs Les différentes monnaies frappées à Boukhara au commencement de ce siècle, ont été gravées et se trouvent annexées au *Mémoire de M. Joseph-Julien Senkowski*, placé à la suite du voyage à Boukhara.

Sur ces entrefaites, l'armée de Zéman Châh arriva ; Houmayoun prit la fuite du côté du Moultan ; le gouverneur de cette province, ayant appris son arrivée, lui livra bataille ; Sultan Ahmed, fils de Houmayoun, fut tué, et lui-même fait prisonnier (1). En route, il fut aveuglé par ordre de Zéman Châh, qui céda aux suggestions de son vézir Rahmet oullah Khan, fils de Feiz oullah Khan Sadou Zey. Il mourut dans le château de Kaboul, sans laisser d'enfants. Son règne avait duré huit mois.

---

(1) Houmayoun se réfugia dans le Moultan ; il y était lorsqu'en 1210 (1795) Châh Zéman passa le Sind et s'établit avec son armée dans les environs de Hassan Abdal et de Routhas. Houmayoun, qui se trouvait dans le canton du Righistan et aux environs de sa ville de Lyièh, voulut essayer de gagner le Kachmir avec une centaine de serdars et de nobles afghans, qui lui étaient demeurés fidèles.

Châh Zéman instruit de la présence de Houmayoun envoya au gouverneur de Lyièh, Mehemmed Khan Sadou Zey, l'ordre de l'arrêter et de l'envoyer au camp. Mehemmed Khan ne put surprendre Houmayoun. Un combat acharné eut lieu. Sultan Ahmed fils de Houmayoun, atteint par une balle, tomba de cheval et rendit l'âme. Son père, désespéré, se jeta sur son corps qu'il ne voulut point abandonner ; il fut fait prisonnier et conduit à Lyièh. Zéman Châh y envoya de suite son premier valet de chambre, le Persan Hassan Khan, avec l'ordre de lui crever les yeux et de le conduire en litière à Caboul.

Tarikhi Ahmed, par Abdoul Kerim Mounchy, Laknau, 1266 (1849), page 32.

ZÉMAN CHAH, FILS DE TIMOUR CHAH

Sceau de Zéman Châh : « Lorsque Timour eut quitté le trône de la royauté, la fortune (Zéman) donna la souveraineté à Zéman. »

Légende de ses monnaies : « C'est par l'ordre de Dieu, maître de l'univers, que la monnaie de l'empire porte le nom de Châh Zéman. »

Après la mort de son père à Kâboul, il obtint le pouvoir royal, grâce aux efforts du qadi Feiz oullah (1) et du serdar Payendèh Khan Bârik Zey et de tous les émirs; il fit frapper monnaie et réciter la khoutbeh en son nom. Les poëtes mirent en vers la légende rhythmée de son sceau; la voici :

Vers. « Lorsque Timour eut quitté le trône de la royauté, la fortune donna la souveraineté à Zéman. »

Il envoya dans chaque province des firmans et des lettres

---

(1) Le qadi Feiz oullah qui avait été le confident et le ministre de Timour Châh fut, à l'avénement de Zéman Châh, disgracié et emprisonné dans le Bâla Hiçar de Kâboul, où i' resta jusqu'en l'année 1212 (1797). Il fut remplacé par Hafiz Chir Mehemmed Khan Bamy Zey, fils de Châh Vély Khan, vézir d'Ahmed Châh.

royales ; il prit pour ministre Rahmet oullah Khan fils de
Feth oullah Khan Sadou Zey, bien que les principaux
personnages de l'empire voulussent secrètement l'en empêcher, en lui disant : « Rahmet oullah ne convient pas à
la dignité de vézir ; de plus, il est un de vos cousins ; Dieu
veuille que votre choix ne fasse naître aucun malheur ! » Il ne
prêta point l'oreille aux discours de ceux qui lui donnaient
ce sage conseil. Il fit de Rahmet oullah son ministre et il
lui donna tout pouvoir ; à la fin, le déclin de sa fortune
désorganisa l'État ; son histoire sera racontée plus loin.

Zéman Châh s'empara de Kachmir, du Sind, du Moultan,
des Déïreh, de Chikarpour et de Balkh, puis il marcha sur
Qandahâr. Le prince Houmayoun ne put résister ; il fut
battu, s'enfuit du côté de l'Hindoustan, et fut fait prisonnier dans le Moultan. Zéman Châh poussé par son
vézir Rahmet oullah Khan donna l'ordre de le priver de la
vue. Il fut conduit à Kâboul et enfermé dans le Bâla Hiçâr,
où il mourut de sa mort naturelle.

Le prince Mahmoud s'était, dans Hérât, déclaré préten-
dant au trône ; il fit frapper la monnaie et réciter la khoutbeh
au nom de son père défunt, et il mit une armée sur pied.
Il marcha sur Qandahâr, et Zéman Châh, de son côté,
sortit de cette ville avec ses troupes. La bataille se livra à
Ghourek, près de la rivière de Hirmend (1). Zéman Châh
désirait la paix, mais le prince Mahmoud, trop plein de
confiance dans ses forces la refusa. Il fallut en venir aux
mains. Le vent de la victoire souffla du côté de Zéman ;
les troupes du prince Mahmoud, mises en déroute, aban-

---

(1) Ghourek est un gros village situé entre Guirichk et le Zemin-Daver.

donnèrent le camp et le trésor et s'enfuirent sans s'arrêter jusqu'à Hérât. Beaucoup de soldats et d'émirs furent faits prisonniers ; Zéman Châh leur fit à tous des présents et leur remit une somme d'argent pour qu'ils pussent retourner chez eux (1). Il envoya un ambassadeur au prince Mahmoud. A la fin, il fut convenu que la province d'Hérât avec Férah appartiendrait à Mahmoud qui, l'année suivante, fit frapper la monnaie et réciter la khoutbeh au nom de Zéman Châh. Ce prince marcha alors sur Lahore, avec l'intention d'aller à Djihan Abâd ; il s'empara de vive force de Lahore et de Routhas, où l'armée fit un riche butin.

Sur ces entrefaites arriva la nouvelle que le prince Mahmoud, rompant le traité conclu, levait une armée dans l'intention de s'emparer d'Ahmed Châhy (Qandahâr) (2). Zéman

---

(1) Zéman Châh partit de Kâboul à la tête de son armée pour marcher à la rencontre de Mahmoud Châh et établit son camp à Mioun, sur les bords de la rivière Hirmend. Mahmoud Châh passa le Hirmend à Tekris et les deux armées en vinrent aux mains dans la plaine de Khakriz, où est situé Ghourek. Méhemmed Azhim Khan Alicou Zey commandait l'avant-garde de Mahmoud, le Serdar Mihr Aly Khan, grand écuyer, celle de Châh Zéman. Au milieu de l'action la cavalerie de Mahmoud s'empara de l'artillerie de Châh Zéman. Celui-ci désespérant de la victoire avait déjà enlevé de sa tête la couronne royale et l'avait remplacée par un bonnet noir pour ne point être reconnu, lorsque le combat fut rétabli par Tevekkoul Khan et Kechen Khan, officiers kalmouks de la garde du roi, et qui s'étaient convertis à l'islamisme avec des membres de leurs tribus sous le règne de Timour Châh.

Les troupes de Mahmoud furent mises en déroute et la panique fut si grande que Mehemmed Azhim Khan, au lieu de prendre la route d'Hérât, s'enfuit du côté de Qandahâr. Il fut arrêté à cinq kurouh de Qandahâr, dans le village de Zaker, par un derviche nommé Abdoul Hamid qui l'envoya le sabre nu et le linceul au cou à Zéman Châh, qui lui accorda son pardon. Les autres chefs faits prisonniers rentrèrent chez eux après avoir visité les tombeaux des saints personnages enterrés à Tchecht.

(V. *Tarikhi Ahmed*, page 35.)

(2) Mahmoud avait cédé aux suggestions de Etha Mehemmed Khan Aly Zey qui, ayant eu à se plaindre de Zéman Châh, avait abandonné Qandahâr avec

Châh revint en toute hâte à Kâboul, laissant ses bagages derrière lui. Il acquit, d'après les renseignements qui lui furent donnés, la certitude que le prince Mahmoud avait des projets hostiles. Il distribua alors une gratification à ses troupes et marcha sur Qandahâr; de cette ville, il se dirigea sur Hérât (1). Mahmoud informé de sa prochaine arrivée fut saisi de trouble et d'effroi. Il envoya sa mère, avec Zéman Khan, son lieutenant, porteur de nombreux présents, à la rencontre de Zéman Chah pour négocier un arrangement. Il sortit lui-même de Hérât avec ses troupes et il vint, dans le dessein de faire face aux arrivants, se placer à une fersakh de distance, à Raouzhè Bagh (2). Il laissa dans la ville le prince Firouz oud Din, son frère cadet.

Son vézir, Houssein Aly Khan, était Persan : les émirs afghans et ouïmaks haïssaient ce ministre et nourrissaient contre lui les sentiments d'une vive inimitié. Ils écrivirent en secret à Zéman Châh et à son vézir Rahmet oullah Khan des lettres pour leur faire savoir qu'ils ne devaient point consentir à la paix, mais qu'il leur fallait sans retard arriver à Hérât; que Zéman Khan, envoyé par

---

sa famille et cinq mille de ses partisans et s'était réfugié à Hérât. Zéman Châh, qui était à Lahore, partit en toute hâte de cette ville le 1er Chaâban 1211 (1797), arriva le 27 du même mois à Pichaver, où il ne resta que quatre jours, et il entra le 17 du mois de Ramazan à Kâboul. (V. *Tarikhi Ahmed*, page 36.)

(1) L'avant-garde de l'armée afghane, commandée par le prince Qaïsser et Serdar Ahmed Khan, marcha sur Férah et s'y établit. Zéman Châh ne tarda pas à l'y rejoindre avec le reste de l'armée. Le manque de fourrages fit périr presque tous les chevaux et toutes les bêtes de somme ; les troupes furent décimées par les maladies. L'entrevue de la mère de Mahmoud et de Zéman Châh eut lieu à Férah. (V. *Tarikhi Ahmed*, page 36.)

(2) La résidence royale de Raouzhè Bagh, célèbre par ses jardins et sa longue avenue de pins, a été détruite par les Persans lors du siége de Hérât.

Mahmoud dans un but de conciliation, agissait par ruse ; qu'il enlèverait Zéman Châh pour le conduire à Hérât. Un personnage nommé Qilidj Khan, de la tribu turcomane des Ouïmaks Timouris qui compte trente mille familles, se trouvait à Hérât avec mille cavaliers. Tous les jours, il annonçait qu'il se rendrait au camp ; mais il se jeta à l'improviste dans le château d'Ikhtiar oud Din, très-forte citadelle bâtie par les rois Ghourides, en fit la garnison prisonnière et ouvrit un feu de mousqueterie sur la ville et le palais royal. Le prince Firouz oud Din s'éveilla du sommeil de la négligence ; il vit ce désordre et en envoya secrètement la nouvelle au camp. C'était au moment de la prière de l'Asr (de l'après-midi) ; le prince Mahmoud éperdu, quitta l'armée pendant qu'elle était plongée dans le sommeil, et, suivi de ses confidents et de Houssein Aly le Persan, il enleva son trésor et se dirigea vers la ville. La nuit même, les soldats s'aperçurent de son départ : ils en profitèrent pour piller le camp. Le prince Mahmoud rentré dans Hérât s'empressa aussitôt de prendre toutes ses dispositions ; il fit pointer des canons sur la citadelle qu'il battit vigoureusement, mais sans produire d'effet. Au bout d'un jour et d'une nuit, quand il vit que l'attaque n'avait aucun succès, sous le coup des circonstances, il envoya à Qilidj Khan, l'astrologue Séyid Mehemmed qui était lié d'amitié avec lui. Il le chargea de lui dire : « Je m'engage, sur la parole de Dieu, à te pardonner ton crime et à souscrire à toutes tes demandes. » Le Séyid Mehemmed accompagné de quelques autres descendants du Prophète alla trouver Qilidj Khan dans la citadelle ; il lui fit part des propositions du prince Mahmoud et se porta garant de leur sincérité. Qilidj Khan répondit, avec les dehors de la soumission : « Je suis l'humble serviteur et l'esclave du prince ; des hommes pervers m'avaient fait concevoir des craintes ; mais, puisque le prince me pardonne mes crimes, à moi qui suis coupable, tant que je vivrai, je ferai pour lui et pour le service de Dieu le sacrifice de ma vie. Je n'agirai pas avec duplicité ; mais puisque ceux qui possèdent la confiance de la cour du prince et ont toute autorité sont Housseïn Aly Khan et Mirza Hachim Khan le chef des secrétaires de la chancellerie, que ces deux personnages viennent ici avec quelques émirs afghans, et qu'ils s'engagent par serment, pour que je sois rassuré et que j'aie l'esprit en repos. »

Séyid Mehemmed sortit de la citadelle et retourna auprès du prince Mahmoud. Il lui rapporta fidèlement les paroles de Qilidj Khan. La nouvelle s'était répandue de bouche en bouche que le prince Qaïsser fils de Zéman-Châh s'était approché de Hérât à la distance de dix fersakhs, avec le serdar Ahmed Khan, tous les émirs et six mille hommes et qu'il s'avançait rapidement en doublant les étapes. Inquiet et troublé, le prince Mahmoud, ne trouvant pas d'autre moyen de se tirer de sa position, manda auprès de lui, sous le coup de la nécessité, Housseïn Aly Khan, Mirza Hachim Khan et d'autres émirs de haut rang : « Allez auprès de Qilidj Khan, leur dit-il, rassurez-le de ma part et portez-vous garants de tout ce qui pourrait arriver. » Housseïn et Mirza Hachim se mirent à se lamenter et assurèrent au prince que le but de Qilidj Khan était de se saisir de leur personne : « Il n'a point d'autre but, dirent-ils ; nous nous rendrons auprès de lui, mais nous ne reviendrons pas. » Le prince se voyait pressé par le temps et à bout d'expédients : « Partez, leur dit-il, espérons qu'il ne vous sera fait aucun mal. » Housseïn Aly Khan, suivi de personnages de haut rang se dirigea, la chaîne au cou, vers la citadelle. Qilidj Khan vint à leur rencontre et reçut leurs hommages. Après un long préambule, Qilidj Khan dit à Housseïn et à Mirza Hachim : « Moi qui commande mille familles ouïmaks, je suis sans pouvoir, tandis que vous qui êtes d'une religion étrangère, qui êtes des gens de basse condition et des Persans, vous êtes devenus, l'un vézir, et l'autre intendant des finances ! L'heure de votre disgrâce est arrivée, car le pouvoir n'appartient plus au prince Mahmoud. » Il ordonna qu'on les arrêtât tous deux et qu'on laissât partir les khans afghans. Il donna ensuite l'ordre de tirer des tours de la citadelle des coups de fusil sur la ville et sur le palais royal. Les émirs, rendus à la liberté, exposèrent ce qui s'était passé au prince Mahmoud qui éclata en gémissements. A ce moment, on apporta la nouvelle que le prince Qaïsser et le serdar Ahmed Khan n'étaient plus qu'à la distance de quatre fersakhs. Ayant perdu tout espoir, le prince Mahmoud, suivi de son fils Kamran, de son frère le prince Firouz oud Din, de Mélik Qacim et de ses conseillers intimes, sortit de la ville par la porte de l'Iraq, lorsque tout le monde se livrait au sommeil ; il se réfugia en Perse auprès de Feth Aly Châh Qadjar, qu'il alla trouver à Kachan ; la suite de ces événements sera racontée plus loin.

Le matin même du jour où le prince Mahmoud avait pris la fuite (1), le prince Qaïsser entra dans la ville. Zéman

---

(1) Chez les musulmans, le jour de vingt-quatre heures commence au coucher du soleil.

Khan, lieutenànt de Mahmoud, entra dans la citadelle où il fut reçu par Qilidj Khan. Zéman Châh et son vézir Rahmet Oullah Khan arrivèrent quatre jours plus tard : ils tirèrent de prison Housseïn Aly Khan et Mirza Hachim qui furent mis à mort. Le prince Qaïsser fut mis en possession du gouvernement de Hérât et Zéman Khan devint son vézir et son lieutenant. Zéman Châh retourna à Kâboul; le prince Qaïsser comblé par la fortune prit possession du gouvernement ; la charge d'inspecteur général et de beylerbeg fut donnée à Qilidj Khan. Les événements qui suivirent seront racontés dans la suite.

LE PRINCE QAISSER, FILS DE ZEMAN CHAH, FILS DE TIMOUR CHAH.

Lorsque Hérât fut enlevé au prince Mahmoud, Qaïsser s'y établit; Zéman Khan Foulfoul Zey fut son vézir. Il resta quelques années dans cette ville ; lorsque le prince Mahmoud, dans sa révolte, s'empara de Qandahâr et fit prisonnier le père de Qaïsser, celui-ci s'enfuit de Hérât et gagna Mechhed avec sa famille et ses éléphants : Qilidj Khan l'accompagna. Il se réfugia auprès de Feth Aly Châh Qadjar. Qilidj Khan et ses gens s'établirent à Tourbet et à Khaf, et jusqu'auprès de Mechhed ; le prince Qaïsser alla trouver le Châh. Au bout de quelque temps, on apprit que Mahmoud avait été fait prisonnier à Kâboul et que Châh Choudja oncle paternel de Qaïsser était devenu roi. Qaïsser demanda au châh de Perse la permission de partir et il se dirigea vers Kâboul par la route de Qaïn. Châh Choudja le reçut affectueusement.

Quelque temps après, il se révolta contre son oncle et fut fait prisonnier ; Châh Choudja en eut compassion et rejeta cette faute sur sa grande jeunesse. Mahmoud s'échappa ensuite du qafès de Kâboul où il était renfermé, et il leva des troupes avec l'aide de Fethy Khan fils de Payendèh Khan. Châh Choudja, n'ayant pu lui résister s'enfuit à Pichâver. L'empire de Kâboul retomba entre les mains de Mahmoud ; Qaïsser fut fait prisonnier et mis à mort par le fils de Mahmoud, le prince Kamran. Jamais le temps n'avait donné naissance à un prince aussi accompli.

Le prince Hayder, fils de Zéman Châh, était gouverneur de Qandahâr sous le règne de son père. Il se mit en état de rébellion contre le prince Houmayoun, son oncle; mais il reçut un coup de sabre en plein visage et il fut fait prisonnier. Lorsque son père, venant de Kâboul, arriva à Qandahâr, Houmayoun s'enfuit et se dirigea du côté de Moultan; le prince Hayder redevint gouverneur de la ville; mais lorsque le prince Mahmoud, accompagné de Fethy Khan, vint l'attaquer, il ne put la défendre et il s'enfuit auprès de son père, avec Mir Aly Khan grand écuyer. Zéman Châh le laissa dans Pichâver auprès de Châh Choudja, lorsqu'il tomba dans les fers. Hayder se rendit à Atek avec Châh Choudja; durant le règne de celui-ci, il resta à Kâboul. Lorsque Mahmoud expulsa Châh Choudja de Kâboul, Hayder l'accompagna; ils errèrent quelque temps dans divers pays, et enfin ils se rendirent tous les deux dans l'Hindoustan auprès des Anglais; ils s'y trouvent actuellement.

Le prince Mançour, fils de Zéman Châh, mourut de mort naturelle.

Le prince Nacir, fils de Zéman Châh, fit le pèlerinage de la Mecque avec son père, en 1233 (1818).

Légende rhythmée du sceau de Chekour Khan, frère de Zéman Khan : « Chekour se distingue du milieu de ses amis par la faveur de Mahmoud dont il est l'Ayaz (1). »

---

(1) Ayaz était le favori du célèbre Mahmoud le Ghaznévide.

Ce personnage était le kiaya (intendant) du prince Mahmoud.

Voici les événements qu'il nous reste à raconter. Lorsque le gouvernement d'Hérât eut été remis aux mains de Zéman Khan et de Qilidj Khan, Zéman Châh partit pour Kâboul avec son ministre.

Quelque temps après, Feth Aly Châh envoya une armée dans le Khorassan pour soutenir le prince Mahmoud, et il se rendit de sa personne à Mechhedi Thous. Zéman Châh partit alors de Kâboul pour Hérât avec une armée composée de soldats aguerris et il demanda en outre des secours à Châh Mourad Beg vâly de Boukhara. Celui-ci se dirigea de Boukhara sur Mervi Chahidjan avec vingt mille Uzbeks avides de combats. Feth Aly Châh voyant s'avancer contre lui un ennemi formidable, demeura irrésolu; on dit que, dans cette circonstance, Rahmet oullah Khan vézir de Zéman Châh envoya secrètement des présents à Hadji Mirza Ibrahim Khan Chirâzy, vézir du prince de la dynastie des Qadjars; mais, en tout cas, que le fait soit vrai ou faux, Feth Aly Châh demanda la paix; elle fut conclue et Châh Murad s'en retourna de Merv à Boukhara; quant à Zéman Châh, il reprit la route de Qandahâr.

Le vézir Rahmet oullah nourrissait du ressentiment contre Zéman Khan lieutenant du prince Qaïsser à Hérât : il le fit destituer et rappeler à la cour et il nomma lieutenant et directeur des affaires de Qaïsser, Mir Efzhel Khan, fils de Meded Khan Ishaq Zey; puis il partit avec le roi pour Qandahâr; arrivés dans cette ville, ils y restèrent quelque temps.

Rahmet oullah avait conçu le désir de devenir lui-même souverain; il préparait et disposait peu à peu tous les moyens nécessaires pour atteindre ce but; seulement, la crainte que lui inspiraient quelques émirs dévoués à Zéman Châh l'empêchait de dévoiler ses projets; il songea à faire naître dans l'esprit du roi des préventions contre ces émirs, afin de pouvoir les faire mettre à mort. Il aurait ainsi affaibli le pouvoir de Zéman Châh et avancé ses propres affaires. Plein de cette pensée, il ne cessait, nuit et jour, de faire au roi des insinuations diaboliques : « Ces émirs lui disait-il, sont les ennemis de votre empire; les lettres adressées au prince Mahmoud, ce sont eux qui les ont écrites; ce sont eux encore qui ont encouragé Feth Aly Châh et provoqué la guerre; il est nécessaire que nous les fassions disparaître du milieu de nous. » La fortune de Zéman Châh inclinant vers la ruine, les discours de ce ministre firent impression sur son esprit; il s'imagina que ces personnages, ses partisans dévoués, étaient ses ennemis; il consentit à leur exécution. Le vézir prit alors ses dispositions pour arrêter en un seul jour quatorze émirs; Payendèh Khan Bârik Zey, général illustre, chef d'une tribu qui comptait soixante mille familles, et qui, de plus, avait contribué par ses efforts à placer Zéman Châh sur le trône, fut saisi par son ordre. Il avait vingt-deux fils, dont l'aîné se nommait Fethy Khan; ce jour-là, Fethy Khan et ses frères s'enfuirent de Qandahâr et se rendirent d'une seule traite en Perse, auprès du prince Mahmoud.

Lorsque tous les émirs furent dans les fers, il y eut quelques jours d'attente et de répit; Zéman Châh était soucieux et préoccupé ; mais le vézir, ne lui laissa pas le loisir de revenir sur sa décision : tous les émirs lui furent livrés, et il leur fit à tous trancher la tête.

Voici les noms de ces quatorze émirs : Payendèh Khan Bârik Zey, Hukoumet Khan, gouverneur de Balkh, son fils ; Rehim Dad Khan, Qamar oud Din Khan, Émir Arslân Khan, Djafer Khan, Cheker Khan Djendâvoul, le fils de Mir Hézar Khan Alikou Zey, Mehemmed Azhim Khan ; Zéman Khan, Zebed Bey Alikou Zey, Rehim Khan Nour Zey, Ahmed Khan Pany.

Ces exécutions causèrent de l'agitation dans l'armée de Zéman Châh ; le vézir, rempli de crainte, quitta Qandahâr et se rendit à Kâboul avec le roi ; le prince Hayder et le directeur des affaires intérieures Mir Aly Khan, grand écuyer, furent laissés à Qandahâr.

A l'approche de l'hiver, Zéman Châh, accompagné par Châh Choudjâ et suivi de l'armée, se transporta à Pichâver, parce que le froid est très-rude à Kâboul ; Chir Mehemmed Khan fils de Châh Vély Khan, l'ancien vézir d'Ahmed Châh, resta dans cette dernière ville comme gouverneur. Mais le respect de l'autorité de Zéman Châh s'affaiblissait dans le cœur du peuple ; sa puissance perdait son éclat et déclinait ; chaque jour elle s'amoindrissait davantage. On resta tout l'hiver à Pichâver, jusqu'à ce qu'on apprit l'arrivée, près de Qandahâr, du prince Mahmoud qui s'était rendu aux suggestions de Fethy Khan, fils de Payendèh Khan. Mir Aly Khan grand écuyer fut battu. Assiégé dans Qandahâr, il écrivit au vézir et à Zéman Châh pour leur annoncer l'arrivée du prince Mahmoud et celle de Fethy Khan. Le vézir différa pendant trois mois d'informer le roi de la situation des affaires ; il en résulta que, pendant deux mois encore, Mir Aly Khan écrivit des lettres au roi ; mais aucun secours ne lui parvenant, les forces du prince Mahmoud augmentèrent de jour en jour. L'assaut fut donné à la ville, qui succomba. Mir Aly Khan et le prince Hayder s'enfuirent à Pichâver auprès de Zéman Châh. Ils lui exposèrent la situation. Le roi en fut profondément attristé ; il reconnut que le meurtre des émirs était la cause de sa détresse et que c'était une perfidie de son ministre. La situation étant sans remède, les regrets furent inutiles. Zéman Châh partit alors pour Kâboul avec l'armée qu'il avait auprès de lui ; il laissa dans Pichâver le prince Choudja avec ses femmes et ses éléphants : il s'arrêta à Kâboul, puis il envoya du côté de Qandahâr le général Ahmed Khan Nour Zey avec deux mille cavaliers afghans et deux mille Persans de Kâboul pour combattre à l'avant-garde ; quelques jours après, il sortit de Kâboul avec ses troupes et campa à quatre étapes de distance, dans la bourgade de Seri Meïdan (1), attendant les nouvelles qui lui viendraient d'Ahmed Khan.

Le prince Kâmrân et Fethy Khan, de leur côté, à la tête de dix mille cavaliers, arrivèrent d'Ahmed Châhy et prirent position en face d'Ahmed Khan ; celui-ci avait, ainsi que les Persans, du ressentiment contre le vézir Rahmetoullah Khan, à cause du meurtre des émirs martyrs ; il passa du côté du prince Kâmrân et se joignit à lui.

Zéman Châh se trouvait à Seri Méïdan lorsqu'arriva, le

---

(1) Séri Méïdan est une belle et fertile vallée que traverse la route de Qandahâr à Kâboul. Le village de Méïdan est situé sur la rive gauche de la rivière de Kâboul et à quatre fersakhs de la ville de ce nom.

soir, la fâcheuse nouvelle de la défection d'Ahmed Khan ; Zéman Châh et son vézir furent consternés. Ils donnèrent l'ordre cependant de battre le tambour en signe de réjouissance, et de proclamer, pour que l'armée ne se débandât point, qu'Ahmed Khan avait défait le prince Kâmrân. Au moment de la prière de la nuit, le roi, son ministre, les émirs et quatre cents hommes quittèrent l'armée et s'enfuirent dans la direction de Kâboul. En apprenant ce départ, les soldats se mutinèrent et se mirent à piller les bagages, le trésor et tout le camp. Au matin, tous embrassèrent le parti du prince Kâmrân et allèrent se joindre à lui. Zéman Châh, en arrivant à Kâboul, fit part de la nouvelle de ce désastre à Chir Mehemmed Khan gouverneur de la ville. Celui-ci lui recommanda de n'y point entrer et de se rendre sans retard à Pichâver, parce que les habitants de Kâboul lui étaient hostiles. « Ils n'auront pour vous, dit-il, ni égards ni respect. Que Dieu garde que le mal dont ils sont capables n'arrive au roi. Le trésor, des troupes, vos femmes et vos serviteurs ainsi que le prince Choudja sont à Pichâver. Il faut espérer qu'une fois arrivé dans cette ville, vous pourrez rétablir vos affaires.» Après avoir reçu cette affligeante communication, Zéman Châh se dirigea des portes de Kâboul vers Pichâver. Des quatre cents cavaliers qui l'accompagnaient, trois cents l'abandonnèrent et retournèrent à Kâboul ; lui-même, accompagné par son vézir, par Zéman Khan gouverneur d'Hérât, par Semender Khan, frère du vézir, par quelques-uns des grands officiers de l'État, tels que Mir Aly Khan, grand écuyer, Khan Oloum, par quelques autres en petit nombre, et par quelques soldats d'escorte, il marcha avec la plus grande célérité, nuit et jour, sans prendre de repos, et il parvint à Bendi Kheyber. Bendi Kheyber est une vallée dans laquelle passe une route resserrée de tous côtés entre des montagnes et aussi étroite que les yeux des avares; ce lieu est à la distance de quatre étapes de Pichâver. Au pied de la montagne, près de la route, se trouve un château, qui était un apanage du vézir : le commandant était un de ses parents et un de ses hommes de confiance (1).

Le vézir et le roi n'étaient pas descendus de cheval depuis sept jours entiers ; ils étaient épuisés, mourant de faim et de soif ; le vézir, s'adressant au roi, lui dit : « Grâce à Dieu ! nous voici loin de l'ennemi ; mais nous sommes sur le point d'expirer de fatigue et de froid ; ce château m'appartient; demeurons-y une nuit pour nous reposer ; demain nous nous remettrons en route pour Pichâver ; il nous reste encore deux journées de marche à faire. » Zéman Châh était exténué et à bout de forces ; il y consentit. Mais Khan Oloum, Mir Aly Khan, grand écuyer, et quelques soldats de l'escorte refusèrent de s'arrêter ; ils dirent au roi : « Dans les circonstances actuelles, on ne doit avoir confiance en personne ; il n'est pas nécessaire de faire halte ; il vaut mieux supporter la peine et la fatigue deux nuits encore et parvenir au rivage du salut.

Le bonheur et la vie de ce vézir funeste étaient arrivés à leur terme, le malheur le saisit; sourd à ces bons conseils, il tourna les rênes de son cheval vers le château. Zéman Châh, Semender Khan, Zéman Khan et quelques

---

(1) Le nom de ce château est Qaléi Achour.

autres émirs, suivis d'un petit nombre de personnes, le suivirent. Khan Oloum, le grand écuyer et d'autres personnes ne se fièrent pas aux paroles du vézir et se dirigèrent sur Pichâver. Le roi et le vézir arrivèrent à la porte du château ; les gens qui s'y trouvaient vinrent à leur rencontre et se mirent à leur service ; ils prirent leurs chevaux pour les abreuver et leur donner du fourrage ; ils s'empressèrent de servir leurs hôtes et préparèrent de l'eau et des aliments. A la nuit tombée, le commandant du château conçut des pensées perverses ; il s'entendit avec les gens placés sous ses ordres et leur dit : « Emparons-nous du roi et du vézir et conduisons-les à Mahmoud ; nous acquerrons ainsi de grandes dignités, des présents et de l'honneur. » Tous acceptèrent cette proposition.

Tout à coup, en ce même moment, arrivèrent mille cavaliers persans qui s'étaient enfuis du camp établi à Pichâver par le prince Choudja. Entre cette ville et Bendi-Kheyber, ils avaient rencontré Khan Oloum et le grand écuyer et leur avaient demandé des nouvelles. Khan Oloum leur avait répondu : « Mahmoud Châh est défait ; quant à nous, nous allons porter cette bonne nouvelle à la mère du roi et au prince Choudja. » Ces Persans comprirent juste ce qu'il y avait de vrai dans cette réponse. Arrivés au château, ils apprirent que Zéman Châh s'y trouvait avec le traître vézir ; ils dirent alors au commandant : « Saisis le roi et le vézir : sinon, Mahmoud brûlera ta maison ; c'est le moment pour toi d'acquérir de l'honneur. »

Le commandant et ses gens se mirent ensuite tous en devoir de s'emparer de la personne du roi. Le matin, le roi et le vézir se levèrent et demandèrent des chevaux; mais les gens du château leur répondirent : « Tenez-vous tranquilles : vous n'avez pas la permission de vous éloigner. » Malgré les promesses et les prières du roi et celles de son ministre, malgré les cadeaux considérables qui leur furent faits, ces gens se refusèrent à les laisser partir; ils saisirent les chevaux et les armes, et placèrent auprès d'eux des sentinelles et des gardiens. Le roi, le vézir et leurs compagnons gémirent, sanglotèrent, supplièrent : ces hommes ingrats et sans foi les repoussèrent et envoyèrent immédiatement un courrier à Kâboul, auprès de Fethy Khan et de Mahmoud, pour leur annoncer l'arrestation du roi. La nouvelle en parvint à Kâboul le jour même ou Mahmoud y avait fait son entrée; il en manifesta sa joie, et il envoya son écuyer Redjeb Mehemmed en compagnie de Mehemmed Azhim Khan, frère de Fethy Khan, à Pichâver pour qu'ils lui ramenassent prisonniers Zéman Châh et les émirs.

Les envoyés, à leur arrivée, vinrent saluer le roi dans le château où il était détenu et partirent ensuite pour Kâboul. A moitié route, ils furent rejoints par un courrier et un chirurgien nommé Rustem, qui avait reçu ordre de priver Zéman Châh de la vue. Lorsqu'ils furent descendus à une station, quelques hommes tinrent solidement Zéman Châh dans l'intérieur d'une tente et le chirurgien Rustem donna un coup de lancette; le roi se répandit inutilement en gémissements et en plaintes. On le plaça dans une litière et on continua la marche vers Kâboul. Le vézir et quelques-uns des émirs et des grands personnages de la cour furent dépouillés de leurs vêtements; on leur mit des chaînes aux mains et au cou, et, lorsque l'on fut près de Kâboul, on fit monter le vézir sur un âne et, après l'avoir couvert d'un vêtement fait de nattes de roseau, on le conduisit, à travers le bazar, à la maison de Fethy Khan fils de Payendèh Khan devenu ministre de Mahmoud Châh. Fethy Khan couvrit de malédictions et de reproches le vézir Rahmet oullah Khan; il ordonna ensuite qu'on le mît à la torture. Pendant quelques jours, on lui fit subir la question en lui disant : « Il nous est revenu de tous côtés que tu as des richesses considérables en espèces et en objets précieux arrachées à notre faiblesse. » On découvrit la couronne royale qu'il avait fait faire et sa trahison fut dévoilée; on recommença alors à le torturer dans le palais du roi pour lui faire livrer l'argent qu'il possédait; se tournant vers Fethy Khan, il lui cria : « O lâche! ô nature de femme! je suis maintenant prisonnier entre tes mains, pourquoi me tortures-tu ainsi? Lorsque c'était mon tour d'être puissant, j'ai agi comme un homme; maintenant, c'est ton tour, fais tout ce que tu veux; mais délivre-moi vite; j'ai fait le mal et j'en vois la rétribution; ne me torture pas davantage. »

Mahmoud donna ordre de mettre à mort le vézir, ses deux frères, Zéman Khan, gouverneur de Hérât et quelques autres émirs avec leurs familles; tous eurent la tête tranchée. Zéman Châh fut enfermé dans le qafès du Bâla-Hiçar de Kâboul, ainsi que ses fils, les princes Hayder, Mançour et Faghfour; le prince Qaïsser s'enfuit de Hérât et se réfugia auprès de Feth Aly Châh; j'ai déjà exposé ce qui lui arriva. Mahmoud Châh s'assit sur le trône de Kâboul. Le reste des aventures de Zéman Châh sera raconté plus loin, s'il plaît au Dieu très-haut.

Sceau de Ethâ Mehemmed, gouverneur de Kachmir : « Je désire un don (*Etha*) de toi, ô Tout-Puissant ! »

Sceau du qadi Feiz oullah : « La poussière de tes pieds, ô envoyé de Dieu, est le collyre des deux yeux de Feiz oullah. »

Sceau de Cheker Khan, fils de Chir Mehemmed, fils de Aziz, fils de Mozhaffer Khan : « Depuis que Aziz, notre aïeul, a été victorieux (Mozhaffer), le vrai successeur de Chir (le lait) est Cheker (le sucre). »

Sceau de Mourtezha Khan, fils de Cheker Khan. « Ma bouche est pleine du nom de Cheker (sucre), je suis satisfait (Mourtezha) du nom de Aziz (puissant, chéri). »

CHAH MAHMOUD, FILS DE TIMOUR CHAH.

Légende de son sceau : « Mahmoud est le successeur du roi du monde. »

Légende de ses monnaies : « Mahmoud Châh, maître de la terre, semblable à Darius, a frappé le coin de sa monnaie sur l'argent et l'or, depuis la région du poisson (qui supporte la terre) jusqu'à celle de la lune. »

Lorsque Zéman Châh eut enlevé Hérât à Mahmoud Châh, ce dernier, au moment de la prière de la nuit, partit pour la Perse par la route de l'Iraq, avec son frère le prince Firouz oud Din, le fils de celui-ci le prince Qâssem, son propre fils le prince Kâmrân et ses conseillers privés. Leur suite se composait d'une centaine de cavaliers. Ils se rendirent par Terchiz et Yezd, à Kâchân, auprès de Feth Aly Châh, roi de Perse qui accueillit le prince avec les honneurs qui lui étaient dus ; un mihmândâr fut désigné pour veiller à son entretien et le châh lui témoigna toutes ses sympathies. Le prince Mahmoud séjourna quelque temps dans cette ville (1).

(1) Riza Qouly Khan dans le *Fihris out Tewarikh* donne un résumé de la lettre que Mahmoud écrivit à Feth Aly Châh pour solliciter un bon accueil. Le châh envoya à la rencontre de Mahmoud et de Firouz, Ismayl Aga Mekry l'un de ses chambellans. Les princes fugitifs arrivèrent à Téhéran, le 28 ramazan de l'année 1212 de l'hégyre (1797). Tchiragh Aly Khan Nevay fut attaché

Le châh de Perse ayant envoyé une armée à Mechhed (1), dans le Khorassan, pour soutenir la cause de Mahmoud, Zéman Châh partit de Kâboul pour Hérât dans le dessein de repousser cette attaque ; Châh Mourad, vâli de Boukhara, par dévouement à la vraie foi et par conformité d'opinions religieuses, se rendit également de Boukhara à Merv. Feth Aly Châh, voyant en face de lui deux ennemis puissants, s'aperçut qu'il était tombé dans le piége du malheur. Il se repentit de sa démarche et chercha à faire la paix. Tout à coup, le vézir de Zéman Châh envoya des présents, et demanda à conclure un arrangement. Le châh de Perse le désirait et on tomba bientôt d'accord. Feth Aly Châh dit au prince Mahmoud : « On ne peut, à cause de vous, combattre deux souverains à la fois ; Dieu seul sait ce qui arrivera de bien ou de mal. D'ailleurs, Timour Châh a laissé trente-six fils ; quel est celui dont on doit soutenir les droits ? Soyez le bienvenu ; vous êtes notre hôte. » Il lui assigna une pension annuelle de trente mille toumans (2), et il retourna de Mechhed à Téhéran ; le prince Mahmoud établit sa résidence à Kâchân.

Quelque temps après, Feth Aly Châh envoya de nouveau dans le Qouhistan l'ordre de soutenir le prince qui se rendit dans cette province ; il rassembla une armée

---

à leur personne : au bout d'un mois de séjour à Téhéran, ils reçurent l'ordre de se rendre à Kâchân et le gouverneur de la ville Essed oullah Khan fut désigné pour être leur mihmândâr. Mirza Abd our Rezzaq donne les mêmes détails dans son histoire de Feth Aly Châh (*Meaciri Sulthaniëh*, édit. de Tauriz, 1241 (1825), page 31.

(1) (1214-1799).

(2) Au commencement du siècle le touman valait douze francs de notre monnaie.

d'environ quatre mille hommes, et il marcha sur Hérât. C'était l'époque de la foire ; il assiégea la ville. Le gouverneur Zéman Khan la défendit vigoureusement et la conserva. Le siége durait depuis deux mois, lorsque Abd oul Djebbâr l'un des émirs du prince Mahmoud déserta et entra dans la ville ; cette défection accrut le courage des assiégés et porta le trouble dans l'armée du prince ; la crainte s'empara de l'esprit de ses soldats. Un matin, la garnison, sous les ordres de Qilidj Khan et de Zéman Khan fit une sortie ; elle attaqua l'ennemi et combattit victorieusement ; l'armée du prince Mahmoud fut mise en déroute et le plus grand nombre de ses soldats fait prisonnier ou tué. Le prince prit la fuite et s'égara pendant la nuit ; au matin, il se trouva sur la route de Boukhara : n'osant revenir en Perse, il se dirigea vers cette ville et entra à Merv dont le gouverneur, nommé par Châh Mourad, le traita avec considération et fit parvenir à Boukhara la nouvelle de son arrivée. L'émir Châh Mourad envoya un officier pour le recevoir, et lui fit faire à Boukhara une entrée solennelle.

Celui qui a tracé ces lignes, Abd oul Kérim, accompagnait le prince qui fut logé dans le quartier de Aq Mesdjed, sur la chaussée de Boukhara. Quarante hommes avaient suivi Mahmoud ; il lui fut alloué une indemnité de quatre tillâs par jour. (Quatre tillâs valent quatre-vingts piastres de Constantinople.) Quelque temps après son arrivée, le prince Mahmoud se rendit la nuit chez Châh Mourad Beg, et eut une entrevue avec lui ; Châh Mourad lui prodigua des consolations et le rassura ; le prince séjourna huit mois à Boukhara.

Lorsque Mahmoud s'était rendu dans le Qouhistan avec

l'intention de s'emparer de Hérât, il avait laissé son frère le prince Firouz oud Din à Yezd près de Kâchân, avec le prince Kamran ; Firouz, désirant visiter le sanctuaire de la Mecque, se rendit à Ispahan et de là à Bagdad auprès de Suléïman Pacha. Celui-ci lui témoigna beaucoup de considération, et le fit conduire avec les plus grands honneurs à Damas, dont le gouverneur le traita selon toutes les règles de l'hospitalité ; de là il se rendit à la Mecque la vénérée, et à son retour, il se fixa à Yezd.

Au bout de huit mois de séjour à Boukhara, Mahmoud s'aperçut qu'il n'y avait à attendre de la part de Chàh Mourad ni secours ni commisération ; Chàh Mourad le remettant de jour en jour, il se convainquit qu'il ne fallait espérer aucune aide ; le prince demanda donc à la fin la permission de partir : « J'ai renoncé, dit-il, à toute prétention à la souveraineté ; j'ai l'intention de faire le pèlerinage de la Mecque ; je désire qu'il me soit permis d'aller en Russie par la route du Kharezm, et de là à Constantinople et à la Mecque. » Après de nombreuses sollicitations, comme il était impossible de rejeter sa demande, la permission lui en fut accordée. Le prince sollicita de Chàh Mourad, pour les frais de son voyage, mille tillâs ; celui-ci se borna à lui accorder quelques chevaux de charge et cent tillâs.

On prétend que le prince Mahmoud, après la mort de son père et lorsque Zéman Chàh s'empara de la couronne, avait envoyé une fois à Chàh Mourad Beg, dans l'espoir d'en être secouru et d'obtenir sa protection, un éléphant et cent châles de Kachmir ; une seconde fois seize mille lingots de plomb ; une autre fois, il lui envoya des châles, des tapis et deux sabres ; mais lorsque enfin la fortune du prince périclita, Châh Mourad ne lui donna aucun secours, et cessa de le traiter avec amitié et considération. Quoi qu'il en soit, le châhzadeh Mahmoud se hâta de sortir de Boukhara ; il gagna sans s'arrêter nulle part Khiva, capitale du Kharezm, et il se rendit auprès de Yvaz Beg Inâq (1) ; celui-ci vint à sa rencontre jusqu'en dehors de la ville ; il fit préparer une habitation digne d'un tel hôte, le traita d'une façon flatteuse et bienveillante ; il considéra la venue du prince comme un sujet d'honneur pour lui. Il lui assigna une pension de cent vingt piastres, outre les rations de fourrages, d'orge et de fruits qu'il lui fournissait ; tous les jours il se rendait à la demeure du prince, et s'entretenait avec lui.

La nouvelle de l'arrivée de Mahmoud à Boukhara étant parvenue à Kâboul, le vézir Rahmet oullah Khan désigna aussitôt un ambassadeur qu'il dépêcha auprès de Chah Mourad Beg ; la lettre dont il était chargé, du moins à ce que nous avons appris, était rédigée en ces termes : « Quand la première fois la fortune fut défavorable au châhzadeh Mahmoud, il se réfugia auprès du roi de Perse, qui lui donna une armée. Par un effet de la destinée, nous nous trouvions à cette époque, le roi et moi, à Lahore : le sort des armes nous était favorable et nous avions l'intention de nous rendre à Djihan Abâd, lorsque tout à coup nous fûmes informés que le châhzadeh Mahmoud était venu attaquer Hérât, avec l'aide des Persans ; l'union et une amitié sincère étant la base des relations entre le gouvernement de Zéman Châh et le vôtre, les deux Etats n'en font qu'un.

---

(1) Yvaz Beg Inâq était le père de Iltouzer Khan dont il sera question dans le chapitre qui a trait à l'histoire de Khiva.

Envoyez donc le châhzadeh Mahmoud à Kâboul, et pendant le règne de Zéman Châh, il vous sera payé par an soixante bourses fournies par le trésor ; si vous ne l'envoyez pas à Kâboul, mais, si vous le gardez en prison à Boukhara, vous recevrez néanmoins la même somme. »

Le prince Mahmoud avait été instruit de ces propositions avant l'arrivée de l'ambassadeur à Boukhara ; il avait donc insisté nuit et jour jusqu'à ce qu'il eût obtenu la permission de s'éloigner et il s'était dirigé vers le Kharezm. Deux jours après son départ, arriva l'envoyé de Kâboul : Châh Mourad Beg, après avoir lu le message qui lui était adressé, se repentit d'avoir laissé partir Mahmoud. Il envoya en toute hâte sur ses traces cinquante cavaliers qui ne purent l'atteindre, et qui ayant appris qu'il était en sûreté, revinrent sur leurs pas. Châh Mourad en fut désolé, mais ce fut inutilement. Il envoya un ambassadeur à Yvaz Inâq du Kharezm pour lui dire en substance : « Renvoyez le prince à Boukhara, sinon, préparez-vous à la guerre, car je marcherai contre vous à la tête d'une puissante armée. » Cette exigence troubla Yvaz Beg Inâq ; il assembla en conseil les principaux personnages de l'Etat et leur dit : « Quelle résolution me conseillerez-vous de prendre ? De quelle façon répondriez-vous à Châh Mourad ? » Un des ak-sakals (Barbe blanche, notable) du Kharezm, nommé Seyid Qouly Bay, prit la parole : « Le prince, dit-il, après avoir été quelque temps l'hôte de Châh Mourad, a reçu la permission de partir ; il reçoit maintenant notre hospitalité ; dût notre pays être dévasté de fond en comble, nous ne le livrerons pas. Châh Mourad se croit un homme pieux et religieux ; quel est donc le précepte religieux et quelle est la loi divine qui permettent d'user de violence envers un hôte et d'être sans respect pour lui? La décision appartient à Dieu. Telle est ma réponse. » Tous les conseillers d'Yvaz approuvèrent ce langage, et ils rédigèrent dans ce sens la lettre qui fut expédiée à Châh Mourad Beg. Celui-ci, lorsqu'il eut connaissance de la réponse rapportée par son envoyé, se tut et se tint coi.

Il rédigea en ces termes sa réponse à l'ambassadeur de Kâboul : « Avant la réception de votre lettre, le châhzadeh Mahmoud avait sollicité la permission de partir : il accomplit maintenant le pèlerinage de la Mecque ; s'il n'en avait pas été ainsi, assurément j'eusse agi conformément à ce que vous m'avez mandé ; c'est-à-dire, je l'eusse gardé à Boukhara : mais, à présent, il s'est échappé de mes griffes. »

Le prince Mahmoud, après avoir passé quatre mois entiers à Khiva, demanda son congé ; Yvaz le fit conduire à Ester-Abâd, auprès du roi de Perse et accompagner par cent cavaliers Turkomans, Yomouts, Gouklans, Orsendjis et Tekehs et par quelques-uns de ses officiers les plus considérés ; il lui avait donné en outre des provisions et de l'argent pour ses frais de route. Il fut reçu à Téhéran par le châh de Perse ; Feth Aly Châh l'accueillit encore avec bienveillance et avec considération, il le confia aux soins d'un mihmândâr et il lui assigna comme séjour une habitation délicieuse, à Màçoum Qadem.

Quelque temps après, Zéman Châh revint à Hérât, et il fut convenu avec Feth Aly Châh que ce prince ne prendrait pas parti pour Mahmoud ; les esprits s'apaisèrent. Zéman Khan, gouverneur d'Hérât fut destitué et Zéman Châh retourna à Qandahâr. Puis, trompé par son vézir aux conseils diaboliques, il fit mettre à mort les quatorze émirs respectés ;

cette exécution ébranla sa fortune; il partit pour Kâboul et se rendit à Pichaver pour y passer l'hiver.

Fethy Khan fils de Payendèh Khan, lors de l'arrestation de son père à Qandahar, s'était enfui avec ses frères et une troupe d'Afghans ; ils passèrent tous ensemble en Perse et rejoignirent Mahmoud. Ils l'entraînèrent avec eux et ils passèrent dans le Séistan ; ils réunirent une troupe de quatre cents cavaliers, et marchèrent sur Qandahâr. Mir Aly Khan, grand écuyer, se porta à leur rencontre à la tête de deux mille hommes de cavalerie; le châhzadeh Mahmoud, Fethy Khan et Kamran chargèrent à la tête de leurs quatre cents cavaliers et culbutèrent l'armée ennemie. Mir Aly Khan prit la fuite et ses troupes passèrent toutes du côté du châhzadeh Mahmoud ; son trésor et ses bagages furent pillés.

Mir Aly Khan se retrancha dans Qandahâr et fit savoir ce qui s'était passé au vézir et à Zéman Châh, à Pichâver ; Mahmoud investit Qandahâr; dix mille soldats Ledjarehs se joignirent à lui. Au bout de deux mois, il se rendit maître de la ville. Mir Aly Khan et le prince Hayder, ne se voyant pas secourus, s'enfuirent et allèrent rejoindre Zéman Châh à Pichâver. Le roi, arrivé à Seri-Meïdan, apprit que le général Ahmed Khan, envoyé en reconnaissance, avait passé à Mahmoud avec les troupes persanes. Zéman Châh s'enfuit ; arrivé dans un château près de Khéïber, il fut fait prisonnier ; il fut aveuglé en route et enfermé dans le Balâ Hiçar de Kâboûl.

Mahmoud resté à Qandahâr avait envoyé son fils le prince Kamran pour combattre en éclaireur. Lorsqu'il sut que le général Ahmed Khan s'était joint au prince Kamran, il se rendit à Kâboul sans tarder et monta sur le trône de la domination universelle. Il envoya dans chaque province un gouverneur en son nom ; il donna la lieutenance de Kâboul à Chir Mehemmed Khan fils de l'ancien vézir et celle de Qandahâr au prince Kamran.

Firouz oud Din frère de Mahmoud réfugié en Perse apprenant la chute de Zéman Châh et l'élévation de son frère au trône de Kâboul, se dirigea en toute hâte sur Hérât. Le prince Qaïsser, fils de Zéman Châh et Qilidj Khan Ouïmaq, informés de sa marche, abandonnèrent Hérat et se réfugièrent à Mechhed la sainte : Firouz oud Din put alors entrer dans la ville sans opposition et s'emparer du gouvernement, tandis que Mahmoud s'établissait à Kâboul.

Mahmoud envoya une armée contre Pichâver pour combattre le prince Choudja qui, ne pouvant résister, prit la fuite et se réfugia dans la tribu des Yousouf Zey Ghildjaï, dans les montagnes de Pichâver ; cette ville fit sa soumission. Kachmir fut donné à Abdoullah Khan Alikou Zey, et le Moultan jusqu'aux limites du Sind, Chikarpour et Balkh furent entièrement soumis.

Mahmoud régnait depuis deux ans à Kâboul, quand les sunnites de cette ville, poussés par un zèle religieux, s'émurent de sa passion pour l'opium et du penchant qu'il manifestait pour la doctrine des chiites. Ils s'entendirent avec Mir Vaïz, seyid respecté et prédicateur des sunnites de Kâboul ; ils mirent aussi dans leur parti Chir-Mehemmed Khan gouverneur de la ville. Ils écrivirent, sans en faire part aux chiites, une requête à Châh Choudja pour le prier de revenir. Les Persans qui en furent informés écrivirent aussi, de leur côté, une supplique pour le rappeler. Puis, sunnites et chiites, d'un commun accord, arrêtèrent Mahmoud, qu'ils enfermèrent dans le Bâla Hiçar. Ils firent sortir de prison l'aveugle Zéman Châh, pour gouverner jusqu'à l'arrivée de Châh Choudja, et ils battirent le tambour et la timbale de la souveraineté au nom de ce dernier.

Cinq jours après, Châh Choudja fit son entrée dans Kâboul ; le peuple célébra son arrivée par des réjouissances. On conduisit Mahmoud devant Zéman Châh : « Qu'ordonnez-vous ? lui demanda-t-on. Il vous a privé de la vue, vous pouvez vous venger, décidez ! » Zéman Châh eut compassion de Mahmoud : « J'ai fait, dit-il, crever les yeux de mon frère, le prince Houmayoun ; Dieu (qu'il soit exalté !), m'en a justement puni. Un autre ne doit pas souffrir le châtiment que j'ai supporté ; et, pour que cette coutume barbare ne s'établisse pas, je lui pardonne ses fautes. »

Mahmoud fut ensuite enfermé dans le Bâla Hiçar et on lui attribua un revenu journalier ; le reste de ses aventures, sa fuite et son retour au pouvoir seront racontés plus tard, s'il plaît à Dieu.

On prétend que, lorsque Mahmoud fut conduit devant Zéman Châh, il pria qu'on lui permit de présenter une requête. On fit part de cette demande à Zéman Châh, qui répondit : « Qu'on le fasse venir et qu'il parle. » Mahmoud, en le voyant, se mit à pleurer et à gémir : « O lumière de mes yeux ! s'écria-t-il, ne me faites pas ce que je vous ai fait ; pardonnez-moi mon crime ! » « Je te pardonne, répondit Zéman Châh, » puis on conduisit Mahmoud au Bâla Hiçar.

Mahmoud ne tarda pas à s'apercevoir bientôt de la négligence de la garnison du château, il se concerta avec les princes enfermés comme lui ; ils se saisirent des gardiens et s'échappèrent, s'enfuyant chacun d'un côté différent. Le prince Alemguir sortit par la porte de Djelal Abâd et gagna le Kachmir sans être reconnu ; il arriva au milieu des Lohânis et de là il se rendit chez les Yousouf Zey, puis il se réfugia à Kachmir auprès d'un seyid dont il était l'ami ; il se dirigea ensuite vers le Djemou ; depuis, on n'a pas su où il était allé. Le prince Dârâb, fils d'Ahmed Châh, s'était échappé de sa prison en même temps que Mahmoud ; la nuit même de sa délivrance il sortit de Kâboul sous un déguisement et se dirigea du côté de Badakhchan. Quelque temps après, il alla à Boukhara ; il se rendit de là à Hérât sans être reconnu, puis à Mechhed où il se retira auprès de Vély Mehemmed Mirza, fils de Feth Aly Châh, qui le traita avec beaucoup de considération et le fit conduire à Téhéran avec les plus grands honneurs. Feth Aly Châh le reçut comme il convenait et le fit asseoir à une place supérieure à celle de ses propres enfants. Après avoir séjourné quelque temps auprès de ce prince, il manifesta l'intention de se rendre à la Mecque ; on lui accorda des frais de voyage et il partit pour Bagdad, de là il gagna Damas et la Mecque. Depuis, on n'a pas su où il était allé ni ce qu'il était véritablement devenu (1233, 1818). Cependant nous avons ouï dire qu'il était revenu à Kâboul et qu'il y était mort.

LE PRINCE ALEMGUIR, FILS DE TIMOUR CHAH.

Sceau de feu Zeynel Khan, gouverneur de Bâmiân : « Par la faveur de Mohammed et la grâce de Dieu, Zeynel Khan est le serviteur du roi du siècle. » (*Il y a ici une lacune dans le texte.*)

Châh Choudja était aussi sorti de Pichâver à la tête de l'armée ; mais lorsqu'ils arrivèrent l'un en face de l'autre, Châh Choudja envoya l'un de ses confidents, auprès de Chir Mehemmed Khan avec ce message.

« Expliquez la cause de votre rébellion ; nous ressentons pour vous une grande commisération ; cessez d'être notre adversaire et nous vous pardonnerons vos fautes. » Malgré les conseils qui lui furent donnés, Chir Mehemmed Khan ne se croyant pas en sûreté, rejeta les offres de la conciliation. Alors la lice fut ouverte : les braves s'avancèrent pour combattre, et les deux armées se précipitèrent l'une contre l'autre comme des vagues dévorantes.

Vers. « Les têtes amoncelées formaient des collines dans cette plaine ; le ciel n'avait pas souvenir d'un pareil événement. »

Après une lutte acharnée, l'armée du roi fut mise en déroute ; lui-même se trouva isolé avec deux cents cavaliers. Chir Mehemmed Khan le chargea à la tête de cent hommes. Le roi ne voulant pas périr de la main de

Chir Mehemmed battit en retraite tandis que celui-ci continuait à combattre avec impétuosité ; à la fin, le roi s'aperçut du petit nombre d'hommes qui accompagnaient Chir Mehemmed : « Ô braves! s'écria-t-il, comment fuyez-vous devant un ennemi si peu nombreux? Retournez sur vos pas! » Ses cavaliers firent volte-face et s'élancèrent sur Chir Mehemmed ; un des sergents d'armes du roi le joignit et lui porta en pleine poitrine un coup qui le fit tomber de cheval ; il lui coupa la tête sur-le-champ. Quelques-uns des officiers de marque de Chir Mehemmed furent tués, les autres demandèrent quartier.

Lorsque la mort de Chir Mehemmed fut connue de l'armée de Châh Choudja, les soldats dispersés se rallièrent, et l'armée ennemie tout entière demanda à se rendre, le roi lui accorda quartier, et le crime de la révolte fut rejeté sur Chir Mehemmed. Les deux armées se réunirent en une seule et se dirigèrent sur Kâboul avec toute la pompe de la souveraineté. Qaïsser, se repentant de sa conduite, vint exposer sa situation à son père Zéman Châh que Chir Mehemmed avait fait enfermer dans le Bâla Hiçar : « C'est Chir Mehemmed, dit-il, qui m'a jeté dans cette affaire ; sans lui, je n'aurais pas eu l'intention ni de parvenir à la royauté, ni de me révolter contre mon oncle. Maintenant il est mort, et Châh Choudja est près de Kâboul, que dois-je faire? » Zéman Châh lui conseilla d'aller à la rencontre du roi et d'implorer sa grâce et le pardon de ses fautes. Il ajouta qu'il adresserait lui-même une requête au roi. Le prince Qaïsser prit la lettre de son père, et, accompagné d'un petit nombre de personnes, il se porta à la rencontre du roi qui lui pardonna et ferma les yeux, en rejetant le crime et la trahison sur Chir Mehemmed Khan ; puis ils entrèrent ensemble à Kâboul.

A cette époque, Mir Vaïz s'enfuit de cette ville, et se réfugia auprès des Seyids qui habitent au pied des montagnes des Hézâreh. C'est un pays dont l'accès est difficile et qui est fortifié par la nature ; il envoya de là une missive au roi, pour lui exposer qu'il n'avait pris aucune part aux événements qui venaient de se passer, que Chir Mehemmed, seul, les avait provoqués, et que sans lui il serait toujours resté l'humble serviteur du roi. Tous les émirs s'empressèrent de rassurer Mir Vaïz et ils lui firent obtenir son pardon. Son fils vint d'abord, et quelque temps après il arriva lui-même. On commença par le traiter avec beaucoup de considération ; puis, au bout de quelques jours, ce Seyid d'un caractère éminent, fut mis à mort avec ses deux fils et ses serviteurs et leurs biens. furent livrés au pillage. Ce crime ne permit pas à Châh Choudja de jouir de la royauté.

Fethy Khan qui se trouvait à Qandahâr, s'échappa de prison et s'enfuit dans les montagnes où il fut rejoint par le prince Kamran ; ils y attendirent une occasion favorable.

Châh Choudja avait quitté Kâboul à la tête d'une nombreuse armée pour attaquer Kachmir où se trouvait Ethâ Mehemmed fils de Chir Mehemmed Khan. Après être resté quelque temps dans Pichâver, il se rendit à Mouzhaffer Abâd, ville située à mi-chemin de Kachmir, et il y campa. Bientôt un ambassadeur porteur de présents vint le trouver de la part d'Ethâ Mehemmed ; la lettre dont il était chargé était conçue en ces termes : « Mon père s'est révolté ; il a reçu la juste récompense de son indigne action ; mais moi, humble et ancien serviteur du roi, je n'ai pas d'autre pensée, d'autre souci que ceux de lui obéir et de me dévouer pour lui. Cependant, la crainte m'a saisi, et je n'ose espérer qu'il m'admette à l'honneur de baiser ses pieds ; s'il plaît au Dieu très-haut, chaque année je verserai au trésor royal les revenus du Kachmir, et je me regarderai comme un de ses esclaves. Il est vrai que mon père, trompé par d'infâmes intrigants s'est révolté, mais mes ancêtres ont tous été dévoués aux rois vos prédécesseurs. »

Châh Choudja admit les excuses d'Ethâ-Mehemmed et le confirma dans le gouvernement de Kachmir et d'Atek ; puis il se mit en marche pour revenir sur ses pas. Sur ces entrefaites, un exprès vint de Kâboul annoncer que Châh Mahmoud et les autres princes, ayant vu la garnison de Bâla Hiçar livrée au sommeil insouciant du lièvre, s'étaient concertés, avaient massacré leurs gardiens et étaient sortis de la citadelle et descendus dans la ville ; que Mahmoud, sans rester une minute dans Kâboul avait rejoint Fethy Khan, et que des autres princes, les uns s'étaient enfuis, les autres avaient été repris ; qu'à la suite de cet événement, des troubles avaient éclaté à Kâboul. Châh Choudja partit en toute hâte, doubla les étapes, et trouvant la capitale dans l'état qu'on lui avait décrit, il en fut profondément attristé et affligé.

Parmi les princes qui s'étaient échappés du Bâla Hiçar, Dârâb, fils d'Ahmed Châh, avait atteint Badakhchan : il se rendit de là à Boukhara, puis auprès du roi de Perse, ensuite à la Mecque ; il revint plus tard à Kâboul, où il mourut.

Châh Mahmoud surmontant mille difficultés et mille

fatigues avait rejoint Fethy Khan et le prince Kamran. De tous côtés des pillards se réunirent à eux ; ils s'avancèrent jusqu'à Isfezâr près de Hérât, pour demander des secours au prince Firouz oud Din. Celui-ci leur répondit qu'il n'avait ni assez de troupes ni assez d'argent dans son trésor pour les soutenir ; il leur envoya seulement quelques subsides, et ne s'occupa plus d'eux. Le prince Mahmoud se rendit à Hérât sous un déguisement, et logea dans le Raouzhé d'Abd oullah Ençâri ; lorsque le prince Firouz oud Din connut sa présence, il alla le trouver et eut une entrevue avec lui ; il lui fit présent d'un vêtement d'honneur complet. Il ne permit cependant pas à Mahmoud de prolonger son séjour, il lui fit ses adieux en lui présentant ses excuses. Mahmoud, déçu dans ses espérances, s'en retourna à Isfezâr où il resta quelque temps. Sur ces entrefaites deux caravanes venant de Qandahâr arrivaient à Hérât et deux autres partaient d'Hérât pour Qandahâr ; Fethy Khan conseilla à Châh Mahmoud de piller ces quatre caravanes, pour se procurer de l'argent et pouvoir ainsi marcher sur Qandahâr et peut-être s'en emparer.

Mahmoud y consentit ; Kamran, Fethy Khan et tous leurs adhérents se mirent en campagne et pillèrent ces quatre caravanes ; puis après avoir organisé un corps de quatre mille cavaliers Ledjârehs, ils marchèrent sur Qandahâr. Mir Alem Khan, alors gouverneur de cette ville, sortit à leur rencontre avec l'armée qu'il avait sous ses ordres ; une bataille eut lieu ; Mir Alem fut fait prisonnier ; Fethy Khan donna immédiatement l'ordre de le mettre à mort, malgré les bienfaits qu'il en avait reçus. Après cette victoire la ville fut attaquée et prise au bout de peu de temps. Le prince Qaïsser fut fait prisonnier et Kamran, par suite d'une inimitié qu'il avait conçue contre lui, fit étrangler, pendant la nuit, ce prince semblable à Joseph par sa beauté. La fortune n'avait jamais mis au monde son pareil. Voici la cause de cette inimitié : la première fois que le prince Qaïsser vint à Qandahâr, Kamran qui prenait la fuite laissa dans la ville sa fiancée, fille d'un haut personnage, et qui, par la perfection de ses charmes, ressemblait aux houris et aux péris ; le mariage n'avait pas encore été consommé au moment de la fuite de Kamran ; Qaïsser épousa cette jeune fille à la beauté céleste. Tel fut le motif pour lequel Kamran fit mettre à mort le prince Qaïsser qui avait gouverné Kâboul pendant six mois.

Après ces événements, Mahmoud rassembla dans Qandahâr environ vingt mille hommes de troupes et marcha sur Kâboul pour en faire le siége et livrer bataille à Châh Choudja. Celui-ci surpris et abattu par cette nouvelle et voyant sa fortune décliner, fit sortir de la ville toutes ses troupes pour s'opposer à la marche de l'ennemi. Son vézir Mehemmed Ekrem Khan Foulfoul Zey, qui était un Rustem pour la vigueur, fut chargé de conduire l'avant-garde. Les deux armées se rencontrèrent à Ghazna ; le vézir Mehemmed Ekrem sortit des rangs et s'avança sur le champ de bataille ; de l'autre côté, Abdoul Djebbâr Khan, frère de Fethy Khan, répondit à son défi et courut à sa rencontre. Après plusieurs passes, Mehemmed Ekrem chargea son ennemi et d'un seul coup de sabre le coupa en deux ; Abdoul Djebbâr chancela et roula sur lui-même, comme un oiseau à moitié égorgé ; personne ne se présenta plus pour un combat singulier et la bataille devint générale.

Après une longue lutte, Mehemmed Ekrem, atteint par une balle, fut tué ; Châh Choudja en fut péniblement affecté et commença à désespérer. Sur ces entrefaites, quelques officiers du corps persan de Kâboul lâchèrent pied avec leurs troupes et passèrent du côté de Mahmoud; la déroute se mit dans l'armée de Châh Choudja ; un grand nombre des émirs les plus braves ayant été tués, le roi ne put résister plus longtemps et prit la fuite dans la direction de Kâboul ; n'osant se fier aux habitants de cette ville, il gagna Pichâver, emmenant avec lui les bagages de son vézir qui avait perdu la vie et le prince Hayder, fils de Zéman Châh ; ce dernier resta à Kâboul.

Châh Mahmoud rentra pour la seconde fois en possession du trône et du gouvernement, avec l'éclat de Djemchid et la pompe de Cosroès ; il s'assit sur le siége de la toute-puissance et il étendit sa clémence sur ses sujets ; Fethy Khan devint son ministre avec un pouvoir absolu. Le prince Kamran eut le commandement de Qandahâr, et Fethy Khan établit chacun de ses frères comme gouverneur dans une ville.

L'année suivante, Châh Choudja fut chassé de Pichâver et réduit à errer dans les montagnes qui avoisinent cette ville. Il envoya un messager à Ethâ Mehemmed Khan, à Kachmir, pour lui demander soit une armée, soit de l'argent pour soutenir ses droits contre Châh Mahmoud. Ethâ répondit: « Qu'on me donne en gage le diamant nommé Deryâ i Nour (mer de lumière) (1), et je prêterai trente laks de

---

(1) Les célèbres diamants connus sous le nom de Kouh i Nour (montagne de lumière) et Deryâ i Nour (océan de lumière), avaient été rapportés de Dehly en Perse par Nadir Châh.

roupies. Châh Choudja n'ayant pas d'autres ressources, envoya le Deryâ i Nour ; le frère d'Ethâ nommé Ghoulâm Aly Khan vint alors lui remettre quinze laks, en lui disant qu'il recevrait plus tard les quinze autres et qu'on lui amènerait des troupes, mais qu'il fît usage en attendant de l'argent qu'il versait entre ses mains. Châh Choudja y consentit : les intrigants se rassemblèrent de tous côtés autour de lui, comme des mouches qu'attire l'odeur d'une friandise, et se firent accorder des subsides.

Quand Châh Choudja se rendit à Pichâver dans l'intention d'attaquer Kâboul, Mahmoud dit à Zéman Châh qu'il avait toujours traité avec égards et bienveillance : « Depuis la mort de notre père, l'empire est dévasté et le trésor est vide ; cette guerre n'a d'autre résultat que la ruine des sujets, le meurtre des musulmans et le sang versé injustement. Kâboul, la capitale, est à présent en mon pouvoir, et je suis votre aîné à tous, la royauté me revient de droit ; je demande donc que vos frères cessent de m'attaquer, tant que je vivrai ; en échange, je jure de ne plus traiter en ennemis ni vous ni vos enfants et de vous accorder sur mon trésor une pension et des revenus journaliers. Je ferai

---

Le Deryâ i Nour fait aujourd'hui partie des joyaux de la couronne de Perse. Le Kouh i Nour tombé aux mains des Anglais lors de la prise de Lahore est maintenant dans le trésor de la Reine.

Les Persans prétendent que ces deux diamants ornaient le sabre d'Afrassyab et qu'ils avaient été portés dans l'Inde par Timour.

M. Eastwick a visité le trésor du Chah de Perse et a rendu compte de ses impressions dans son ouvrage qui a pour titre « *Journal of a diplomate's three years residence in Persia,* » Londres, 1864, tome II, pp. 115-121.

Mir Abdoul Kerim se trompe en alléguant que Chah Choudja remit le Deryâ i Nour à Randjit Singh. C'est le Kouh i Nour qui fut enlevé par ce prince au souverain afghan. Cunningham. *History of the Sikhs, London,* 1849, p. 163.

mettre en liberté tous les princes qui sont enfermés dans le Bâla Hiçar ; que ceux qui veulent rester à Kâboul, y demeurent, ils recevront une pension ; sinon qu'ils se rendent dans l'endroit qu'ils auront choisi. »

Tous les princes se soumirent à Mahmoud et résidèrent à Kâboul. « Que mon frère Châh Choudja cesse d'écouter les paroles de cet Ethâ Mehemmed maudit et qu'il renonce à lever une armée ; je le nommerai mon lieutenant à Kâboul ; qu'il s'abstienne de toute révolte tant que je vivrai; après ma mort il sera libre (1). » Zéman Châh approuva ces propositions et envoya à Châh Choudja une lettre écrite en son nom et un engagement au nom de Mahmoud ; ces promesses tentèrent Châh Choudja, qui les fit connaître à Ethâ Mehemmed, on le menaçant, s'il ne le secourait ni en hommes ni en argent, de faire la paix avec son frère. Ethâ Mehemmed fut fort troublé par cet événement ; réfléchissant que, si les deux frères se réconciliaient, ils viendraient l'attaquer, il réunit à la hâte cinq mille cavaliers intrépides et il se transporta le plus vite possible à Pichâver. Châh Choudja se réjouit de le voir venir à son secours ; mais Ethâ Mehemmed entra dans le camp et s'empara de Châh Choudja au milieu de la nuit. Le matin, il partit pour retourner à Kachmir, emmenant le harem et les bagages de son prisonnier qu'il enferma dans le qafès. Immédiatement après son arrivée, il s'occupa d'approvisionner Kachmir, de mettre la ville en état de

---

(1) Châh Choudja avait trois fils : Iskender, jeune homme très-beau et très-savant, qui accompagnait toujours son père, soit qu'il fût en campagne ou qu'il restât dans son palais ; les deux autres, Souléïman et Châpour suivirent leur père dans l'Hindoustan. (*Note de l'Auteur.*)

défense et de réunir une armée. Il se mit en révolte ouverte contre Châh Mahmoud ; de plus, il expédia secrètement des lettres aux Anglais, pour les engager à envoyer des troupes, et il ajouta qu'il tiendrait prêt de son côté quarante mille hommes. L'empire de Lahore devait être attaqué de deux côtés à la fois et enlevé à Râdjah Sing l'idolâtre : il se réservait, après la campagne, le Kachmir, abandonnant aux Anglais Lahore, Routhas, Nemir-Chir et le Djemou (1). Lorsque le messager porteur de ces lettres arriva à Lahore, les espions que Râdjah Sing avait de tous côtés l'arrêtèrent; les missives dont il était porteur furent découvertes. Râdjah Sing les envoya à Kâboul à Châh Mahmoud en lui faisant savoir que, s'il dirigeait une armée contre Kachmir, lui, de son côté, marcherait de Lahore sur cette ville, s'emparerait d'Ethâ Mehemmed Khan et rendrait le Kachmir à Mahmoud.

A la suite de cette proposition, Fethy Khan reçut l'ordre

---

(1) Le Djemou comprend aujourd'hui la partie méridionale des domaines du Maharajah de Kachmir. Il est borné au nord par la province de Kachmir dont il est séparé par les monts Pendjal, au nord-est par le Baltistan et le Ladakh, également soumis au Maharajah de Kachmir; du côté du Baltistan la frontière est marquée par les monts Nan-Kan. A l'est, il a pour limites le Tchamba, territoire britannique dépendant de Penjab. Au sud-est, la frontière est définie par le Ravi, affluent du Tchinab qui lui-même se jette dans le Setledje.

Le Djemou confine au sud au Pendjab dont les plaines se continuent dans la partie méridionale du territoire sous le nom de Dameni Kouh. A l'ouest, ce pays est séparé du Pendjab par le Djhelam, affluent du Tchinab.

D'après sa configuration physique, le territoire de Djemou peut se diviser en deux régions : la plaine et la région des montagnes ; la plaine arrosée par le Tchinab est la partie la plus peuplée; là se trouvent les principales villes, entre autres Djemou, la capitale. Administrativement, le Djemou est divisé en sept zila ou districts; à la tête de chaque district est un sahib-i-zila. Les habitants de race aryenne parlent le tchibhali et le dogri à l'ouest, le pohari à l'est ; quelques vallées, entre les hautes montagnes de l'est, sont habitées par une population se rattachant à la race tibétaine. Les habitants de la partie occiden-

de se porter sur Kachmir à la tête d'une armée, tandis que Râdjah Sing s'avancerait de l'autre côté. Ethâ Mehemmed était dans l'ignorance de tout ce qui se passait ; il vit tout à coup arriver par la route de Bembeh (1) et par celle d'Atek l'armée du Râdjah de Lahore et celle de Fethy Khan ; il ne put s'échapper et fut fait prisonnier ; son trésor et toutes ses richesses tombèrent au pouvoir de Fethy Khan. La mère d'Ethâ Mehemmed était la sœur de Fethy Khan ; cette considération détermina celui-ci à épargner la vie de son prisonnier ; il lui rendit même une partie de ses biens et lui assigna une pension.

Fethy Khan confia le gouvernement de Kachmir à son frère Mehemmed Azhim ; et, après avoir fait sortir de prison Châh Choudja, il vint, ainsi que Râdjah Sing, le saluer comme un souverain. Il lui proposa de l'accompagner à Kâboul auprès de Mahmoud ; Choudja lui répondit : « J'irai demander l'hospitalité à Râdjah Sing, qui est à la fois notre ami et le vôtre. » Celui-ci ayant aussi manifesté le désir d'emmener Choudja avec lui, ils partirent tous deux pour Lahore, après que Choudja eut reçu de Fethy Khan une somme comme frais de route et des présents considérables consistant en châles et en autres objets précieux. De son côté, le vézir de Mahmoud se dirigea vers Kâboul, emmenant avec lui les femmes, les

---

tale du Djemou sont musulmans, ceux du sud et de l'est professent le bramahnisme ; les Tibétains sont bouddhistes.

M. Frédéric Drew vient de publier une description des plus complètes du Djemou. *The Jumoo and Kashmir territories. A geographical account.* London, 1875. In-8°, cartes et gravures.

(1) Bembeh ou Bember est une ville de la province de Lahore située à 105 milles au N. de Lahore sur la route qui conduit à Kachmir.

domestiques et les bagages d'Ethâ Mehemmed ; Mahmoud ratifia le pardon accordé par Fethy Khan.

Un an après ces événements, Râdjah Sing conçut le projet de s'emparer de Kachmir ; il demanda conseil à Châh Choudja qui lui répondit : « Ce n'est point une chose facile ; mais au surplus, vous êtes le maître de l'entreprendre. » Râdjah Sing réunit une armée de quatre-vingt mille hommes, fantassins et cavaliers, et marcha sur Kachmir. A cette nouvelle, Mehemmed Azhim, qui n'avait sous la main que dix mille cavaliers, vint cependant à sa rencontre dans un défilé de la montagne dont la route est sablonneuse, et il s'en remit à Dieu sur l'issue du combat. Lorsque tous ces infidèles furent entrés dans la vallée, les musulmans, paraissant des quatre côtés, les prirent par devant et par derrière ; ils se précipitèrent tous à la fois contre l'ennemi, la lance en arrêt. L'aide de Dieu leur donna la victoire ; les infidèles furent mis en déroute ; quarante mille d'entre eux furent tués ou faits prisonniers et le reste ne put gagner un lieu sûr qu'au prix de mille difficultés. Râdjah Sing, honteux et confus, s'empressa d'écrire à Kâboul une lettre d'excuses, disant qu'il n'avait agi que d'après les conseils perfides de Châh Choudja ; comme il rougissait de sa conduite, il en rejetait toute la faute sur ce prince. Mais ce dernier apprenant ce que Râdjah Sing disait de lui, en fut indigné et songea à s'enfuir. Le Râdjah lui demanda le diamant Deryâ i Nour ; mais Choudja s'excusa et ne voulut point souscrire à cette proposition. Il lui remit cependant à la fin cette pierre précieuse en lui disant : « Je ne la vendrai pas pour de l'argent ; mais vous la tiendrez en garde. »

Râdjah Sing se mit à réfléchir et alla se mettre au lit. Pendant la nuit, Choudja s'enfuit du côté de la province de Djemou avec le prince Hayder, quelques gens d'escorte et ses trois fils.

Râdjah Sing se repentit alors de ses paroles ; il envoya quelqu'un prier Châh Choudja de revenir, l'assurant qu'il se mettrait à son service pendant toute sa vie ; mais celui-ci s'y refusa et lui réclama son harem ; à la fin, Râdjah Sing lui renvoya avec les plus grands honneurs son harem et ses domestiques, ainsi que le Deryâ i Nour. Châh Choudja se rendit alors auprès des Anglais établis dans l'Hindoustan. Ceux-ci considérèrent sa venue comme un sujet de gloire et un honneur ; on lui donna pour demeure une habitation splendide et on lui attribua une pension digne d'un tel hôte. A présent en l'année 1232 (1817) il est encore dans l'Inde auprès des fonctionnaires anglais. Dieu est celui qui connaît le mieux le véritable état des choses.

Cependant Zéman Châh l'aveugle était resté dans Kâboul, où il était traité avec la plus grande bienveillance par Mahmoud, reconnaissant de la pitié qu'il lui avait témoignée lorsqu'il avait été fait prisonnier. Plein de gratitude de ce qu'il ne lui avait pas fait crever les yeux, Mahmoud lui témoignait la plus grande considération et déférait à tous ses désirs. Partout où il se rendait, il l'emmenait avec lui ; il lui avait assigné une pension qu'il touchait tous les mois ; les jours de Zéman Châh s'écoulaient heureusement dans Kâboul. Fethy Khan et les autres ministres de l'empire allaient lui faire visite, car en vérité c'était un souverain plein de mérite, intelligent et instruit, ami de ses sujets, et ne passant ni un jour ni une nuit sans entretenir les savants.

Dans l'année 1230 (1814) il demanda la permission à Châh Mahmoud de se rendre à Balkh, pour y faire un pèlerinage au tombeau du roi des hommes (Aly) ; elle lui fut accordée. Zéman Châh partit de Kâboul et prit la route de Bout Bâmian. Il se dirigea sur Khoulm (1) près de Balkh, accompagné par l'un de ses fils le prince Nâcir, par l'une de ses femmes et trois de ses filles. Il avait avec lui un éléphant et il était suivi par plus de soixante domestiques. Le gouverneur de Balkh, Qilidj Aly Khan, vint à sa rencontre et lui donna une hospitalité magnifique. Ensuite il alla visiter le tombeau du roi des hommes, qu'on

---

(1) Khoulm ou Tach Kourghân est une ville du Turkestan afghan, à 82 fersakhs N.-N.-O. de Kaboul, à 83 fersakhs de Boukhara et à 13 fersakhs de Balkh. Elle est située dans une plaine au N. de la gorge d'où s'échappe la rivière de Khoulm et elle se compose de quatre ou cinq quartiers réunis l'un à l'autre par des jardins.

Elle renferme des bazars, des bains et des caravanseraïs, et sa population s'élève environ à 15,000 âmes.

Au commencement de ce siècle, Qilidj Aly beg était gouverneur ou ataliq de Khoulm. Par son mariage avec la fille de Khal Mourad beg de Koundouz, il établit son influence sur cette ville et il réussit à faire nommer, par Châh Choudja, son fils gouverneur de Balkh. A sa mort, en 1817, ses deux fils, Mir Baba et Mir Valy se disputèrent le pouvoir. Après une longue guerre, Mir Baba dut se contenter de la possession d'Aïbak et Mir Valy resta maître de Khoulm.

Ferrier. *Voyages en Perse, dans l'Afghanistan et le Turkestan*. Paris, tome I. page 396.

Moorcroft, *Travels*, etc. London, 1841, t. II, p. 447 et suiv.

Burnes. *Voyages de l'embouchure de l'Indus à Lahore, Caboul, Balkh*, etc. Paris, 1835, t. II, p. 195 et suiv.

Mohan Lal, *Travels in the Panjab, Afghanistan and Turkistan*. London, 1846. Pag. 97 et suivantes.

Les ruines de l'ancienne ville occupent une étendue plus vaste que celle de la Khoulm moderne. Elles sont situées à une fersakh au nord de la nouvelle ville et sont occupées par des familles arabes.

appelle l'Imâm. C'est un tombeau au-dessus duquel est une construction solide en marbre blanc ; sur la pierre on lit cette inscription (en arabe) : « Ceci est le tombeau du lion de Dieu, le victorieux Aly, fils d'Abou Thâlib. »

Il fut découvert sous le règne du sultan Housseïn Mirzâ Bâïqara ; ce n'était alors qu'un monceau de terre. Lorsque Bedi ouz Zémân Mirzâ était gouverneur de Balkh, il lut un jour dans les chroniques, que dans tel endroit se trouvait le tombeau d'Aly (que Dieu soit satisfait de lui !).

Il fit déblayer la butte de terre et l'on mit au jour le tombeau : il informa de cette circonstance son père qui se trouvait à Hérât. Sultan Housseïn Mirzâ se rendit lui-même à Balkh et se convainquit par ses yeux de la réalité du fait. Il fit surmonter le tombeau d'une coupole ; il y annexa un collége, un couvent, un lieu de refuge pour les voyageurs : il assigna pour l'entretien de ces monuments des revenus considérables ; il établit un inspecteur, un imâm, un gardien et il donna ordre que toutes les nuits, on fît des distributions de soupe et d'aliments. Ces constructions pieuses et ces revenus qui témoignent de la noblesse du caractère de ce grand prince existent encore aujourd'hui (1). Si un millier de voyageurs vient à se présenter, l'inspecteur des legs pieux leur fait distribuer

---

(1) Le prétendu tombeau d'Aly se trouve à Mezar, à une distance de 2 fersakhs de Balkh.

Voyages en Perse, dans l'Afghanistan, le Beloutchistan et le Turkestan, par J.-P. Ferrier. Paris, tome 1er, page 395.

Wood, *A journey to the source of the river Oxus*. Londres, 1872, p. 135.

W. Moorcroft, *Travels*, etc. Londres, 1841, tome II, page 490.

Mirkhond a consacré un chapitre à la découverte du tombeau d'Aly dans les environs de Balkh.

de la soupe et des aliments et il remet à chacun d'eux quelque argent. Tous les ans des pèlerins se rendent à Balkh des différentes parties de l'Inde, du Khorassan et du Turkestan. Des aveugles, des paralytiques et des gens affligés de différentes maladies viennent visiter le tombeau et quelques-uns d'entre eux y obtiennent leur guérison.

Châh Zéman, comme nous l'avons dit, se rendit à ce lieu de pèlerinage et y resta vingt jours, il prit ensuite le chemin de Boukhara. Emir Hayder Châh, instruit de son arrivée, fit partir pour aller à sa rencontre plusieurs personnages de distinction. Zéman Châh s'arrêta plusieurs jours en leur

---

Selon cet auteur, un saint personnage nommé Aziz Chems oud Din Mohammed, descendant de Sultan Bayézid Besthamy, aurait quitté Gazna et se serait rendu à Balkh dans le courant de l'année 885 (1480), pour mettre sous les yeux de Mirza Baïqara un ouvrage historique, composé sous le règne du prince Seidjoukide Sultan Sendjar et dans lequel on alléguait que le tombeau d'Aly se trouvait à trois fersakhs de Balkh, dans le village de Khadjèh Kheiran.

Des fouilles faites en présence du prince, des cadis, des chérifs et des notables de Balkh, amenèrent la découverte d'une table en pierre blanche sur laquelle se trouvait une inscription arabe portant ces mots :

> CECI EST LE TOMBEAU DU LION DE DIEU VICTORIEUX,
> ALY FILS D'ABOU THALIB
> COUSIN DU PROPHÈTE DE DIEU
> LE BIEN AIMÉ DE DIEU.

Le Sultan Houssein Baïqara, instruit de cette découverte, se rendit lui-même de Hérat à Balkh. Il fit construire près du tombeau un bazar, des boutiques, un bain dont les revenus furent affectés à l'entretien du monument, ainsi que ceux d'une des rivières de Balkh appelée depuis cette époque Neheri Chahy.

Le premier cheikh attaché à la mosquée fut le cheikh zadèh Besthamy, et le premier nakib, le Seyid Tadj oud Din Endkhouy.

Chaque année le Sultan Houssein envoyait au tombeau d'Aly une somme de près de cent toumans keupeguis.

Raouzet ous Sefa, édit. de Bombay, 1266 (1849), t. VII, p. 27 et 28
Khondemir, *Habib ous Sier*, édit. de Téhéran, 1271 (1853).

compagnie à Qarchy et à Nakhcheb (1) où il fut traité avec tous les égards que l'on doit à un hôte, et de là il se rendit à Boukhara où on lui assigna une résidence magnifique ; la nuit l'émir se rendit auprès de Zéman Châh pour lui faire sa visite ; il lui prodigua ses consolations et il lui assigna une pension de deux cents tillâs par mois.

Zéman Châh avait une fille âgée de quatorze ans : Émir Hayder désira l'épouser et en fit la demande : le châh invoqua toutes sortes d'excuses ; mais Emir Hayder finit par lui dire : « Votre fille doit être mariée : où pourrez-« vous trouver un gendre plus digne de vous que moi ; la « loi religieuse ne permet pas qu'on promène de ville en « ville une fille qui a atteint l'âge de la vôtre. » Zéman Châh reconnut que, bon gré mal gré, Emir Hayder s'emparerait de sa fille. Ce dernier appuya du reste sa demande de promesses : « Je m'emparerai de Balkh, lui dit-il, et « je vous remettrai cette ville. » Le désir de posséder Balkh le fit consentir à cette amertume et il cessa d'opposer de la résistance à ce qui était prédestiné. Le mariage fut conclu : Emir Hayder fit préparer pour la fille du châh des vêtements et des objets mobiliers d'une valeur de vingt mille tillâs de Boukhara, équivalant à la somme de trente mille ducats de Hongrie. Il ne voulut point accepter le trousseau et le mobilier qui devaient lui être donnés en dot. Il fit faire lui-même les vêtements ornés de pierreries, et les objets mobiliers qu'il offrit étaient enrichis de pierres précieuses et excitaient l'admiration générale.

---

(1) Les noms de Qarchy et Nakhcheb, l'un arabe, l'autre turc, désignent la même ville.

Zéman Châh resta pendant quelque temps à Boukhara, et finit par s'apercevoir qu'il n'avait ni aide ni secours à attendre : il demanda la permission de partir et d'aller se fixer dans le château d'Aqtchèh (1), situé à proximité de Balkh. « Je m'y rendrai, dit-il, et si l'émir Hayder veut
« me secourir, il m'y trouvera prêt. Il est possible, en outre,
« qu'étant aussi près de Balkh, les habitants de cette ville
« veuillent se soumettre à moi. » C'est en usant de cet expédient et de cette ruse qu'il parvint à sortir de Boukhara. Il séjourna une semaine dans le château d'Aqtchèh, puis accompagné de toute sa suite il se rendit à Hérât par la route de Meïmenèh et de Fariab.

Le châhzadèh Firouz oud Din se porta à sa rencontre et ils firent tous deux leur entrée dans la ville. Au bout d'une année Châh Zéman demanda la permission de se rendre en pèlerinage à la maison de Dieu. Le prince Firouz le fit conduire à Mechhed avec tous les honneurs qui lui étaient dus et Housséin Aly Mirza, fils de Feth Aly Châh le fit partir pour Téhéran. Feth Aly Châh l'accueillit avec les plus grands égards et lui témoigna la plus haute considération. Tous les fils du roi lui firent visite. Feth Aly Châh lui-même le reçut la nuit en audience particulière, le traita avec la plus grande bienveillance et chercha à le consoler. Zéman Châh offrit au roi de Perse l'éléphant et des objets précieux qu'il avait conservés. Il séjourna à

---

(1) Aqtchèh est située à onze fersakhs de Balkh et à cinq fersakhs de Chibreghan. La ville est entourée d'une muraille et d'un fossé et elle est défendue, en outre, par une citadelle où réside le gouverneur. Sa population est Uzbek et s'élève à 7 ou 8,000 âmes.
Les environs de la ville sont fertiles et bien cultivés.

Téhéran pendant quatre mois, puis il sollicita la permission de se rendre à Bagdad pour de là aller à la Mecque. Feth Aly Châh lui fit cadeau de quatre mille ducats de Hongrie et il offrit à son harem, à ses filles, à ses fils et à Zéman Châh lui-même des vêtements complets de toutes sortes. Toutes les personnes attachées à son service reçurent aussi des habits d'honneurs. On attacha à sa personne un officier chargé de le traiter dans toutes villes où il passerait. Il prit la route de Bagdad et aujourd'hui (1233-1817) il est dans cette ville. Le gouverneur de Bagdad est Daoud Pacha (1).

---

(1) L'auteur du *Douhet ul Vuzera*, histoire des gouverneurs généraux de Bagdad sous la domination ottomane, imprimée à Bagdad en 1246 (1830), ne fait pas mention de l'arrivée de Zéman Châh dans cette ville.

Daoud Pacha avait reçu en 1232 (1816) l'investiture du gouvernement des provinces de Bagdad, Basrah et Chehirzour.

LE PRINCE ABBAS, FILS DE TIMOUR CHAH, FILS D'AHMED CHAH, FILS DE ZÉMAN KHAN.

Il fut pendant deux ans gouverneur de Pichâver du vivant de son père ; il avait épousé la fille du khan de Khaïber. Cette circonstance lui avait fait donner ce gouvernement. C'était un homme d'une grande bravoure et d'une force si prodigieuse qu'il déracinait un arbre planté depuis trois ans; il excellait dans le maniement du sabre. L'impétuosité de son caractère et les suggestions de son beau-père le portèrent à se révolter contre son père. Timour Châh rassembla des troupes et marcha sur Pichâver ; son fils se repentant de sa conduite, envoya un intermédiaire pour intercéder en sa faveur, lui dire qu'il n'était point criminel, et que le père de sa femme était le seul coupable. C'était la vérité. Timour Châh lui accorda son pardon et fit son entrée dans Pichâver. Mais le beau-père du châhzadèh Abbas et quelques-uns des chefs afghans firent assaillir le palais en plein jour par une troupe de Khaïberis ; peu s'en fallut qu'ils ne s'emparassent de la personne de Timour-Châh. Une esclave informée de ce qui s'y passait, avertit le roi qui s'enfuit du harem et alla se réfugier dans le pavillon du château du Bengalah (1). Les troupes chargées de la garde

---

(1) Bengalah ou Bangla désigne ordinairement dans le nord de l'Inde et dans les pays limitrophes une maison de plaisance. Ce mot est orthographié Bungalow dans les relations anglaises. Voy. H. H. Wilson, *A glossary of judicial and revenue terms and useful words occurring in official documents, etc.* London, 1845, art. Bangla, page 59.

du palais crurent un moment que le châh avait disparu, mais on entendit tout à coup du haut du Bengalah un cri s'élever : « Le châh vient d'arriver, faites main basse sur les rebelles! » On ordonna un massacre général : les soldats mirent le sabre à la main et tuèrent tous les gens qu'ils rencontrèrent portant un turban blanc. Émir Khan, gouverneur de Kachmir, qui s'était précédemment révolté et que l'on avait fait prisonnier, était renfermé dans le château de Bengalah ; en entendant la voix du roi, il sortit de sa prison, s'empara du sabre d'un soldat et tua de sa main deux cents rebelles. Timour Châh enchanté de sa valeur lui rendit le gouvernement de Kachmir. Beaucoup d'innocents périrent dans ce massacre, parce que tous les habitants de Pichâver portaient également le turban blanc. Le châhzadèh Abbas fut conduit à Kâboul, et Zéman Châh le fit enfermer dans le Bâla Hiçar. Sur les suggestions du vézir, il fut étranglé à cause du meurtre de Djan Niçar (sous le règne de Zéman Châh).

HADJI FIROUZ OUD DIN, FILS DE TIMOUR CHAH, FILS D'AHMED.

Lorsque Zéman Châh marcha contre Hérât, son frère le châhzadèh Mahmoud se porta avec ses troupes à sa rencontre à une fersakh de distance, à Raouzèh Bagh, où se trouvent le tombeau de Zéman Khan, père d'Ahmed Châh, et celui de Essed Oullah Khan. Il avait envoyé à la rencontre de Zéman Châh sa mère et son lieutenant Zéman Khan avec des cadeaux et des présents. Dans l'espérance de faire la paix, on attendait l'arrivée de Zéman Châh. Firouz oud Din était resté dans la ville pour veiller à sa garde : Qilidj Khan Ouïmak nourrissait dans son cœur des projets de révolte et de trahison. Il avait promis à Zéman Khan, au moment où ce dernier se rendit auprès de Zéman Châh, de s'emparer de la ville par un moyen quelconque, « et vous, lui avait-il dit, faites-vous accompagner par Zéman Châh et venez avec lui. »

Qilidj Khan sous prétexte de faire des provisions d'orge était resté dans la ville avec deux mille hommes dévoués. A midi, au plus fort de la chaleur du jour, le châhzadèh Firouz dormait dans l'appartement des femmes. Qilidj Khan avec sa troupe se dirigea vers le château, fit prisonniers les soldats qui gardaient la porte et s'en rendit maître. Les fusiliers montèrent sur les tours et tirèrent des coups de feu en signe de réjouissance. Le châhzadèh Firouz vit à son réveil ce qui venait de se passer et il en fit parvenir la nouvelle au camp. Mahmoud rentra dans la ville. Qilidj Khan fit venir par ruse dans la citadelle Housseïn Aly Khan et Mirza Hachim Khan et s'empara de leur personne. Les châhzadèhs Mahmoud et Firouz oud Din et les personnages de marque attachés à leur personne se réfugièrent en Perse et se mirent sous la protection de Feth Aly Châh.

Firouz oud Din resta pendant quelque temps à Yezd, puis il prit la résolution d'aller à la Mecque et il se rendit à Bagdad dont le gouverneur le reçut avec les plus grands égards. De Bagdad il alla à la Mecque. A son retour il passa par Bagdad et par Ispahan pour revenir à Yezd et s'y établir. Le châhzadèh Mahmoud était, de son côté, revenu de Boukhara et il avait traversé le Kharezm pour se rendre dans les États de Feth Aly Châh. Les deux frères se revirent en Perse après avoir été pendant quelque temps séparés l'un de l'autre.

Enfin Fethy Khan fit prisonnier Châh Mahmoud et le conduisit à Qandahâr ; il s'empara aussi de Kâboul et Zéman Châh devint son prisonnier : il mit la main sur le royaume des Afghans. A cette nouvelle, Firouz oud Din partit dans l'espérance de reprendre Hérât. Le prince Qaïsser qui se trouvait dans cette ville se réfugia à Mechhed accompagné par Qilidj Khan.

La tribu des Ouïmaks Timourys s'établit dans les districts de Khaf et de Bakherz jusqu'à Djam. Qilidj Khan et Qaïsser se rendirent à Téhéran et firent leur soumission au roi de Perse. Hadji Firouz entra dans Hérât sans contestation et il gouverna cette ville sous le règne de Châh Mahmoud et sous celui de Châh Choudja.

Le châhzadèh Kamran désirait ardemment la possession de Hérât ; Firouz dominé par la crainte se mit sous la protection du roi de Perse et implora son appui : il envoyait constamment des présents et des ambassadeurs à la cour de Perse. Lorsqu'il entra à Hérât et que son pouvoir n'était pas encore bien établi, il y fut attaqué par Qilidj Khan et Mehemmed Mirza fils de Feth Aly Châh à la tête d'une armée persane (1). Le châhzadèh Firouz, de son côté, rassembla des troupes afghanes et ouïmaks et il proposa au cheikh ul Islam, que l'on appelait Soufy ul Islam, de se joindre à lui. Ce personnage comptait cent cinquante mille disciples ; il était Uzbek d'origine et né à Boukhara. Il avait quitté cette ville sous le règne de Châh Mourad Beg et s'était fixé à Hérât, où Timour Châh l'avait établi dans le palais de Karkh. Il prétendait avoir des révélations divines et manifester sa sainteté par des miracles. Un autre personnage nommé Hadji Molla Moussa était le chef des ulémas de Hérât : il avait fait sept fois le pèlerinage et il était le disciple de Seyid Okeil qui résidait à la Mecque. Il était l'ennemi du Soufy ul Islam avec lequel il rivalisait d'influence. Hadji Firouz proposa à ces deux saints personnages de combattre contre les hérétiques persans ; ils ne purent refuser et ces deux cheikhs avec leurs disciples durent prendre part à la guerre et se réunir aux troupes de Firouz. La bataille se livra au village de Chadèh

---

(1) Vély Mehemmed Mirza, fils de Feth Aly Châh et gouverneur du Khorassan résidait à Mechhed. L'armée qui marcha contre Hérât était commandée par Mehemmed Khan Qadjar et non par le prince Vély Mehemmed Mirza.

situé à douze fersakhs de Hérât. D'un côté se trouvaient Firouz Châh et ses troupes, les Afghans et les deux cheikhs avec les soldats Firouz Kouhis qui sont une tribu ouïmak. L'armée persane était placée sous le commandement de Qilidj Khan, de Mehemmed Khan Hezarèh avec Ishak Khan Turbety. Il y avait en outre des soldats Kizilbachs et Qadjars.

Les Afghans fondirent sur les soldats de la tribu de Qadjar et leur firent lâcher pied. Un grand nombre d'entre eux furent tués. Qilidj Khan, Mehemmed Khan et la tribu de Ishak Khan Ghoury de leur côté attaquèrent les troupes de Firouz Kouh commandées par les deux cheikhs.

Les Firouz Kouhis furent mis en déroute et perdirent beaucoup de monde, tant tués que blessés. Les deux cheikhs restèrent sur le champ de bataille et leurs disciples battus et mis en déroute se dispersèrent comme les étoiles de la constellation de l'Ourse. Les Persans se rallièrent, et ayant reçu des renforts, ils mirent en fuite les Afghans. Plusieurs émirs afghans furent tués. Nous citerons Bedel Khan, Ahmed Khan, fils de Islam Khan, Abdoul Djebbar Khan, Redjeb Mehemmed Khan, Chady Khan et autres. Hadji Firouz s'échappa avec mille difficultés et se réfugia à Hérât dont il fit fermer les portes. Les Persans tannèrent la peau de la tête de Soufy ul Islam et l'envoyèrent à Téhéran. Son corps fut brûlé. Hérât fut investi (1). Au bout de deux mois, la ville n'ayant pu être prise, la

---

(1) La narration de l'auteur est entièrement conforme au récit de Riza Qouly Khan, dans le *Fihris out Tewarikh*, et à celui de Mirza Taqy Sipehr dans son histoire de la dynastie des Qadjars qui fait partie de son grand ouvrage intitulé : *Nassikh out Tewarikh*.

L'armée d'Hérat se concentra à Kalehi Chekiban et les troupes persanes

paix fut conclue. La ligne de démarcation des frontières fut établie à Ghourian, à dix fersakhs de Hérât. Tous les biens et toutes les propriétés que Qilidj Khan possédait dans la province lui furent rendus ; les troupes persanes se retirèrent après la conclusion de cet arrangement. Hadji Firouz, craignant toujours les visées de son neveu, entretint des relations constantes avec la Perse et il invoqua l'aide et l'appui de cette puissance.

Quand Châh Mahmoud monta, pour la seconde fois, sur le trône de Kâboul, il envoya un ambassadeur pour mander Hadji Firouz à la cour. Celui-ci refusa et ne se rendit pas à l'invitation qui lui était adressée. Fethy Khan et Kamran nourrissaient à l'égard de Firouz les sentiments d'une vive inimitié et ils attendaient une occasion favorable pour le renverser. Hadji Firouz, s'étant brouillé avec son frère, s'appuya sur le châh de Perse. En dernier lieu, Vély Mehemmed Mirza, qui était gouverneur de Mechhed, demanda en mariage la fille de Hadji Firouz. Celui-ci, après une longue hésitation, consentit à la donner au fils du roi de Perse, pensant que cette alliance le rendrait plus

---

qui s'étaient établies à Châh Dèh, offrirent la bataille le 28 du mois de rebi second 1222 (1807). Soufy ul Islam assistait au combat dans une litière dorée placée sur un éléphant, et il était entouré par 366 de ses disciples les plus dévoués.

Cent cinquante Khans Afghans, Ouïmaks, Djemchidis, Taïmenis, et six mille soldats restèrent sur le champ de bataille.

Les Persans firent trois mille prisonniers : le camp de Firouz oud Din avec son trésor et son artillerie tomba entre leurs mains.

Firouz oud Din réfugié à Hérat avec son vézir Aga Khan s'empressa d'envoyer à Méhemmed Khan Qadjar qui commandait l'armée persane deux années du revenu de Hérat et de livrer Youssouf Aly Khan Gouray, l'instigateur de la résistance.

fort. Mais les émirs et les grands fonctionnaires afghans n'accordèrent point leur consentement à cette union : ils alléguaient que toujours les Afghans avaient épousé des filles persanes et que jamais ils n'avaient marié leurs filles à des Persans. « Comment un musulman sunnite pourrait-il « consentir à un mariage avec une hérétique chiite, « disaient-ils. Cette conduite serait blâmée et réprouvée « partout. » Toutes les raisons alléguées par les conseillers de Hadji Firouz ne le firent pas changer d'avis et il se décida au mariage de sa fille. Celle-ci, apprenant que son père voulait la livrer à un Persan, s'empoisonna pendant la nuit. Hadji Firouz en fut désolé, mais les Afghans témoignèrent une grande satisfaction. Ce fait fut porté à la connaissance de Châh Mahmoud qui voulut se débarrasser de Hadji Firouz.

En 1232 (1816) Fethy Khan et le châhzadèh Kamran, marchèrent contre Hérât à la tête des troupes de Qandahâr et d'autres milices. La ville fut assiégée pendant trois mois : au bout de ce temps, les habitants réduits à toute extrémité capitulèrent. Hadji Firouz oud Din fut fait prisonnier et envoyé à Kâboul. Châh Mahmoud et Hadji Firouz oud Din étant, l'un et l'autre, fils de Timour Châh et de la même mère, il ne lui fut fait aucun mal. La mère de ces deux princes est encore vivante. Fethy Khan donna Hérât au châhzadèh Kamran et il mit à côté de lui, en qualité de lieutenant, son frère Kouhendil Khan. La paix fut conclue avec la Perse à la condition que les Persans rendraient tout ce qu'ils avaient conquis sur l'empire afghan.

Telle est la situation aujourd'hui 1233 (1817). Que se passera-t-il plus tard?

En cette année 1233 (1817), un ambassadeur persan est arrivé à Constantinople à la cour ottomane : il se nomme Mouhibb Aly Khan, fils de Kelb Aly Khan Khouldj. Les cadeaux qu'il a présentés consistaient en un éléphant, cinq chevaux de race, des châles, des étoffes de brocart d'or et deux sabres Keianys. On lui témoigna beaucoup d'honneur et de considération.

Aujourd'hui règne le sultan le plus grand, l'empereur le plus généreux, celui qui est l'honneur des Arabes et des peuples étrangers, le pôle de l'islamisme, le sultan vainqueur des infidèles, le sultan Mahmoud Khan, fils du sultan Abdul Hamid Khan, fils du sultan Ahmed Khan. Que Dieu veuille rendre éternels son royaume et sa prospérité ! Nous espérons que, pendant de longues années, il sera assis d'une manière inébranlable sur le trône de l'empire.

LE CHAHZADEH CHAPOUR, FILS DE TIMOUR-CHAH, FILS D'AHMED CHAH

Légende du sceau du mufti de Hérât : « La bonté divine et la bienveillance de Timour Châh ont fait de Hachim le serviteur de la loi du Prophète. »

Lorsque Timour Châh, son père, mourut à Kâboul, Zéman Châh son frère ceignit la couronne et s'assit sur le trône ; il fit enfermer dans la prison d'Etat du Bâla Hiçar tous les princes de la famille royale. Le gouverneur du Bâla Hiçar était Abdoullah Khan, un des personnages jouissant de la confiance de Zéman Châh et auquel ses nombreux services avaient fait donner le nom de Djan Niçar Khan (1). Dans l'année où Zéman Châh marcha sur Hérât pour enlever cette ville au châhzadèh Mahmoud, Djan Niçar Khan se voyant hors de toute surveillance se laissa entraîner à l'ingratitude ; il écrivit à la mère de Châpour, qui était la fille de Cherbet Aly, un billet dans lequel il lui disait que depuis longtemps il était éperdument amoureux d'elle, qu'il n'avait pas la force de maîtriser et de dominer sa passion. « Aujourd'hui, ajoutait-il, vous avez perdu votre époux, « vous êtes libre de votre personne. C'est moi qui suis « chargé de recevoir les revenus assignés au Bâla Hiçar « et de les dépenser : si vous voulez céder à mes vœux, je « vous donnerai à vous et à votre fils des marques de mon

---

(1) Djan Niçar signifie celui qui répand son âme, qui fait le sacrifice de sa vie.

« dévouement, si vous refusez, vous perdrez la pension qui « vous est assignée. » Quand ce billet parvint à la mère de Châpour, elle versa des larmes abondantes en pensant que la femme bien-aimée de Timour Châh en était réduite à demander un morceau de pain, et que son amour était recherché par un grossier soldat. Elle repoussa les propositions de Djan Niçar qui lui enleva tout subside ; elle eut à supporter avec son fils toutes sortes de mauvais traitements. Tous les jours Djan Niçar lui adressait des billets remplis d'expressions de colère. A la fin, la mère de Châpour dévoila cette situation à son fils et au châhzadèh Abbas. Ceux-ci lui dirent de faire prévenir Djan Niçar que le châhzadèh Châpour était malade et qu'il vint le voir. « Ajoutez dirent-ils, que vous vous soumettez à lui. » La mère de Châpour écrivit donc un billet pour faire savoir qu'elle consentait à tout et qu'elle le priait de venir voir Châpour. Djan Niçar, enchanté et ravi de cette bonne nouvelle, arriva le soir même pour faire visite au prince et s'assit au chevet de son lit. Au bout d'une demi-heure Châpour se dressa sur son séant, et tirant le poignard qu'il avait à la ceinture, il en frappa Djan Niçar au ventre et l'envoya en enfer. Le neveu de Djan Niçar, informé du meurtre de son oncle, se saisit des portes, empêcha qui que ce fut de sortir et fit prévenir, à Hérât, Zéman Châh de ce qui venait de se passer. Zéman Châh accourut immédiatement à Kâboul. Sur le conseil de son vézir, Châpour et sa mère furent empoisonnés : le châhzadèh Abbas fut épargné ; nous en parlerons plus tard.

La mère de ces deux princes était l'intendante du harem, elle était fille de Cherbet Aly Khan Djindavoul, d'origine persane. Timour Châh avait pour elle une vive affection, elle était belle, bien faite, et avait un visage de péri : elle n'avait pas d'égale pour la facilité de l'élocution et les arts d'agrément. Timour Châh avait trois cents femmes ; deux fois par semaine il y avait dans l'intérieur du harem réunion de toutes les femmes. Les jours fixés, l'intendante du harem donnait l'ordre à toutes les esclaves de mettre sur leur tête un diadème et de revêtir leurs plus beaux habits. Elles se rassemblaient dans une cour ouverte auprès de la salle où se trouvait le trône du roi. Au milieu de cette cour était un bassin à jet d'eau ; les femmes se plaçaient sur deux rangs, derrière chaque femme se tenaient deux esclaves, une blanche et une noire. Le roi entrait, s'asseyait sur son trône et l'audience commençait. La fille de Cherbet Aly, à cause de sa haute situation, se tenait près du roi : elle avait sur la tête une couronne enrichie de pierreries de la plus belle eau. Le roi descendait de son trône, et, passant dans les rangs, causait avec enjouement, s'arrêtait devant chaque femme, parlait et s'éloignait. La fille de Cherbet Aly marchait à côté de lui. Les eunuques suivaient le roi et prenaient note des femmes qu'il paraissait remarquer plus particulièrement. Après les avoir toutes vues, il leur permettait de se retirer. Parmi toutes ces femmes, on avait pris le nom d'environ dix d'entre elles, et à l'entrée de la nuit on les faisait paraître devant le roi ; elles entraient une à une dans son appartement secret. Il arrivait quelquefois qu'il retenait auprès de lui les dix femmes qu'on lui avait amenées. Toute l'année le châh se livrait ainsi à ses plaisirs.

Chaque semaine, on lui amenait une jeune fille vierge. Chacune de ses femmes avait outre ses revenus, une somme fixée pour ses dépenses journalières et une pension annuelle. Une année on distribua dans le harem deux mille châles de cachemire. Le châh donnait une pension et des moyens de subsistance aux femmes dont il ne voulait plus; il assignait à celles qui étaient mères une résidence particulière pour elles et pour leurs enfants. Timour Châh traitait avec considération les princes qui étaient renfermés dans le Bâla Hiçar et il leur envoyait de jeunes esclaves. Chaque année, on dépensait pour le Bâla Hiçar quatre laks de roupies, formant le revenu de Djelal Abâd.

Timour Châh avait aussi l'habitude de réunir la nuit après la prière du coucher du soleil, une fois par semaine, les ulémas : il dînait avec eux, et après le repas on se livrait à des discussions religieuses. Au moment de se coucher il récitait la prière et entrait ensuite dans son harem; une fois par semaine aussi il réunissait ses enfants et dînait avec eux.

Il eut trente-six fils. Voici leurs noms : Le Châhzadèh Humaioun, le Châhzadèh Mahmoud, le Châhzadèh Zéman, le Châhzadèh Choudja, le Châhzadèh Firouz oud Din, le Châhzadèh Abbas, le Châhzadèh Djihan Vala, le Châhzadèh Eyoub, le Châhzadèh Hassan, le Châhzadèh Hamid, le Châhzadèh Châpour, le Châhzadèh Goher, le Châhzadèh Qaïsser, le Châhzadèh Ekber, le Châhzadèh Alemguir, le Châhzadèh Ahmed, le Châhzadèh Yakoub, le Châhzadèh Sélim, le Châhzadèh Faghfour, le Châhzadèh Djihan, le Châhzadèh Chahroukh, le Châhzadèh Mehemmed, le

Châhzadèh Osman, le Châhzadèh Omar, le Châhzadèh Kamar, le Châhzadèh Rustem, le Châhzadèh Deriadil, le Châhzadèh Kouhendil, le Châhzadèh Rahmet, le Châhzadèh Ferroukh, le Châhzadèh Aureng Zib, le Châhzadèh Sabir, le Châhzadèh Tipou, le Châhzadèh Darab, le Châhzadèh Zekeria.

Tous ces princes étaient vivants pendant le règne de leur père. Zéman Châh les fit ensuite enfermer dans la prison d'État du Bâla Hiçar.

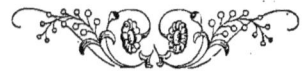

BOUKHARA

GÉNÉALOGIE DES KHANS UZBEKS.

Je m'occuperai maintenant de l'histoire de Mehemmed Rehim Khan, Manguit, Uzbek, qui régna à Boukhara à partir de l'année 1160 après la mort de Nadir Châh, et de l'histoire des Khans qui ont gouverné jusqu'en cette année 1233, année en laquelle règne Seyid Emir Hayder, fils de Châh Mourad By, fils de Danial, Manguit, Uzbek. Ce que je vais consigner par écrit contiendra les détails les plus minutieux (1).

---

(1) Je crois devoir mettre sous les yeux du lecteur le résumé rapide des événements dont Abdoul Kerim nous donne les détails. Il a été fourni par M. le conseiller d'État de Negri, ambassadeur de Russie près le khan de Boukhara, Emir Hayder, à M. Senkowski. Ce savant orientaliste l'a inséré à la fin de ses notes sur le *Tezkereï Mouqim Khani*. V. *Supplément à l'histoire*

générale des Huns, des Turks et des Mogols, etc. Saint-Pétersbourg, 1824, in-4°, p. 119.

« Aboûl Féiz Khân (Oubèid-Oullah II), dernier descendant en ligne directe de (Qoutlouq) Tèîmour, régna 38 ans. Pendant son règne, Nadir Schâh s'étant emparé de ses États, le laissa régner et prit en ôtage Mouhammed Rahîm, fils d'un des chefs de l'armée boukhare.

« Mouhammed Rahîm Khân, à son retour de la Perse, occupa pendant neuf ans le poste d'Atâleq du vivant d'Aboûl Féiz Khân et de ses deux successeurs, nommés Abdoul Moûmin Khân (II) et Oubèid Oullah Khân (III). Ayant tué d'abord le père et ensuite ses deux fils, Abdoul Moûmin et Oubèid Oullah, il épousa la fille de ce même Aboûl Féiz et régna deux ans comme khan.

« Après la mort de Rahîm, Dâniâl Bî, Uzbèk de nation, gouverna le royaume avec le titre d'Atâleq, tandis qu'un rejeton de la maison de Tchinguîz Khân (de la dynastie d'Astracan) nommé Sèyid Aboûl Ghâzî, occupait le trône de Boukhâra. Dèvlèt Qoûsch Bèguî, premier ministre de ce monarque, administrait avec un pouvoir absolu toutes les affaires de cette province; mais il fut tué par Mourâd Bî, fils aîné de Dâniâl, qui eut cette place de Qoûsch Bèguî. Après la mort de Sèyid Aboûl Ghâzî, Dâniâl Bî prit le titre de khan.

« Après la mort du khân Mouhammed Rahîm, une grande partie des provinces de ce royaume était gouvernée par différents bègs uzbèks, indépendants du souverain de Boukhârâ. Celui-ci n'avait que les sept districts qui forment l'arrondissement de la capitale, et, en outre, Kèrmînè et Qarschî. Ce fut Schâh Mourâd Bî qui soumit à sa domination toutes les provinces de la Boukharie. Ce prince, fils de Dâniâl Bî, monté sur le trône que son père avait occupé, gouverna le royaume pendant seize ans : il se qualifiait sur ses monnaies du titre d'émir, qu'il n'avait pris que vers la fin de son règne. Il avait épousé la veuve de Mouhammed Rahîm et fille d'Aboûl Fèiz.

« Mîr Haïdèr, aujourd'hui régnant, est né de ce mariage. Il descend de Tchinguiz par sa mère, et règne depuis vingt-trois ans, sous le titre d'émir. »

I. ABOUL FEIZ KHAN
(1152-1739)

Lorsque Nadir Châh revint de son expédition de l'Inde, Aboul Feïz Khan, fils de Soubhan Qouly Khan, descendant de Djenghiz Khan, était souverain de Boukhara. Ilbars Khan, Qazaq, qui était aussi de la race de Djenghiz, gouvernait le Kharezm.

Aboul Feïz Khan, reconnaissant qu'il n'était point assez fort pour lutter avec l'armée persane, envoya à Pichâver, auprès de Nadir Châh, une ambassade composée de quelques personnages considérables, et d'un khodja du Djouïbar (1) avec de riches présents. Il fit dire au châh : « Je suis le dernier rejeton d'une ancienne famille royale ; je n'ai pas la puissance d'affronter un monarque redou-

---

(1) Le Djouïbar ou quartier du bord de l'eau est habité par les Khodjas L'aristocratie religieuse de Boukhârâ se divise en deux classes : les Seyids et les Khodjas. Les premiers descendent des khalifes Osman et de Aly par les filles du prophète.

Les seconds descendent d'Abou-Bekr et d'Omar, ou des deux autres khalifes par d'autres femmes que les filles de Mohammed.

Les Seyids ont la préséance sur les Khodjas. Les Khodjas eux-mêmes sont divisés en deux catégories.

Les Khodjas Seyid Ata qui possèdent les documents établissant leur généalogie et les Khodjas Djouïbaris, dont les titres sont perdus et qui ne peuvent invoquer que la notoriété et la tradition.

V. Khanikoff, *Boukhara, its Emir and its people*, London, 1845, page 234. Fraser, *Travels in Khorassan*. Appendice, page 83.

table ; je me tiens à l'écart, faisant des vœux pour lui ; mais s'il veut m'honorer de sa visite, je lui témoignerai les égards que l'on doit à un hôte. » Nadir Châh se montra très-satisfait de ces paroles, il traita les ambassadeurs avec la plus grande considération et les congédia après leur avoir remis pour Aboul Feïz Khan une lettre dont voici le sens : « Votre
« conduite m'a pénétré de joie et de reconnaissance. J'ai reçu
« vos ambassadeurs et j'ai agréé les présents que vous m'avez
« envoyés : votre loyauté a éclaté pour nous en même temps
« que votre affection et que votre amitié : tout ce que vos am-
« bassadeurs nous ont exposé était dicté par la sincérité. Il
« est nécessaire que je châtie Ilbars ; punir ce malfaiteur,
« est pour moi une obligation sacrée. S'il plaît à Dieu, après
« être arrivé à Hérât, résidence de la royauté, je me dirigerai
« sur Balkh, et de là, je me rendrai auprès de vous pour avoir
« une entrevue et être reçu comme un hôte par Votre Hau-
« tesse que je considère comme un père. Veuillez me traiter
« comme un hôte et n'avoir aucune arrière-pensée, car je ne
« convoite ni vos Etats, ni vos trésors. Je vous envoie aujour-
« d'hui, à titre de souvenir, à vous qui êtes mon ami sincère
« et véritable, quelques objets de l'Hindoustan que vous accep-
« terez comme un présent de peu de valeur. Agréez, avec
« cette lettre, tous mes vœux. »

Lorsque la lettre et les cadeaux de Nadir Châh arrivèrent à Boukhara, Aboul Feïz Khan en éprouva la joie la plus vive et il fit connaître les résultats de sa démarche à Ilbars Khan, dans l'espérance que celui-ci s'amenderait et s'excuserait des fautes qu'il avait commises. La fatalité s'était attachée à Ilbars Khan. Il n'accepta pas le conseil qui lui était donné et il envoya à Aboul Feïz une réponse conçue en termes grossiers.

Distique. « Les bons conseils ne font point impression sur une mauvaise nature; on ne peut faire entrer de force un damné dans le Paradis. »

Aboul Feïz Khan s'occupa ensuite des préparatifs de la réception de son hôte : il fit de grands approvisionnements de blé, de riz et d'orge; il rassembla des troupeaux de moutons.

Nadir Châh arriva à Hérât. Il avait avec lui trois cents éléphants, une tente brodée en perles et le trône du paon (1). Il établit son camp dans la plaine de Kouhdestan à l'orient de la porte de Khochk (2). Il envoya de là deux éléphants et de riches présents à la cour impériale du sultan Mahmoud Khan Ier (3). Il envoya aussi deux éléphants et des objets de

---

(1) Le trône du paon se trouvait dans la grande salle d'audience du palais impérial de Dehli. Il est compris dans la liste du butin fait dans la capitale des grands mogols, et il est estimé, avec neuf autres trônes, à la somme de neuf kourours de roupies, soit 11,250,000 livres sterling = 282,500,000 francs. J. Hanway, *Travels*, tome 2, p. 383.

(2) La porte de Khochk est une des cinq portes de Hérât. Elle est ainsi appelée parce que la route qui part de cet endroit conduit à la ville de Khochk, située dans la vallée de ce nom et qui est la capitale ou plutôt la ville principale des Turkomans Djemchidis.

Les autres portes de Hérât sont désignées sous les noms de : Dervazehi Koutab Tchak, au nord; Dervazehi Melik et Dervazehi Irak, à l'ouest; Dervazehi Qandahâr, au sud, et enfin, Dervazehi Khochk, à l'est.

(3) L'ambassadeur de Nadir Châh, Hadji Mehemmed Riza Khan s'arrêta à Bagdad, et arriva à Constantinople après avoir traversé la Syrie du Nord et toute l'Asie Mineure, avec une suite composée de trois mille personnes. Il fut reçu par le sultan Mahmoud le 12 mouharrem 1154 (30 mars 1741). Les détails de son voyage, de son séjour à Constantinople et de ses audiences, se trouvent dans l'*Histoire officielle de Soubhi*, Constantinople (1198-1783). In-f°, folios 188, 189, 190.

l'Inde en cadeau à l'impératrice de Russie Petrowna, fille de Pierre Alexis (1). Il fit participer également les grands de l'empire au partage du butin. Nadir Châh resta trois mois à Hérât, puis il fit partir pour la ville sainte de Mechhed, capitale de son empire, avec son harem et ses gros bagages, son fils Nasr oullah Mirza qui l'avait accompagné dans son expédition de l'Inde et auquel il avait fait épouser une fille de Mehemmed Châh, souverain de l'Hindoustan.

Il partit de Kouhdestan et vint camper à Badghis (2) localité située au nord de Hérât et sur la route de Balkh et de Boukhara. C'est une plaine ravissante et une résidence délicieuse qui, au printemps, excite l'envie du paradis. Il y fut rejoint par l'aîné de ses fils, Riza Qouly Mirza, qu'il avait proclamé son héritier présomptif. Celui-ci arrivait de Mechhed, accompagné de douze mille cavaliers d'élite. Chaque troupe de mille cavaliers était montée sur des chevaux de couleur uniforme : tous ces soldats étaient couverts d'armures d'acier, et leurs armes étaient incrustées d'argent.

Ce fut à Karatèpèh (3) que Nadir Châh donna audience à son

Soubhi donne la liste des présents qu'il offrit de la part de son maître. On y voit figurer dix éléphants et non deux, comme le dit Abdoul Kerim. Hadji Mehemmed Riza Khan ne réussit point à faire accepter par la Porte la secte des Dja'feris dans laquelle Nadir Châh voulait fondre les doctrines Sunnites et Chiites.

(1) L'impératrice Elisabeth, fille de Pierre le Grand.
(2) Badghis, canton dépendant du gouvernement d'Hérât: *Dictionnaire géographique et historique de la Perse*, etc., par C. Barbier de Meynard. Paris, 1861, p. 75.
(3) Karatèpèh (la colline noire) est une éminence artificielle et couronnée par des fortifications aujourd'hui ruinées, qui s'élève au milieu d'une vaste plaine, bornée à l'ouest par une série de collines.

fils, qu'il reçut ses cadeaux et passa ses troupes en revue; ce fut là aussi que la crainte et les appréhensions s'emparèrent de son âme. Riza Qouly Mirza, sans l'autorisation de son père, avait fait étrangler, à Mechhed, Thahmasp Châh de la famille des Séfèvis dont il avait épousé la fille. Cette action avait excité les soupçons de Nadir Châh. Il donna ordre d'incorporer dans ses propres troupes celles de Riza Qouly Mirza, et il emmena avec lui d'étape en étape, à Meïmènèh, à Fariab et à Balkh, ce prince accompagné seulement des officiers de son service particulier.

De cette dernière ville, il fit connaître à Aboul Feïz Khan sa prochaine arrivée. Il donna quelque temps de repos à ses troupes, puis, il fit passer à la moitié de son armée l'Amou Deria, c'est-à-dire le Djihoun; l'autre moitié, avec les parcs d'artillerie et plus d'un millier de petites barques chargées d'approvisionnements, resta sur la rive opposée. Nadir Châh se dirigea alors sur Boukhara. A son arrivée à Kerki (1), ville située sur le bord du fleuve à quatre stations de Boukhara, Mehemmed Rehim Bek, Manguit, un des principaux confidents et officiers d'Aboul Feïz Khan, vint à sa rencontre avec des présents et des approvisionnements. Il eut l'honneur d'être reçu en audience. De là, le châh se dirigea sur Tchardjou (2), située à trois journées de Boukhara

---

Karatèpèh est une station pour les caravanes qui se rendent de Merv à Khochk.
Major James Abbott, *Narrative of a journey from Heraut to Khiva*, etc. London, 1856, tome I, pp. 10, 11.
(1) Kerki, place frontière située sur le bord de l'Oxus, commande la route qui conduit à Hérât.
Vambéry, *Voyages dans l'Asie centrale*. Paris, 1865, pag. 209-210.
(2) Tchardjou. Cette ville est située à l'ouest de Kerki, sur les bords de

et qui est aussi sur la route du Kharezm : l'armée y campa. Dans l'espace de trois jours, un pont fut jeté sur le Djihoun, la moitié de l'armée fut chargée de garder le camp et les bagages, l'autre moitié se dirigea avec le châh sur Karakoul (1) à une journée de Boukhara. Aboul Feïz Khan, accompagné par les Seyids, les ulémas, les religieux et les notables de la ville, vint y trouver le châh auquel il offrit des chevaux de race arabe et des présents de haute valeur. Il y eut une réception solennelle.

Aboul Feïz Khan se présenta devant Nadir Châh qui le fit asseoir et revêtir d'un vêtement d'honneur : on posa sur sa tête une couronne enrichie de pierres précieuses et, en lui parlant, on lui donna le titre de châh. Aboul Feïz Châh demeura une nuit à Karakoul. Il obtint son congé et retourna à Boukhara le lendemain. Nadir Châh leva le camp et vint à Tcharbekr, à une demi fersakh de Boukhara. Aboul Feïz avait des filles d'une beauté remarquable. Nadir Châh

---

l'Oxus. Elle est dominée par un fort bâti sur un monticule et qui passe pour avoir résisté à Timour. La population, qui s'élève à 4 ou 5,000 âmes. vit errante sur les bords de l'Oxus, pendant la saison chaude. Tchardjou verse au trésor de l'Emir 25,000 tengas et fournit mille hommes de contingent.

Alex. Burnes, *Voyages*, tome II, page 347 et Riza Qouly Khan, *Ambassade au Kharezm*: Boulaq, 1292 (1875), page 104.

(1) Karakoul, ville située au nord de Tchardjou, est défendue par un château fort. Les peaux d'agneau que l'on vend à Karakoul jouissent d'une grande réputation. Cette ville paie 24,000 tengas au trésor de Boukhara. Dans ces dernières années, elle avait été donnée en apanage au prince Châh Roukh Mirzâ, qui s'était réfugié de Perse à Boukhara. Riza Qouly Khan, *Ambassade au Kharezm*, page 104.

M. de Meyendorff évalue la population de Karakoul à 30,000 âmes. *Voyage à Boukhara*, page 156.

épousa l'une d'elles, et il donna l'autre à son neveu Adil Châh, fils de son frère Ibrahim Khan, en observant les règles et les formes en usage pour les unions royales. Il confia l'administration et le gouvernement du Turkestan à Aboul Feïz Châh. Il accorda le titre de Khan à Mehemmed Rehim Bek, qui eut, en outre, le commandement de six mille hommes d'élite levés dans le Turkestan. De Tcharbekr, Nadir retourna à Tchardjou. De là, il fit partir Adil Châh pour Mechhed avec le harem, et Rehim Khan avec ses troupes. Il leur enjoignit de passer par Mervi Chahidjan pour se rendre à la ville sainte de Mechhed. De Mechhed ils devaient marcher sur le Daghestan.

Pendant que Nadir Châh se trouvait à Tcharbekr, il avait, sur la demande d'Aboul Feïz Châh, envoyé à Ilbars, khan de Khiva, un ambassadeur accompagné par deux khodjas du Djouïbar. Cette ambassade avait pour objet d'inviter Ilbars à se rendre auprès de Nadir Châh pour solliciter le pardon de ses fautes passées. Lorsque l'ambassadeur et les khodjas arrivèrent à la place forte de Khankah et à Hezaresp, ils y trouvèrent Ilbars campé avec vingt mille cavaliers yomouts, turkomans, qazaqs et uzbeks. Le nombre de ses soldats l'avait rempli d'orgueil et de présomption ; il était en embuscade et disposé à couper la route.

Il prit connaissance de la lettre de Nadir Châh dont voici la teneur :

« Que Ilbars Khan, asile de la valeur, gouverneur de Khiva, sache que: Grâce à Dieu, mon épée resplendissante m'a rendu maître de l'Iran jusqu'à Adem, Basrah et Mascate (1), des provinces du Khorassan, de l'empire de l'Inde jusqu'à Djihan Abad, d'Ekber Abad, de Dehli, de Laknau, de Lahore, de Routhas jusqu'aux limites du Bengale, de Ky, de Bampour jusqu'aux extrémités de Serandib, de Djemou, de Kachmir, de Djisr Mir, de Tettèh, du Sind, de Thalpour, du Gudjerat, du Moultan, de Chikarpour, du Kâboul, de Qandahâr, de Balkh, de Badakhchan, de Kondouz, de Khoutlan jusqu'aux frontières du pays des Kâfir Siahpouch, de Boukhara, de Samarqand et de la province de Fergana.

« Tous les grands personnages du siècle venus à ma cour ont incliné leurs fronts et tendu le cou en signe d'obéissance. Personne n'a pu résister à la puissance de mes armées, qui ont l'aide et l'appui de Dieu ; j'ai été partout précédé par l'assistance céleste, et la fortune et le bonheur ont accompagné mes pas. Le Kharezm étant limitrophe de mon empire, il était nécessaire que son prince, asile de la valeur, se rendît sans tarder à mon étrier impérial, et revêtu par nous de riches habits d'honneur, il eût été distingué et glorifié parmi ses pairs et ses égaux. Il eût pu prendre part

---

(1) Adem est une ville fortifiée de l'Oman, près de Bourqah. Elle est mentionnée dans le dictionnaire géographique de Yaqout, tome 1er, pag. 209, dans le *Noukhbet oud Deher* de *Chems oud Din Mohammed el Dimichki*, publié par M. Mehren, page 218 du texte arabe, et dans Niebuhr, *Description géographique de l'Arabie*, p. 141 et suiv.

Taqi Khan, beylerbey de la province du Fars avait, l'année précédente, fait une expédition heureuse contre les Arabes du golfe Persique.

L'Etat de Mascate était gouverné à cette époque par l'Imam Seïf ben Sulthan.

Le style incorrect de cette lettre ne peut en aucune façon être attribué au secrétaire de Nadir, Mirza Mehdy Khan, dont les ouvrages historiques et le recueil de lettres jouissent d'une grande réputation en Orient.

Les expéditions des Persans sur la côte d'Arabie sont racontées en détail dans l'*Histoire des Imams et des Seyids d'Oman*, par Selil Ibn Razik. Cet ouvrage a été traduit et publié, pour la « *Hakluyt Society* », par M. G. Percy Badger, *Londres*, 1871, *pag.* xxxviii, 147 et suivantes.

aux expéditions dans l'Inde, nous y accompagner et nous prêter son aide. Il ne l'a pas fait et il a été ainsi privé de nos largesses royales. Bien qu'il n'ait pas donné ces marques de soumission et d'obéissance, il était convenable, nécessaire et digne, lorsque nous nous sommes dirigé sur l'Hindoustan, qu'il s'acquittât de ses devoirs envers notre héritier présomptif, notre fils aîné, le prince Riza Qouly Mirza, resté dans la ville sainte de Mechhed. Il fallait qu'il se conduisît à son égard en ami et en allié. Il ne l'a pas fait non plus. Bien plus, sans égard pour nous, il s'est mis, à plusieurs reprises, à la tête d'expéditions formées de Yomouts pillards pour ravager et dévaster les environs de la ville sainte de Mechhed. Chaque fois, il a été battu, mis en complète déroute et obligé de revenir en désordre à Khiva. Riza Qouly Mirza, l'objet de notre plus chère affection, ne s'est point ému et il n'a pas fait marcher sans notre ordre des troupes sur le Kharezm. Aujourd'hui, revenu de l'Inde, accompagné par la victoire, l'assistance divine et le bonheur, nous nous sommes rendu pour être son hôte et jouir de sa présence, auprès du souverain ami Aboul Feïz Khan, le plus illustre rejeton de la famille de Djenghiz et que je vénère comme un père. Il nous a traité avec la déférence due à un hôte et avec les plus grands honneurs.

« Il fallait que ce chef militaire à courte vue, que cet étourdi sans dignité se rendît à notre cour. Ses fautes passées lui auraient été sans doute pardonnées et il aurait été traité en voisin. Il aurait eu sa part des marques de notre bienveillance royale et il en aurait été honoré. Nous nous imaginions que, grâce au court séjour que nous faisons dans les environs de Boukhara, il viendrait à résipiscence, qu'il témoignerait du repentir de sa conduite inconvenante et qu'il épargnerait à son pays le pillage et l'effusion du sang musulman.

« Mais, nous avons appris que trois mille Yomouts s'étaient dirigés sur Tchardjou pour prendre cette ville par surprise. Un corps de nos troupes, instruit de ce dessein, les a anéantis par une seule attaque et les a dispersés comme les étoiles de la constellation de la grande Ourse. Le plus grand nombre de ces Turkomans a été tué ou fait prisonnier, le reste n'a pu qu'avec mille peines gagner une retraite sûre. Ce fait a provoqué notre indignation et notre colère, mais Sa Hautesse Aboul Feïz Châh, que je considère comme un père, a intercédé avec instance auprès de nous et nous a calmé. Aujourd'hui, mon ambassadeur accompagné par deux personnages qui jouissent de la confiance d'Aboul Feïz Châh s'est mis en route pour vous rejoindre.

« Tu te rendras, sans hésitation et sans retard, à notre cour qui a la puissance du firmament. S'il plaît à Dieu, tu recevras encore des marques de ma bonté royale : sinon, apprête-toi à recevoir notre visite. Notre volonté est que dans ce cas, ton pays misérable soit foulé par les sabots de nos chevaux et que ta tête pleine de malice et de méchanceté soit, comme un anneau, suspendue au gibet.

Vers : « L'obstination réalise cette parole : C'est l'obstination qui détruit les maisons les plus anciennes. Salut ! »

Lorsque Ilbars lut la lettre royale il entra dans une violente colère et, inconsidérément, sans que rien pût justifier un pareil acte, il donna l'ordre de mettre à mort les trois ambassadeurs. Une pareille conduite n'est autorisée par aucune secte religieuse. Ce fut l'acte d'un homme à courte vue, en proie à la folie, et ne reculant devant aucun crime.

Quand cette nouvelle parvint à Nadir Châh, il divisa son armée en deux corps ; il fit passer le Djihoun à l'un d'eux pendant que l'autre, le plus considérable, avec sa grosse artillerie et son artillerie légère suivit le bord du fleuve que descendirent des bateaux chargés d'approvisionnements. Cette armée, aussi nombreuse que les fourmis et les sauterelles, se dirigea vers les états du présomptueux Ilbars. Elle arriva près de Hezaresp, place forte située sur le bord du Djihoun. Ilbars s'y était solidement établi. Nadir Châh donna ordre de dépasser Hezaresp sans rien tenter contre cette ville et de se diriger contre Khankah : Ilbars, informé de ce mouvement, sortit de Hezaresp et se jeta précipitamment dans Khankah. L'armée persane investit cette place et se mit à la canonner. Au bout de trois jours Ilbars et la population de la ville demandèrent à capituler. Nadir Châh leur fit grâce et interdit le pillage à ses troupes (1).

Ilbars se présenta le sabre et le linceul au cou devant le châh qui l'accueillit avec distinction ; mais les enfants des khodjas du Djouïbar que Ilbars avait mis à mort se portèrent comme accusateurs, en demandant quelle était la secte religieuse qui autorisait le meurtre d'un ambassadeur.

---

(1) Le récit de l'expédition de Nadir Châh contre le Kharezm fait par Abdoul Kerim concorde avec celui de Mirza Mehdi Khan, dans son histoire qui a pour titre : *Djihankoucha.*

Celui d'Abdoul Kerim est plus clair et plus détaillé. Hanway (*Travels*, t. II, page 396) a confondu Khankah avec Khiva.

Ilbars capitula à Khankah : à l'approche de Nadir, ce prince avait fait appel aux Qazaqs et aux Uzbeks du nord du Kharezm, dont le chef Aboul Kheïr Khan s'était jeté dans Khiva : les canaux et les ponts avaient été rompus

« Nous réclamons, dirent-ils, conformément à la loi divine, le sang de nos pères. » Il fallut se conformer aux prescriptions de la loi ; la mort de Ilbars fut jugée nécessaire et il fut exécuté avec vingt et un de ses principaux officiers.

Nadir Châh confia le commandement de la ville de Khiva à Abou Tahir Khan (1) et rendit la liberté à dix mille esclaves persans qui s'y trouvaient prisonniers. Il leva dans le Kharezm six mille soldats qu'il plaça sous le commandement du prince Nasr oullah Mirza. Il s'éloigna ensuite de la province de Khiva et revint à Tchardjou. Il renvoya à Aboul Feïz Châh sa fille qu'il avait épousée, et lui donna un pouvoir absolu sur tout le Turkestan : il laissa aussi à Boukhara quelques canons et retourna à Mechhed par la route de Merv.

Il se reposa pendant quelques jours dans cette ville des fatigues de son expédition, et il prit ensuite la route de la Perse pour se rendre dans le Mazandéran. Dans une forêt de cette province, un cavalier nommé Nik Qadem, au ser-

---

et les abords de la ville inondés. Aboul Kheïr Khan s'échappa de la ville avant l'arrivée de l'armée persane qui investit la place malgré les difficultés que lui opposait un terrain couvert d'eau.

Khiva se rendit après quelques jours de siége. Deux facteurs de la Compagnie anglaise du commerce avec la Russie, MM. Thomson et Hogg, se trouvaient dans la ville et furent conduits devant Nadir Châh, qui leur rendit la liberté et leur accorda la permission de faire le commerce dans ses Etats.

Voir, pour le voyage de Nadir en Boukharie et l'expédition en Kharezm, *Djihankoucha*, par Mirza Mehdi Khan ; Téhéran, 1286 (1869), in-fol., pages 118 et suivantes ; et la traduction de W. Jones, *Histoire de Nadir Châh, etc.*, Londres, 1770, in-4°, seconde partie, pages 102 et suivantes.

(1) Abou Tahir Housseïn Khan, fils de Vély Mehemmed Khan, était un des descendants de Djoudji Khan et de Djenghiz Khan. Voy. *Fihris out tewarikh*. tome VIII.

vice de Hezarèh Mehemmed Khan de la tribu de Taïmeny, fraction de tribu des Ouïmaks de Hérât, tira un coup de fusil sur Nadir. Ce jour-là Riza Qouly Mirza était sorti à cheval en compagnie de Hezarèh Mehemmed Khan. Cette circonstance fit naître le soupçon et le doute dans l'esprit de Nadir Châh ; il donna l'ordre d'arrêter son fils et d'exécuter Mehemmed Khan. Nik Qadem, saisi dans sa maison, fut mis à la torture ; on lui demanda au milieu des tourments : « Qui t'a donné l'ordre de commettre le crime dont tu t'es rendu coupable ? » Il répondit, en appuyant ses paroles d'un serment : « Personne ne m'a donné d'ordre ; j'ai voulu délivrer de ta tyrannie les créatures de Dieu. » « Quel châtiment t'infligerai-je ? » lui demanda Nadir Châh : « Crève-moi les deux yeux, » s'écria Nik Qadem, « j'avais avec mon fusil visé le milieu de ta poitrine ; mes yeux ne m'ont pas bien servi, la balle a dévié et n'a point frappé le roi. » On lui creva les yeux. Quelques jours après on infligea le même supplice à Riza Qouly Mirza.

Nadir Châh ne tarda pas à s'en repentir, il devint hypocondriaque et sa raison s'altéra. Dans chaque ville mille maisons se fermèrent par suite du meurtre des chefs de famille, mis à mort dans les supplices et dans les tortures. A son retour de l'expédition de Daghestan, il se rendit à Ispahan. Des révoltes éclatèrent en plusieurs endroits. Le Seïstan se souleva d'abord : Adil Châh y fut envoyé avec une nombreuse armée pour le réduire. Taqi Khan de Chiraz et d'autres seigneurs se révoltèrent aussi.

Nadir Châh, l'esprit troublé, se dirigea vers Mechhed ; il reçut à ce moment une lettre d'Aboul Feïz Châh qui lui apprenait que Ibad oullah Uzbek, venant de Ferghana et de Tachkend, avait pillé Samarqand, les Miankal (1), et s'était avancé jusqu'au tombeau de Châh Naqchbend (2) à à une fersakh de Boukhara; il demandait un prompt secours. Nadïr Châh fit partir pour Boukhara au secours d'Aboul Feïz douze mille hommes d'élite commandés par Hassan Khan Beyath (3) et Behboud Khan Djindaoul (4). Lorsque les troupes

---

(1) Le Miankal, ou quelquefois au pluriel Miankalat, est le nom moderne de l'ancienne vallée du Soghd. Le Miankal s'étend le long des rives du Zer Efchan, entre Samarqand et Boukhara. Son nom est dérivé de *Mian*, milieu, entre, et *Kâl* ou *Kalèh*, grande ville, district.

Les principales villes du Miankal sont : Kerminèh, Pendjchenbèh, Zia oud Din, Kettèh Qourghan et Tchalaq.

Senkowski, *Supplément à l'Histoire générale des Huns, des Turks et des Mogols*, page 127 ; de Meyendorff, *Voyage à Boukhara*, page 159.

(2) Khadjeh ou Khodja Mohammed Beha oud Din, le saint le plus vénéré de Boukhara, fut le fils adoptif de Khodja Mohammed Baba Simassy et l'élève d'Èmir Kulal. Il mourut la nuit du lundi 3 du mois de Rebi'oul ewwel de l'année 791 (1388) et fut enterré en dehors de Boukhara.

Beha oud Din fut le restaurateur de l'ordre des Naqchbendis, une des congrégations les plus nombreuses de l'orient musulman.

Son tombeau est l'objet d'une dévotion particulière de la part des habitants de Boukhara. Le Khan s'y rend fréquemment à pied les vendredis matin, et tous les ans, il y passe la revue de ses troupes.

La biographie de Beha oud Din, l'exposé des doctrines et des pratiques des Naqchbendis se trouvent dans l'ouvrage persan de Housseïn ben Aly el Kachify, (mort en 910-1505); cet ouvrage a pour titre : *Rechâtou aïn il hayat*. Une traduction turque en a été publiée à Constantinople en 1282 (1865).

On trouve aussi dans le *Tableau de l'Empire ottoman*, par Mouradgea d'Ohsson, tome IV, pages 623 et suivantes, et dans l'ouvrage de M. Brown, *The Dervishes, or oriental spiritualism*. London, 1868, pages 124 et suivantes, des détails circonstanciés sur l'ordre des Naqchbendis.

M. de Khanikoff a donné une courte description du tombeau de Beha oud Din : *Boukhara, its Emir*, etc., page 121.

V. aussi Vambéry, *Voyages*, page 182.

(3) Beyath est le nom d'une tribu turque établie en Turquie et dans l'Azerbaïdjan : on en trouve des fractions aux environs de Téhéran, dans le Fars et à Nichâpour.

(4) Djindaoul, mot turc oriental, désigne l'officier qui commande l'arrièregarde.

persanes entrèrent à Boukhara, Ibad oullah effrayé battit en retraite vers Tachkend, et l'armée se mit à sa poursuite.

Nadir Châh autorisa, en outre, Mehemmed Rehim Khan, Manguit, à se diriger sur Boukhara avec ses troupes pour venir en aide à l'armée persane. Mehemmed Rehim Khan nourrissait depuis longtemps, sans pouvoir l'accomplir, le désir de retourner à Boukhara ; il pouvait aujourd'hui le réaliser sans chercher un prétexte et il marcha sur cette ville avec ses troupes, en prenant la route de Merv.

Après son départ, les tribus de Gouz, de Tchinaran, et de Kouhmich du Khorassan se mirent en état de rébellion. A cette nouvelle, Nadir Châh fut transporté de fureur : il partit de Mechhed pour se rendre à Tchinaran et y châtier ces tribus kurdes (1). Il faisait mettre à mort les habitants de toutes les localités où il s'arrêtait, qu'ils fussent coupables ou innocents. Arrivé à Khabouchan, il y établit son camp. Là il acquit la conviction que les Persans avaient le dessein arrêté de se mutiner et de se révolter. Il cessa de leur accorder confiance, et il se mit à témoigner une bien-

---

(1) Les villes de Tchinaran, de Khabouchan, de Derèh-Gouz, situées dans les vallées de ce nom, sont occupées par des colonies kurdes établies sur les frontières du Khorassan par les rois séfévis pour résister aux incursions des Turkomans.

La ville de Khabouchan est la plus importante, et le chef qui y résidait portait le titre de Ilkhan. A la fin du règne de Nadir, Mehemmed Housseïn Khan gouvernait Khabouchan, et Memich Khan Za'feranlou résidait à Tchinaran.

Memich Khan résista pendant sept mois aux attaques d'Ahmed Châh Abdâli, qui voulait le forcer à reconnaître l'autorité de Châh Roukh Mirza.

La ville principale du district de Kouhmich, célèbre par ses mines de borax, est Sebzevar. Khanikoff, *Mémoire sur la partie méridionale de l'Asie centrale*, Paris, 1862, pages 88 et 110.

La ville de Derèh Gouz est située à douze fersakhs au nord-est de Khabouchan. Fraser, *Travels in Khorassan*, pages 249, 572, et appendice, p. 44-46 et suivantes.

veillance et des égards marqués aux Afghans et aux Uzbeks. Il avait même formé le projet de faire massacrer un matin tous les Persans qui l'entouraient. Ceux-ci, informés de ce projet, dirent : « Il faut porter remède à l'événement avant qu'il ne se produise. »

Bref, quatre-vingts conjurés se mirent d'accord et, pendant une nuit obscure, ils se présentèrent devant la tente du harem royal. Soixante-dix, saisis de crainte, restèrent en arrière. Salih Mehemmed Khan Kirikhly Efchar, membre de la tribu du roi et son premier chambellan, se précipita dans la tente le sabre à la main (1). Nadir Châh, en le voyant, lui demanda grâce. Salih Mehemmed Khan ne lui donna pas le temps de se reconnaître et lui abattit la tête d'un coup de sabre. Cette tête qui s'élevait jusqu'aux cieux, roula dans la poussière de l'avilissement.

Vers. « C'était une tête qui, le soir, avait le désir de tout détruire : le matin, le corps n'avait plus de tête, la tête n'avait plus de couronne. Une seule révolution de la roue du firmament azuré a suffi pour faire tomber dans le néant et Nadir et ses partisans. »

Les Afghans d'Ahmed Châh, après la mort du roi, pillèrent le camp et se retirèrent à Qandahâr; les Uzbeks regagnèrent Boukhara, Balkh et le Kharezm.

---

(1) Le texte persan porte « Ser Guezmèh », expression composée d'un mot persan et d'un mot turc et qui signifie « chef des gardes qui font la patrouille » autour de la tente royale. Les mots qui suivent « Kichikdji bachi » veulent dire grand chambellan.

Nadir Châh fut assassiné le 14 Djoumazi oul akhir 1160 (23 juin 1747).

Riza Qouly Khan dans le *Fihris out Tewarikh* donne les noms des principaux conjurés. Le chef du complot était Mehemmed Khan Qadjar Erivany.

Mehemmed Rehim Khan arrivé à Tchardjou, y apprit la mort de Nadir Châh et la révolte des Persans; il tint cette nouvelle secrète et arriva à Boukhara après deux journées de marche. Il se rendit, encore couvert de la poussière de la route, au palais d'Aboul Feïz Châh, et lui demanda une entrevue. Ses troupes entrèrent dans le palais en même temps que lui. Aboul Feïz se rendit à la salle d'audience, Mehemmed donna immédiatement l'ordre de l'arrêter et de le conduire hors du palais. Mehemmed Rehim Khan s'empara du trône et fit battre le tambour en signe de souveraineté. Il confisqua le trésor d'Aboul Feïz. Celui-ci, accompagné seulement de quelques personnes, dépourvu de toute ressource et sans provisions de route, se réfugia dans le quartier des khodjas du Djouïbar pour se réunir à ses parents et conférer avec eux; mais ceux-ci, par crainte de Rehim Khan, ne voulurent pas lui accorder l'hospitalité même pendant une seule nuit.

Aboul Feïz, privé de tout, sortit de la ville par la porte de Namazgâh (1), se retira au couvent de Qalender khânèh. Il pria Rehim Khan de vouloir bien lui accorder la somme nécessaire pour entreprendre le pèlerinage de la Mecque. Il s'arrêta quelques jours à Qalender khânèh.

Dans cet intervalle, la nouvelle arriva de Samarqand que

---

(1) Cette porte s'ouvre au sud-ouest de la ville ; elle doit son nom au Namazgâh, mosquée précédée d'une vaste plate-forme plantée d'arbres où se font les prières des deux fêtes du Baïram.

Consulter le plan de la ville de Boukhara, dans « *Reise von Orenburg nach Buchara von Eduard Eversmann*, Berlin, 1853. Khanikoff, *Boukhara*, page 120, et Vambéry, *Voyages dans l'Asie centrale*, page 327.

M. de Meyendorff a donné une description du Namazgâh dans son *Voyage à Boukharo*, pages 180-181.

Hassan Khan et Behboud Khan avaient défait et taillé en pièces l'armée d'Ibad oullah, tué ce chef, et qu'ils revenaient couverts de gloire et ignorant l'assassinat de Nadir Châh.

Rehim Khan avait l'esprit assiégé de préoccupations : « Je suis, se disait-il, un simple Uzbek, devenu possesseur de ce royaume dont Aboul Feïz Châh était le souverain ; je l'en ai dépouillé et il est aujourd'hui hors de sa capitale, abandonné à lui-même. Plaise à Dieu que l'armée persane, à son arrivée, ne le prenne point sous sa protection. » Il donna donc l'ordre d'enlever Aboul Feïz du Qalender khânèh et de l'emprisonner dans une cellule du Médressèh de Mir Arab à Paï Menar (1).

Au bout de quelques jours, l'armée persane chargée de butin et apportant la tête d'Ibad oullah, déboucha aux environs de Boukhara : elle apprit que Rehim Khan s'était emparé du pouvoir et qu'il avait emprisonné Aboul Feïz Khan. La conduite de Mehemmed Rehim Khan excita l'indignation et la colère des Persans. « Nadir Châh est vivant, disaient-ils, pourquoi Mehemmed Rehim Khan a-t-il emprisonné le père de la femme du roi ? Il faut qu'il

---

(1) Le Médressèh ou collége de Mir Arab tient pour l'importance le premier rang après celui de Keukel Tach.

Il fut fondé en 1526 et contient quatre-vingts cellules pour les étudiants qui reçoivent, chaque année, trois tillas et demi (56 fr.) prélevés sur les revenus des fondations pieuses.

Le Médressèh de Mir Arab est situé dans le voisinage de la grande mosquée ou Mesdjedi Kelan. La haute tour qui a donné son nom au quartier (Paï Menar, le pied de la tour), s'élève entre la grande mosquée et le Médressèh et a été construite par Qizil Arslan, selon les uns, par Timour Leng, selon les autres. Elle a été dessinée par M. de Meyendorff, *Voyage à Boukhara*, page 180.

Khanikoff, *Boukhara, its Emir and its people*, page 106.

Vambéry, *Voyages dans l'Asie centrale*, page 328.

fasse sortir de prison Aboul Feïz Châh et qu'il manifeste son repentir des mauvaises actions qu'il a commises; sinon, nous emporterons la ville de vive force et nous massacrerons Mehemmed Rehim Khan et tous les habitants. » Celui-ci expédia une lettre pour leur faire savoir que Nadir Châh avait été tué. « Rentrez en vous-mêmes, disait-il, et retournez sains et saufs dans votre patrie. Ne commettez point d'actes insensés; si vous venez à dire que Mehemmed Rehim Khan est Uzbek, et que, à ce titre, il n'est point digne de la royauté, réfléchissez à ce qu'était Nadir Châh qui a dépouillé et fait prisonniers tant de rois. »

Toutes les démarches de conciliation et tous les conseils de Rehim Khan furent repoussés par les Persans qui investirent la place. Rehim Khan se décida alors à envoyer secrètement un émissaire aux Afghans Ghildjaïs, qui se trouvaient au nombre de quinze cents dans le camp persan. « Nadir Châh est mort, leur fit-il dire, sa puissance s'est écroulée. Votre patrie est Qandahâr, mais Nadir Châh en a donné les terres aux Afghans Abdâlis; vous êtes maintenant des exilés. Grâce à Dieu, Boukhara est la mine de la science et de l'islamisme; je vous donnerai des propriétés, des biens, des femmes et une solde. Établissez-vous à Boukhara. » Les Ghildjaïs réfléchirent sur ces offres qui étaient sincères. Ils acceptèrent dans la même nuit ces propositions et, d'après les ordres de Rehim Khan, ils entrèrent à Boukhara par la porte de Qiblèh Gâtch (1),

---

(1) Je ne trouve le nom de la porte de Qiblèh gâtch ni dans l'ouvrage de M. de Meyendorff ni dans ceux de MM. de Khanikoff et Vambéry. Elle ne figure pas non plus sur le plan de M. Eversmann.
Mir Izzet Oullah la mentionne sous le nom de Kubul ghach.

8

sous la conduite de Abdoul Hay Khodja. Cette même nuit Rehim Khan fit mettre à mort Aboul Féïz.

Le lendemain matin, les troupes persanes apprenant la défection des Afghans et le meurtre d'Aboul Féïz, furent convaincues de la mort de Nadir Châh. Les chefs persans conclurent la paix avec Rehim Khan; ils lui abandonnèrent leur parc d'artillerie, leurs belles tentes, leurs gros bagages. Rehim Khan, de son côté, les combla de cadeaux et de présents. Les Persans prirent la route du Pendjâb (1) de Balkh et se dirigèrent sur Endkhou, Mechhed et Nichâpour. Hassan Khan Beyath s'empara de Nichâpour ; ses enfants y sont restés indépendants jusqu'à ces derniers temps; aujourd'hui Feth Aly Châh a affaibli leur puissance. La tente que Hassan Khan avait donnée à Rehim Khan existe encore aujourd'hui (1232-1816).

Rehim Khan devint donc le maître absolu du Turkestan.

Elle doit être placée dans la direction de la Mekke et se trouver, par conséquent, entre la porte de l'Arsenal (Dervazehi Silah Khanèh) et la porte de Namazgâh. *Travels in Central Asia, by Meer Izzut Oollah,* translated by captain Henderson. Calcutta, 1872, page 62.

(1) Je crois qu'il faut entendre par ce mot de Pendjâb, le territoire de Balkh arrosé par cinq rivières ou cinq grands canaux dérivés de la rivière de Balkh.

Mir Izzet Oullah donne les noms de tous les canaux qui existent encore aujourd'hui. Meer Izzut Oollah, *Travels*, page 85.

II. REHIM KHAN

Aboul Féïz avait laissé un fils nommé Abdoul Moumin ; Rehim Khan lui fit épouser sa fille. Il était âgé de douze ans. Un jour Abdoul Moumin se présenta devant elle portant un melon dans son mouchoir. « Qu'as-tu dans ton mouchoir ? » lui demanda-t-elle. « La tête de ton père que je viens de mettre à mort, répondit-il, car il a tué le mien et il s'est emparé de ses États. » La jeune femme raconta ce qui venait de se passer à son père qui en garda rancune à Abdoul Moumin et se dit :

Distique. « Le louveteau finira par devenir loup, bien qu'il ait grandi au milieu des hommes. »

Au bout de quelques jours, Rehim Khan fit conduire Abdoul Moumin en partie de plaisir auprès d'un puits nommé Tcherkh Ab. Abdoul Moumin, penché sur le bord du puits, en regardait le fond, lorsque les personnes qui l'accompagnaient l'y précipitèrent comme Joseph. Quand on l'en retira, il avait cessé de vivre (1).

---

(1) M. W.-W. Grigoriew a réuni, dans une note intéressante, les différentes versions du meurtre d'Abdoul Moumin Khan telles qu'elles sont rapportées par Mir Izzet Oullah, Eversmann, Youssouf Aly et les voyageurs russes. Le récit de Mir Abdoul Kerim me paraît le plus véridique. *Histoire de Boukhara, de*

Rehim Khan confia le gouvernement du Miankal à son oncle Danial Bi. Il s'empara de Cheheri Sebz, de Hissar (1), de Koulab (2), de Khodjend, de Tachkend, de Turkestan (3) et d'autres villes. Il épousa la fille d'Aboul Feïz Khan. Il avait des relations amicales avec Ahmed Châh souverain de l'Afghanistan. Il accorda aux gens de la tribu de Ghildjaï qui avaient déserté le camp persan et qui étaient entrés à Boukhara, des propriétés, des pensions et des emplois. Aujourd'hui (1233-1818) leurs fils et leurs petits-fils existent encore; les uns ont des emplois civils, les autres des emplois militaires. Ils sont Pançad bachi (commandant cinq cents hommes), Yuz bachi (commandant cent hommes), Pendjah bachi (commandant cinquante hommes) et Deh bachi (commandant dix hommes).

Rehim Khan ne laissa point d'enfants. Étant allé avec son harem à la ville fortifiée de Ghoudjevân (4) visiter le tom-

---

Khoqand et de Kachgar, par Mirza Chems de Boukhara, traduit et annoté par M. Grigoriew. Kasan, 1861, note 8, pages 54 et suivantes.

(1) La ville de Hissari Châdmân, capitale du Khanat de Hissar, contient à peu près trois mille maisons : elle est située dans une vallée bien cultivée et abondante en pâturages, non loin des rives du Kafir Nihan.

Les habitants de ce pays sont presque tous Uzbeks et on ne trouve parmi eux qu'un petit nombre de Tadjiks.

Les principales villes du Khanat sont : Dehinau, Saridjoui, Toupalak, Rigar, Qara Tagh, Decht Abâd, Tchokmezar et Khodja Taman.

Voyage à Boukhara, par M. de Meyendorff, pages 130-131. *A glance at the results of the expedition to Hissar*, by H. P. Lerch, article du colonel H. Yule dans le *Geographical Magazine*, novembre 1875, p. 334 et suiv.

(2) Koulab, ville indépendante à l'est de Hissar, sur la route de Badakhchan à Khoqand, renferme environ trois mille maisons. La population est uzbek.

(3) La ville de Turkestan doit sa grande célébrité à Khodja Ahmed Yessevi ui y est enterré.

(4) Ghoudjevân, l'ancienne Kouhmichkend, est une ville fortifiée à six fersakhs au nord de Boukhara.

beau de Khodja Abdoul Khaliq, il revenait la nuit précédé par des machals (torches) et rentrait dans la ville en grande pompe, lorsque tout à coup son oreille fut frappée par la voix d'un derviche qui chantait ce distique :

Vers. « La fumée des machals s'élève devant toi, et derrière toi les opprimés exhalent leurs soupirs. L'existence des habitants de ce monde ne dure pas plus de cinq jours. »

Malgré toutes les recherches, on ne put retrouver ce derviche.

Rehim Khan devint triste, mélancolique, et il tomba malade. N'ayant pas d'enfants mâles, il désigna pour son successeur son oncle Danial Bi. Il fut enterré dans la rue de la porte de Mezâr (1).

Elle renferme le tombeau de Khodja Abdoul Khaliq, un des saints les plus vénérés de l'ordre des Naqchbendis.

Khodja Abdoul Khaliq, d'après ce que racontent ses biographes, avait été adopté dans son enfance par le prophète Khizr (Elie), l'un des patrons de l'ordre. Il avait reçu les leçons spirituelles de Khodja Youssouf Hemdany dont il fut l'un des quatre khalifèhs ou successeurs.

Son tombeau reçoit la visite d'un grand nombre de pèlerins. Ghoudjevân a donné naissance à un autre saint personnage de l'islamisme, le cheikh Séédy Ghoudjévâny, qui fut aussi un des chefs spirituels de l'ordre des Naqchbendis. Il était le disciple et devint le second successeur de Khodja Souleiman Kerminy.

La ville de Ghoudjevân est mentionnée dans les voyages de Sidy Aly Reïs *Miraat oul Memalik* (manusc. de mon cabinet), pages 138 et 139. M. Dietz et M. Moris, dans la traduction qu'ils ont donnée de cet ouvrage, appellent par erreur, Abdoul Khaliq, Abdoul Hakk. *Relation des voyages de Sidi-Aly*, etc. Paris, 1827, page 103.

Djami a consacré quelques pages bien peu intéressantes à Abdoul Khaliq, dans ses vies des saints personnages. Calcutta, 1858, p. 231 et suiv. On trouve plus de détails dans le *Silsilèh Namèhi Khodjegani Naqchbendièh* de Mewlana Nour oud Din Mohammed (manuscrit de mon cabinet).

(1) La porte du Mezar ou du tombeau de Khodja Beha oud Din est située à l'est de la ville et se trouve entre la porte de Qarchy et la porte de Samarqand. (V. le plan de Boukhara dans Eversmann, *Reise nach Buchara*.)

Son ministre était Daoulet Bi, esclave d'origine persane, homme de ressources et plein de bonnes qualités. Seyid Nizam oud Din était un personnage ignorant qui s'était attaché au service de Rehim Khan lorsque celui-ci était allé en Perse ; c'était un homme d'un caractère agréable et plein de finesse qui ne quittait jamais Rehim Khan. Lorsque celui-ci fut maître de Boukhara, il fit de Nizam oud Din le qazhi oul qouzhat de la ville (1). Il se rendait toujours en grande pompe à l'audience royale. Au moment de mourir, Rehim Khan recommanda particulièrement à Danial, Daoulet Bi et le qazhi oul qouzhat.

Rehim Khan laissa deux filles qui eurent deux fils ; il avait régné douze ans. Sa manière de vivre rappelait, par son luxe, celle des Persans.

Rehim Khan, grâce aux soins de Daoulet Bi, Qouch Begui, régit Boukhara, Samarqand, le Miankal jusqu'à Qarchy, Khazar, Kerki, Tchardjou et autres villes (2) ; mais Cheheri

---

(1) Le qazhi oul qouzhat ou qazhi kelan est le quatrième personnage de l'ordre religieux et judiciaire. Il prend rang après le cheikh oul Islam, le naqib oul Echraf ou chef des descendants du Prophète et le qazhi Asker qui juge les contestations entre militaires. Le qazhi kelan décide de tous les procès civils et inflige la peine de l'emprisonnement sans en référer à l'émir.

Khanikoff, *Boukhara,* page 217.

Mirza Chems, *Histoire de Boukhara,* texte persan, page 4, et la note de M. Grigoriew, page 59. On trouve aussi quelques renseignements dans Mir Izzet Oullah, page 73.

(2) Qârchy, la ville la plus considérable du khanat après Boukhara, est l'ancienne Nakhcheb dont les Arabes ont corrompu le nom en celui de Nassef. Elle est située à dix-sept fersakhs au sud de Boukhara : on s'y rend de cette ville et de Samarqand en trois journées de marche. Il y en a deux de Qarchy à Cheheri Sebz. Qarchy doit son nom au palais qu'y construisit Koïouk Khan, fils d'Oktay Qaân. (Qarchy, en turc oriental, signifie : palais, kiosque.)

La ville est entourée d'une muraille percée de sept portes : elle a trois grands bains publics, sept médressèhs et une grande mosquée.

Sebz, Hissar et Tachkend échappèrent à sa domination. Ses affaires privées et l'administration de l'Etat étaient toutes entre les mains de Daoulet Bi.

J'emprunte ces détails à la relation de l'ambassade de Riza Qouly Khan au Kharezm, page 103. On trouve des détails sur Qarchy dans le « *Voyage à Boukhara,* » de Meyendorff, page 161, dans Moorcroft, *Travels*, tome II, pages 502 et suivantes ; Burnes, *Voyages*, tome II, pages 245 et suivantes; Mohan Lal, *Travels to Balkh, Bokhara and Herat*, pages 121 et suivantes.

Khazar est une ville bien peuplée : elle est fortifiée et renferme plusieurs médressèhs et des bains. *Relation de l'ambassade au Kharezm,* page 104.

III. DANIAL BI.

Danial Bi était fils de Khoudayar Bi, Manguit, Uzbek (1).

Châh Murad Bi était fils de Danial Bi (2), dont les autres fils étaient :

Mahmoud Bi : à la mort de son frère Châh Murad, il s'enfuit à Khoqand par crainte de l'Emir Hayder; il est encore aujourd'hui vivant (1233-1818).

Omar Bi et Fazil Bi : ils furent mis à mort avec leurs enfants par Emir Hayder Tourèh.

Sultan Murad Bi : il se rendit en pèlerinage à la Mecque et mourut à Mascate.

---

(1) A la mort de Rehim Khan, Danial Bi, son oncle, était gouverneur de Kerminèh. Il fut appelé à Boukhara par Daoulet Bi qui, connaissant le caractère faible et doux de Danial, était assuré de gouverner sous son nom.

Des scrupules religieux ne permirent pas à Danial de prendre le titre de khan. Il se contenta de celui d'ataliq, et plaça sur le trône Aboul Ghazi Khan, descendant de Djenghiz et Seyid par sa mère.

M. P.-J. Lerch a rapporté de Boukhara une histoire de Danial Bi. Ce manuscrit, malheureusement incomplet, est à la Bibliothèque de l'Académie des sciences de Saint-Pétersbourg.

Voir Mir Izzet Oullah, *Travels*, etc., page 71; Grigoriew, *Histoire de Boukhara, Khoqand et Kachgar*, par Mirza Chems, pages 76, 88 et 89; Lerch, *Russische Revue*.

(2) Châh Murad Bi. Son nom était Ma'çoum; son père l'appelait familièrement Bekdjan, et c'est sous ce surnom qu'il est généralement désigné par les historiens persans. Il prit le nom de Châh Murad lorsqu'il eut concentré tous les pouvoirs du khanat entre ses mains.

Malcolm a donné, dans son *Histoire de la Perse*, tome III, pages 348 et suivantes, des détails d'un grand intérêt sur Châh Murad Bi. Il les a puisés dans les relations de Mir Aly Youssouf et de Mehemmed Aly Guendjèvi.

Riza Qouly Khan, dans le tome IX du *Fihris out Tewarikh*, fait précéder le récit du voyage de Aga Mehemmed Khan dans le Khorassan, d'un résumé très succinct des événements survenus à Boukhara depuis la mort d'Aboul Feïz Khan.

Rustem Bi : il mourut à Boukhara.

Guendj Aly Bi : il est vivant aujourd'hui (1233-1818).

Redjeb Aly Bi : il est privé de sa raison et mène une existence déréglée.

Toukhtoumich Bi : il est mort à Kâboul sous le règne de Timour Châh; son corps a été rapporté à Boukhara.

Dervich Bi : il embrassa la vie ascétique. Ce fut un personnage d'une grande dévotion; il mourut à Boukhara.

Danial Bi n'avait point assez de résolution pour s'affranchir promptement de toute influence. Le qazhi oul qouzhat et Daoulet Qouch Begui s'unirent l'un à l'autre. Le qazhi se rendait avec un qalian au palais du prince. L'usage de fumer le qalian, à la manière des Persans, se répandit dans la ville et dans les bazars. Les choses en vinrent même au point qu'une maison de débauche était publiquement ouverte et fréquentée à Kafir Roubath. Le lieutenant de police et les réïs n'avaient pas le pouvoir de réprimer ces excès (1).

Châh Murad Bi, dont l'intelligence et la science condamnaient ces actes contraires à la loi religieuse, réfléchissait constamment au moyen de les faire disparaître. Il se rendit auprès du cheikh Sefer, l'un des cheikhs les plus considérables de la ville, dont la sainteté était attestée par des miracles et qui, voué à une haute dévotion, pratiquait scrupuleusement les préceptes divins. Il lui témoigna le désir d'être un de ses disciples. Le cheikh lui répondit : « Tu es

---

(1) Les reïs sont des agents de police chargés spécialement de la surveillance des bazars et des différents quartiers de la ville. Ils veillent aussi à ce que les habitants assistent régulièrement aux prières. Leur office est à la fois civil et religieux.

le fils d'un tyran, comment pourrais-tu avoir la force d'accomplir les bonnes œuvres et de suivre les ordres des cheikhs? » L'Emir Châh Murad Bi s'engagea par serment à exécuter tout ce qui lui serait commandé. Le cheikh lui intima l'ordre de renoncer à la pompe et au luxe qui l'entouraient, et d'exercer pendant quelques mois le métier de portefaix pour s'humilier et pour s'avilir aux yeux de la population : « Alors, lui dit le cheikh, je t'accepterai comme disciple et je te traiterai avec considération. »

Châh Murad prononça un divorce irrévocable avec ses passions et ses désirs, avec le luxe et les biens de ce monde; il revêtit des habits grossiers et se mit à exercer dans le bazar la profession de portefaix et à louer ses services. Danial Bi en fut informé ; il le fit venir devant lui pour lui prodiguer ses conseils : « Abandonnez, lui dit-il, une pareille conduite, elle est pour nous un sujet de honte. Je vous ferai donner par le trésor tout ce qui vous sera nécessaire. » — « Vous êtes un homme ignorant, répondit Châh Murad à son père; dans cette ville qui est l'asile de la science et de l'islamisme, il se commet un grand nombre d'actions honteuses. Vos enfants oppriment et molestent les musulmans; ils se livrent à leurs passions et à leurs vices et vous ne vous y opposez en aucune façon. Daoulet Qouch Begui, qui n'est qu'un esclave, est devenu le maître de l'État. Le qazhi ne craint point de commettre des actes blâmables; moi, je n'ai pas la force d'être témoin de pareils excès et j'ai choisi, pour ma part, le coin de la pauvreté et de la mendicité. » Danial Bi reconnaissant que tout ce que lui disait son fils était vrai, ne put s'opposer à sa conduite, et il le laissa vivre comme il l'entendait.

Châh Murad Bi vécut ainsi pendant une année. Au bout de ce temps, le cheikh Sefer l'agréa comme son disciple : il était très-assidu aux leçons pour acquérir la science, et son temps était entièrement consacré à la fréquentation des ulémas. Toute la population accourait à sa demeure qui se trouvait à Païe Menar.

Un jour, dans une entrevue secrète avec son père, il lui exposait que Daoulet Qouch Begui était devenu le maître de l'État : « Il fait peser son pouvoir sur vous et sur nous. Il nous traite comme ses subordonnés et c'est lui qui nous remet, à vous et à moi, les sommes qui nous reviennent. Quel remède, disait-il, peut-on apporter à cette situation ? » — « Je la comprends aussi bien que vous, répondit Danial, mais je ne vois pas le moyen d'en sortir. » — « Le remède est facile, répliqua Châh Murad Bi, et je mènerai tout cela à bonne fin. » Danial Bi garda le silence.

Quelques jours plus tard arrivèrent des ambassadeurs de Khoqand. Une nuit Châh Murad Bi fit appeler Daoulet Bi pour s'entendre avec lui sur la conduite à tenir à l'égard de ces ambassadeurs. Daoulet Bi, sans rien appréhender et sans rien soupçonner, se rendit à la résidence de Murad Bi. Lorsqu'il voulut entrer dans la salle d'audience réservée, il fut accosté par des bourreaux qui, avec leurs couteaux, lui ouvrirent le ventre. La nouvelle du meurtre de Daoulet Bi se répandit aussitôt dans Boukhara. La population se trouva délivrée de sa tyrannie. Tous ses biens et toutes ses richesses furent confisqués, et Danial Bi remit les rênes du gouvernement aux mains capables de cet émir équitable (Châh Murad Bi).

Pour en revenir au qazhi oul qouzhat, lorsque Châh

Murad Bi exerçait le métier de portefaix, Danial se plaignit de son fils au qazhi : « Je ne sais, disait-il, mais il est devenu fou. Il exerce dans le bazar le métier de portefaix et il porte les sacs de charbon ; il nous couvre de honte ; que faut-il faire pour l'en empêcher ? » Le qazhi redoutait, de son côté, Châh Murad Bi qui, à plusieurs reprises, l'avait humilié dans les réunions, et avait voulu l'empêcher de fumer le qalian ; le qazhi lui avait résisté, mais il conservait toujours des appréhensions. Quand Danial Bi lui parla de Châh Murad, il lui répondit : « Grâce à Dieu, tu as des enfants parvenus à l'âge d'homme, qui possèdent l'intelligence et toutes les qualités. Prive de la virilité ce fou qui est pour l'Etat une cause de honte et d'opprobre. » Ces paroles firent une mauvaise impression sur le cœur de Danial, mais il ne répliqua rien. Elles parvinrent cependant aux oreilles de Châh Murad qui épiait toujours une occasion favorable.

Une année se passa après le meurtre de Daoulet Bi. Le qazhi était toujours sous l'empire de la crainte ; il ne cessait de prier Danial Bi de le recommander à la bienveillance de Châh Murad. Danial Bi disait en secret à celui-ci : « Le qazhi est un ancien serviteur, traitez-le avec considération, donnez-lui toute sécurité. » Châh Murad répliquait : « Si le qazhi renonce aux actions qui sont défendues par la loi, sans aucun doute, je le traiterai avec la distinction due à sa noble naissance. » Le qazhi n'abandonnait point l'habitude de fumer le qalian, et bien qu'il y eût depuis longtemps des raisons d'inimitié entre lui et Châh Murad, celui-ci ne mettait en avant que le prétexte du qalian.

Une nuit, Châh Murad ordonna à quelques-uns de ses

serviteurs de se saisir du qazhi et de l'amener bon gré mal gré en sa présence. Cet ordre fut exécuté et le qazhi fut conduit de force devant lui. Il trouva moyen de faire savoir à Danial Bi qu'il venait d'être arrêté et traîné chez Châh Murad Bi. Lorsque le qazhi entra dans la salle d'audience, Châh Murad le traita avec considération. « Je suis un vieillard, je suis votre esclave, lui dit le qazhi, si j'ai commis quelque faute envers votre famille, veuillez me la pardonner. » — « Vous n'avez commis aucune faute, repartit Châh Murad Bi, je vous ai fait appeler pour parler d'une affaire. » Puis, sous un vain prétexte, il se leva et sortit. Des bourreaux, qui étaient cachés et se tenaient aux aguets, se précipitèrent sur le malheureux qazhi et le mirent en pièces. Lorsqu'arriva le messager envoyé par Danial Bi pour ordonner de sa part qu'on ne fît aucun mal au qazhi, celui-ci avait cessé de vivre.

La terreur et la crainte s'emparèrent du cœur des frères de Châh Murad Bi comme elles s'étaient emparées autrefois du cœur des frères de Joseph. Châh Murad s'appliqua à réprimer leurs écarts ; quelques individus, qui avaient été les complices de leurs iniquités, furent mis à mort. Ses frères, rentrant en eux-mêmes, après la frayeur qu'ils avaient éprouvée, se tinrent en repos et s'abstinrent de toute action injuste et tyrannique. Châh Murad Bi fit disparaître toutes les filles publiques et ne toléra aucun des désordres qui sont condamnés par la loi. Boukhara devint alors l'image du paradis. Danial Bi ne s'opposait à aucun des actes de son fils, qui avait pris en main toutes les affaires intéressant la population.

Danial Bi avait confié le gouvernement de Qarchy à

Toukhtoumich Bi ; celui de Kerminèh (1) à Sultan Murad Bi. Au bout de quelque temps, Toukhtoumich Bi voulut se révolter contre son père. Châh Murad Bi réussit, par son savoir-faire et son habileté, à amener la soumission de son frère et à le faire venir à Boukhara. On ne lui confia plus ensuite de gouvernement.

Au bout de quelque temps, l'Émir Danial tomba malade. Sa maladie s'étant aggravée, il ordonna, lorsqu'il fut près de la mort, de faire venir, la nuit, au chevet de son lit, Châh Murad. Celui-ci se rendit auprès de son père, qui le désigna pour son successeur et lui fit quatre recommandations suprêmes. La première était de ne pas exiler ses frères et de ne pas les mettre à mort ; la seconde était celle de ne point donner en mariage les femmes qu'il laissait après lui ; la troisième était celle de traiter avec considération et honneur Khodja Sadiq, le chef de ses eunuques ; la quatrième était de donner à ses frères et à ses sœurs, sur ses biens particuliers, une somme fixée selon les règles de l'équité. Enfin, il ordonna qu'on l'enterrât auprès du tombeau de Châh Naqchbend. Châh Murad jura, sur sa tête et sur ses yeux, de se conformer aux ordres de son père et il lui baisa la main. Une heure après Danial expira.

Châh Murad s'était rendu au palais royal accompagné par un millier d'hommes ; ses frères, qui en furent infor-

---

(1) La ville de Kerminèh, chef-lieu de l'arrondissement de ce nom, est située à onze fersakhs à l'est de Boukhara. Le gouvernement de cette ville était toujours réservé à un membre de la famille souveraine.

Kerminèh verse au trésor de l'Emir douze mille tillas et lui fournit deux cents hommes de pied.

Riza Qouly Khan, *Ambassade au Kharezm*, page 104.

Burnes. *Voyage en Boukharie*, tome III, pages 283, 288.

més le matin, se dirigèrent tous vers le palais, mais on ne les laissa point passer. En voyant les soldats de Châh Murad en bon ordre et bien armés, ils comprirent que leur père était mort.

On forma une grande assemblée. Châh Murad prit la parole : « O mes frères, dit-il, notre père est allé dans le sein de la miséricorde divine ; il m'a désigné pour son successeur au trône ; mais vous, mes frères, et tous les grands qui êtes ici présents, vous savez quel est le meilleur parti à prendre ; donnez le pouvoir à celui qui en est le plus digne ; je me rangerai à votre opinion. » Tous s'écrièrent d'une seule voix : « La succession au trône est votre droit ; personne, excepté vous, n'est digne du rang suprême. » Châh Murad reçut ensuite de tous les personnages notables et de ses frères le serment de fidélité que chacun prêta isolément. Les assistants furent, chacun selon le rang qu'il occupait, traités avec la considération et les honneurs qui leur étaient dus. Tous les frères de Châh Murad étaient présents à cette cérémonie, à l'exception de Sultan Murad Bi qui se trouvait à Kermineh. Les fonctions de vézir furent données à Outkour Soufy, ami de Châh Murad et affilié à la même secte religieuse que lui.

Danial Bi était un homme simple, incapable de ruse et de fausseté, plein de courage et de bravoure. On rapporte qu'Ahmed Châh lui ayant envoyé un éléphant, on fit paraître en sa présence cet animal qui le salua. Ses officiers lui firent remarquer que l'éléphant lui rendait hommage : « Que le salut soit sur lui », répondit Danial Bi (1).

---

(1) Il faut se rappeler, pour saisir le sens de cette anecdote, qui peint la sim-

Danial avait des relations pacifiques avec Ourguendj, Khoqand et avec Beiram Aly Khan, Chiite, qu'il appelait « mon enfant » lorsqu'il lui écrivait ; leurs rapports étaient fréquents. A l'époque de Danial Bi, Boukhara était en pleine prospérité ; tout y était à bon marché. Il gouverna pendant vingt-deux ans.

---

plicité du caractère de Daniâl Bi, que la loi religieuse défend expressément à tout vrai croyant de donner ou de rendre le salut (selam aleikoum), à un individu qui n'est point musulman.

IV. CHAH MURAD BI.

Châh Murad Bi (1), fils de Danial Bi Ataliq eut pour fils :
Emir Seyid Hayder Tourèh, qui fut son héritier présomptif et gouverneur de Boukhara;

Din Nacir Bek, qui, du vivant de son père, était gouverneur de Merv. La crainte que lui inspirait son frère Hayder le détermina à se réfugier à la cour de Perse ; il se rendit ensuite à Constantinople ; il est aujourd'hui en Russie (1246-1830).

Mehemmed Housseïn Bek : après la mort de son père, il s'enfuit à Cheheri Sebz ; il s'y trouve actuellement.

Lorsque Châh Murad eut succédé à son père, tous ses efforts tendirent à donner plus de force à l'islamisme et à en faire exécuter les prescriptions. Il honora particulièrement les ulémas. Il abolit tout ce qui était contraire à la loi religieuse. Toute sa conduite fut basée sur la justice et l'équité ; il exécuta les dernières volontés de son père, et il confia le

---

(1) Nous avons, sur le règne et le caractère de Châh Murad, outre les mémoires de Mir Aly Youssouf et de Mehemmed Aly Guendjèvy, analysés par Malcolm, les anecdotes rapportées par le lieutenant Arthur Conolly et dont quelques-unes ont été racontées par l'ancien gouverneur de Merv, Mehemmed Kerim Khan Qadjar. Lieutenant Arthur Conolly, *Journey to the North of India, etc.* London, 1834, tome I, pp. 157 et suiv.

gouvernement de Kermineh à Sultan Murad Bi. Ses autres frères restèrent à Boukhara.

Au bout d'une année, Toukhtoumich Bi, qui, de tous les enfants de Danial Bi, était celui qui avait le caractère le plus violent et le plus despotique, ne pouvant donner libre cours à sa prépotence et à sa tyrannie, laissa la haine et l'envie prendre possession de son cœur. Il résolut de faire tuer Châh Murad Bi. Il confia ce projet à quelques-uns de ses officiers, et ces gens pervers l'encouragèrent dans son dessein en lui disant : « Si le Châh vient à disparaître, le pouvoir vous appartiendra de droit. »

Toukhtoumich avait un esclave nommé Féridoun : une nuit, à minuit, il se rendit au palais, suivi d'une troupe d'hommes armés. Il se tint en dehors et Féridoun, suivi de trois personnes, entra dans la chambre à coucher de Châh Murad. L'Émir était plongé dans le sommeil. Féridoun tira son couteau et se dirigea vers Châh Murad ; l'obscurité ne lui permit pas de porter un coup assuré et, en frappant l'Émir, il lui fendit la figure depuis la bouche jusqu'à l'oreille. Féridoun pensa l'avoir tué. Châh Murad, en proie à la terreur, saisit sa barbe et l'appuya fortement sur sa poitrine pour protéger son cou. Féridoun n'eut point le courage de rester plus longtemps : il se précipita hors de la chambre. Les hommes de garde, dont l'attention avait été éveillée, arrivèrent avec des flambeaux et virent que, grâce à Dieu, la vie du prince ne courait aucun risque. Un chirurgien, appelé immmédiatement, recousit la partie blessée.

Féridoun, qui avait été reconnu par Châh Murad, revint auprès de Toukhtoumich : « Qu'as-tu fait ? » lui demanda celui-ci. « Je l'ai tué, » répondit Féridoun. « Si tu l'as tué, répliqua Toukhtoumich, où est sa tête ? » « Je n'ai point eu le temps de la couper, » répliqua Féridoun. Les conjurés restèrent dans l'attente jusqu'au matin pour voir quelle nouvelle se répandrait hors du palais. Il ne s'y produisit aucun mouvement extraordinaire et Toukhtoumich comprit que Châh Murad n'avait point été tué. Il retourna chez lui et y resta paisiblement, s'imaginant que personne ne porterait ses soupçons sur lui.

A la pointe du jour, les émirs et les ministres arrivèrent au palais pour le Sélam. Le malheureux Châh Murad, pour tranquilliser les esprits, se rendit à la salle d'audience, la figure et la tête entourées de bandages. Féridoun et ses complices, ainsi que Toukhtoumich, furent immédiatement arrêtés. Le premier fut pendu. Toukhtoumich et ses serviteurs furent exilés et conduits sous bonne escorte à Tchardjou, sur la route de Merv. « Sans la recommandation de mon père, dit Châh Murad, son crime eût été puni de mort. » Aujourd'hui, Toukhtoumich s'est rendu à la Mecque.

Au bout de quelque temps, Sultan Murad Bi se révolta. Châh Murad Bi envoya contre lui des troupes qui le battirent et le firent prisonnier ; il fut conduit à Boukhara.

Châh Murad songea à s'emparer de Mervi Chahidjan et à se débarrasser de Beïram Aly Khan (1). Cette expédition était l'objet de ses constantes préoccupations.

Lorsque Beïram Aly Khan avait appris la mort de Danial

---

(1) Beïram Aly Khan appartenait à la tribu des Qadjars et à la famille de Yzz oud Dinlou : cette famille possédait le gouvernement de Merv depuis le

Bi, il avait envoyé à Boukhara quelques-uns de ses principaux officiers avec de riches présents et une lettre de condoléance. A Merv, il avait fait réciter le Qoran et faire des distributions d'eau et de vivres pour le repos de l'âme de Danial Bi. « C'était mon père, » disait-il, et il cherchait à vivre en paix et en sécurité. Mais Châh Murad Bi ne cessait de poursuivre son dessein. A la fin, il fit partir une expédition composée des Turkomans des bords du Djihoun et de deux mille cavaliers Uzbeks, pour piller et saccager Merv. Cette expédition donna le signal des hostilités. Il y avait trois ans que Beïram Aly Khan gouvernait Merv. Le nombre de ses cavaliers s'élevait à mille cinq cents; celui des Turkomans qui pillaient et ravageaient étaient de trois ou quatre mille. Beïram Aly, semblable à un loup qui tombe sur un troupeau de moutons, tuait et faisait prisonniers tous ceux qu'il attaquait.

La mère de Beïram Aly était une femme turkomane de la tribu de Salor et son père était Qadjar.

Beïram Aly avait inspiré une terreur profonde aux Turkomans. Jamais un pareil héros n'était né au milieu des Persans. A la fin, l'Émir Châh Murad Bi se décida à employer la ruse. Il alla camper à Tchardjou pour attaquer Merv avec six mille cavaliers Uzbeks.

Un Turkoman, espion de Beïram Aly, se rendit à Merv

---

règne de Thahmasp Ier, de la dynastie des Séfévis. Dans la lettre qu'il écrivit de Mechhed à Châh Murad, Aga Mehemmed Khan reproche à ce prince les incursions des Turkomans sujets de Boukhara sur le territoire de Merv et la mort de Beïram Aly Khan, membre de la tribu royale des Qadjars. Beïram Aly Khan fut tué en 1785.

Riza Qouly Khan, *Fihris out Tewarikh*, tome VIII.

pour lui donner la nouvelle que Châh Murad était venu à Tchardjou, sur le bord du fleuve Amou. Châh Murad Bi ne resta qu'une nuit à Tchardjou : il y laissa son armée, et accompagné seulement de quelques officiers, il retourna à Boukhara. Un autre espion, qui accompagnait Châh Murad, le voyant rentrer dans son palais, courut à Merv et y fit savoir que Châh Murad n'avait pas eu le courage de se porter en avant, qu'il était retourné sur ses pas et rentré à Boukhara. Cet espion était un personnage digne de confiance : Beïram Aly ajouta foi à ses paroles et fut délivré de toute préoccupation. Châh Murad rentré dans son palais, y fit en public la prière du soir, puis il retourna à Tchardjou en doublant les étapes. Il arriva, après une marche forcée de nuit, dans les environs de Merv. Il fit cacher quatre mille cavaliers dans un pli de terrain profond et il envoya mille cavaliers fourrager en avant.

La nouvelle de cette excursion parvint à minuit à Beïram Aly. Il partit immédiatement. Sa mère essaya de l'arrêter en lui disant qu'elle avait fait un rêve de mauvais augure pour lui et qu'elle le priait de ne pas se mettre en marche avant le lever du jour. Beïram Aly, sans écouter sa prière, fit sonner les trompettes et, à la tête de cent cinquante cavaliers très-lestes, il se mit en marche pour couper la route de Boukhara. Le reste de ses soldats prit un autre chemin.

Au point du jour, Beïram Aly tomba sur les maraudeurs ennemis : il tailla en pièces tous ceux qu'il rencontra. Dans cet engagement ; on fit prisonnier Qara Khodja, gendre de Châh Murad. Qara Khodja demanda à être conduit devant le Khan, et lorsqu'il fut en sa présence : « Je suis, lui dit-il, un des grands personnages de Boukhara, je suis le gendre de Châh Murad, ajoutez foi à mes paroles. » « Qu'as-tu à dire, » lui demanda Beïram Aly ? « Ne vous portez pas en avant, lui répondit le khodja ; Châh Murad est posté en embuscade devant vous avec six mille cavaliers déterminés, vos soldats sont peu nombreux ; plaise à Dieu que vous ne soyez point la victime d'une catastrophe. Je suis maintenant prisonnier entre vos mains et je vous donne une preuve de mes bonnes dispositions. »

Les prières et les supplications du pauvre khodja ne furent point écoutées par ce maudit et cet infidèle. « Tu mens, lui répondit-il, Châh Murad n'est point arrivé, » et, d'un coup de sabre, il abattit la tête du khodja qui fut admis au nombre des martyrs.

Beïram Aly se mit à poursuivre les fuyards : tout à coup, on vit apparaître six thoughs (1) de six côtés, et la troupe de Beïram Aly fut complétement enveloppée ; lui-même tomba frappé d'une balle. Un pançad bachi afghan lui coupa la tête. Les cent cinquante hommes de Beïram Aly demandèrent quartier et furent faits prisonniers. Sa tête fut envoyée à Boukhara, où elle resta exposée pendant une semaine sur le lieu des exécutions. Un poëte a dit à ce sujet :

Vers. — « La tête de Beïram Aly est devenue la boucle d'oreille de la potence. »

Les environs de Merv furent complétement ravagés, et les têtes des cavaliers tués furent mises au pied de la po-

---

(1) Le mot turc *thoug* désigne une queue de yak ou de cheval qui remplace le drapeau chez la plupart des peuples de l'Asie centrale. L'usage s'en est conservé chez les Ottomans jusqu'au règne du sultan Mahmoud. A Boukhara, on donne aussi le nom de though à une troupe de mille hommes, et l'officier qui les commande a le titre de Though-Sahibi, vulgairement Thoughsabaï.

Vambéry, *Voyages dans l'Asie centrale*, page 336.

tence. Le cadavre de Beïram Aly fut rendu à sa mère (1). La prise de Mervi Chahidjan eut lieu en 1200 (1785). Danial Bi mourut en 1148 (1735) (2). Une paix illusoire eut lieu et Châh Murad retourna à Boukhara.

Beïram Aly Khan eut trois fils : l'aîné Hadji Mehemmed Housseïn était le Platon du siècle, c'était un homme plein de sagesse et de connaissances ; il demeurait à Mechhed. Son second fils Mehemmed Kerim Khan, et le troisième, Mehdy Khan, résidaient à Merv. Mehemmed Kerim Khan succéda à son père.

Sept habitants notables de Merv avaient été faits prisonniers et conduits à Boukhara où Châh Murad leur avait proposé de se convertir à l'islamisme tel qu'il est pratiqué selon le rite sunnite. Ils avaient accepté cette proposition, et demandé ensuite avec instance à retourner à Merv pour conseiller à Mehemmed Kerim Khan de remettre la ville à Châh Murad : « Et, ajoutaient-ils, nous vous obéirons et nous serons considérés comme vos autres sujets. » Châh Murad fit donner à ces sept notables, qui étaient chefs de tribu, des vêtements d'honneur, et il les fit partir pour Merv. Lorsqu'ils y furent arrivés, ils convoquèrent leurs parents et les membres de leurs tribus : « Nous n'avons pas le pouvoir, leur dirent-ils, de résister aux soldats

---

(1) Le souvenir des exploits de Beïram Aly Khan s'est conservé à Merv. « J'écoutai, dit Burnes, le récit que ces gens me firent des prouesses d'un cer- « tain Beïram Aly Khan et d'un corps de sept cents hommes d'élite qui résis- « tèrent longtemps aux armes des Ouzbeks de la Boukharie, jusqu'à ce qu'enfin « Châh Mourad les vainquit par un stratagème de guerre, et transporta par « force toute la population de sa capitale. »
Alex. Burnes, *Voyage en Boukharie*, tome III, page 4.
(2) Je crois qu'il faut substituer à la date de 1148 celle de 1184 (1770).

uzbeks, il vaut mieux que nous nous soumettions et que nous détournions de nos familles, de nos enfants et de notre pays, les calamités qui les affligent : nous sommes sans force ; nous n'avons aucun secours à attendre, nous n'avons point d'argent, nous ne pouvons compter sur rien. »

Les habitants de la ville se montrèrent disposés à accueillir ces paroles; ils firent entendre les mêmes conseils à Mehemmed Kerim Khan. L'hésitation et le désir de la paix dominaient tous les esprits. Kerim Khan tint conseil avec son vézir Mehemmed Qouly Khan. « Ces sept notables, dit ce dernier, ont été en captivité à Boukhara ; la crainte de perdre la vie leur a fait embrasser le rite sunnite; ils ont épousé les intérêts de Châh Murad Bi, et maintenant ils engagent la population dans une mauvaise voie. Il vaut mieux, dès aujourd'hui, se débarrasser d'eux pour écarter toute cause de trouble et de discorde. » Kerim Khan agréa l'avis de Mehemmed Qouly Khan. On fit, un jour, appeler ces notables pour donner une conclusion à tous ces pourparlers. Ces vrais musulmans, ne soupçonnant aucune mauvaise intention à leur égard, se rendirent à la salle d'audience de Kerim Khan. On discuta sur tous les points. Puis, Mehemmed Kerim Khan, invoquant un prétexte, sortit de la salle. Aussitôt une troupe d'individus armés de poignards et de sabres se précipitèrent hors d'une chambre où ils étaient cachés, et massacrèrent en un instant ces sept personnages, dont les maisons furent livrées au pillage.

Au bout de quelque temps, la population de Merv fatiguée de Mehemmed Kerim Khan, appela son frère Hadji Mehemmed Housseïn, qui était à Mechhed. Celui-ci accourut en toute hâte à Merv. Kerim Khan de son côté se retira à Mechhed. Hadji Mehemmed Houssein Khan se montra fort peiné du meurtre de ces gens de bien : il fit périr sous le bâton Mehemmed Qouly Khan, à l'instigation duquel ce crime avait été commis. Hadji Mehemmed Houssein envoya un ambassadeur auprès de Timour Châh (pour solliciter son appui).

Châh Murad leva une seconde fois une armée et vint attaquer Merv. La ville est bien fortifiée et entourée d'un fossé profond ; il est difficile de s'en emparer en peu de temps. Il y a aussi, sur la rivière, un barrage construit anciennement en pierres reliées par du bitume et de la chaux hydraulique. Ce barrage est l'œuvre du sultan Sendjar : il est protégé par une forte citadelle, ce qui ne permet pas de s'en rendre maître facilement (1).

---

(1) Les anciens géographes et les historiens arabes et persans donnent les plus grands détails sur la ville de Merv Chahidjan. Yacout lui a consacré un article détaillé dans son Mou'djem (V. *Dictionnaire géographique, historique et littéraire de la Perse*, etc., par C. Barbier de Meynard, pages 526 et suivantes).

Aujourd'hui la ville est en ruines et les expéditions de Châh Murad inspirées par un fanatisme aveugle ont changé l'oasis de Merv en un désert stérile. La plaine était fertilisée par des canaux dérivés du Mourghâb. « Autrefois, dit Burnes, il était barré par une digue au-dessus de Merv, ce qui donnait la facilité de dériver la plus grande partie de ses eaux pour arroser ce canton, et éleva cette ville à l'état de richesse et d'opulence dont elle jouit jadis. La digue fut détruite, il y a quarante-cinq ans environ, par Châh Murad roi de Boukharie ; aujourd'hui la rivière ne départ plus le bienfait de ses eaux qu'aux terres situées dans son voisinage immédiat ; elles sont couvertes par les obas des Turcomans, car il n'y a pas de villages permanents. »

Les Turkomans de Merv appartiennent à la tribu de Tekeh. Abdoul Kerim et les voyageurs modernes ont adopté la locution corrompue de Châhdjihan pour Chahidjan.

Burnes, *Voyage en Boukharie,* tome III, page .

Merv est aujourd'hui en ruines ; il ne reste plus debout qu'une grande mos-

Châh Murad, après avoir ravagé les environs de la ville, allait retourner à Boukhara, quand le gouverneur du château qui commandait le barrage eût à se plaindre de Méhemmed Housseïn Khan. En voici la cause :

Il y avait à Merv une courtisane célèbre et d'une beauté remarquable, dont le gouverneur devint éperdument amoureux : il la fit sortir de la ville et conduire au château où il se livra à tous les plaisirs. Ce fait parvint aux oreilles de Hadji Mehemmed Housseïn Khan qui fit partir des agents de police déterminés, avec l'ordre d'enlever de force cette beauté au corps de rose. Ces agents remplirent leur mission, traitèrent le gouverneur avec grossièreté et brutalité, et ramenèrent à Merv cette beauté semblable à la lune.

Le gouverneur, dans son désespoir, se débattait comme un oiseau à moitié égorgé, sans pouvoir trouver de remède à sa situation. Plein de colère et de haine, il fit tenir une lettre à Châh Murad Bi, par laquelle il lui offrait de se soumettre et de lui livrer le château qui protégeait le barrage. Cette lettre confiée à des marchands fut remise à Châh Murad Bi.

---

quée et un médressèh bâtis par Timour, et le tombeau du sultan Sendjar qui y mourut au mois de Rebi oul ewwel de l'année 552 de l'Hégire (1157). Il s'était fait construire un tombeau surmonté d'une coupole et lui avait donné le nom de Dar oul Akhirèh (la demeure de l'éternité).

(V. *Kamil fit Tarikh* d'Ibn el Athir, tome XI, p. 146.)

On y trouve aussi les ruines d'un beau bazar voûté et le monument funéraire d'un pehlivan ou lutteur célèbre pour sa vigueur. Fraser, *Travels in Khorassan*, appendice, pages 55, 56.

M. de Khanikoff a donné des détails intéressants sur Merv dans son *Mémoire sur la partie méridionale de l'Asie centrale*, pages 53, 57, 113 et 128. M. Abbott a consacré quelques lignes à la vallée du Mourghâb et à la ville de Merv. *Narrative of a journey from Heraut to Khiva*, tome I, pages 26, 34, 50.

Cette nouvelle lui causa la plus grande satisfaction et la joie la plus vive. Accompagné par quatre mille cavaliers jeunes et alertes, dont chacun était semblable à Rustem fils de Destan et à Sohrab, il parvint, après une marche de quatre nuits, au barrage de Merv. Le gouverneur se porta à sa rencontre et lui livra le château. L'Émir ordonna de couper les digues : en peu d'heures le barrage fut détruit et Merv se trouva privé d'eau. L'Émir fit évacuer le château par ceux qui l'habitaient, et le rasa après en avoir transporté la population à Boukhara. Ce barrage est à la distance de douze fersakhs de Merv. Le manque d'eau ne permit aux habitants de Merv, ni de cultiver ni d'ensemencer leur terres. Ils furent en proie à la détresse, et la famine ne tarda pas à se faire sentir parmi eux.

Timour Châh envoya cinq mille cavaliers pour défendre Merv, sous les ordres de Lechkery Khan Berdourany. On envoya aussi de Hérât des approvisionnements de grains. Ces mesures prolongèrent la résistance ; mais les malheureux habitants de la ville étaient dans une situation précaire et misérable.

Tant que le général afghan fut à Merv, Châh Murad s'abstint de toute incursion, mais il arriva un moment où la brouille éclata entre le général Lechkery Khan et Mehemmed Housseïn Khan. Voici la cause qui la fit naître :

Lechkery Khan avait un fils nommé Khandjer Khan ; celui-ci devint amoureux d'une sœur de Hadji Housseïn Khan, qui était veuve. Ils donnaient l'un et l'autre cours à leur passion, sans se préoccuper des envieux. Mais Hadji Mehemmed Khan ne tarda pas à tout apprendre, il les épia et, ayant trouvé la porte sans être fermée à clef, il les surprit au milieu de leurs ébats. Aveuglé par le ressentiment, il frappa ce jeune homme, dont la beauté égalait celle de Joseph, avec une telle violence qu'il expira en revenant chez son père. Hadji Mehemmed Housseïn Khan fut tellement troublé en apprenant la mort de Khandjer Khan, qu'il ordonna aussitôt de faire mourir sa sœur.

L'atrocité de la conduite de Hadji Mehemmed Housseïn Khan excita l'indignation de Lechkery Khan : il fit une proclamation à ses soldats pour leur ordonner de se préparer au départ, et il offrit aux habitants de la ville qui voudraient le suivre avec leurs familles de les conduire à Hérât. Il repoussa toutes les prières qui lui furent adressées pour le faire revenir sur sa détermination. Bref, il se dirigea sur Hérât avec ses troupes et plus de deux mille familles qui abandonnèrent Merv.

La situation des habitants de cette dernière ville ne fit ensuite que s'aggraver et devenir plus pénible. Hadji Mehemmed Housseïn Khan ayant appris que son frère Mehemmed Kerim Khan, qui était à Mechhed, avait le dessein de se rendre à Boukhara pour y faire sa soumission, il résolut de prendre les devants. Il s'empressa d'envoyer à Boukhara quelques personnages de distinction pour demander grâce et faire acte d'obéissance. Emir Châh Murad éprouva un grande joie de cette démarche; il accueillit les envoyés avec bienveillance et leur prodigua les présents et les cadeaux.

Ces envoyés revinrent à Merv, et Hadji Mehemmed Housseïn Khan se rendit à Boukhara porteur de présents considérables et accompagné par les notables de la ville. Châh Murad, pour leur faire honneur, envoya à leur rencontre, à la distance de deux journées de marche, quelques-uns de ses officiers, et ils firent à Boukhara une entrée solennelle.

On assigna à Mehemmed Housseïn Khan, au Tchehar-bagh, une résidence digne de lui. Il s'imaginait qu'on lui rendrait le gouvernement de Merv. Quelques jours se passèrent, puis Murad Châh lui proposa de faire venir sa famille à Boukhara ainsi que quelques notables de Merv, pour que les deux partis fussent en toute sécurité. Hadji Mehemmed Housseïn, voyant qu'il fallait se soumettre, consentit à ce qui lui était demandé.

A la même époque, Mehemmed Kerim Khan arriva de Mechhed; il fut reçu avec honneur.

Hadji Mehemmed Housseïn Khan écrivit à Merv pour donner ordre à sa famille de venir le rejoindre sans que personne pût soupçonner son départ.

Châh Murad Bi fit alors partir secrètement cinq mille cavaliers, auxquels il donna l'ordre d'entrer dans la ville après le départ de la famille de Hadji Housseïn Khan, mille hommes par mille hommes; il leur prescrivit en outre, de faire partir cinq mille familles ainsi que les gens de Mehemmed Housseïn Khan, de Kerim Khan et les notables de la ville. Ces troupes devaient tenir garnison à Merv et expédier, au bout de quelques jours, encore deux mille familles, afin qu'il n'en restât que deux ou trois mille dans la ville.

Lorsque les envoyés, porteurs de la lettre de Hadji Mehemmed Housseïn Khan, arrivèrent à Merv, on fit partir pour Boukhara la famille de Beïram Aly Khan, et celles de Hadji Housseïn Khan, de Mehemmed Kerim Khan et de

Mehdy Khan. Les troupes entrèrent dans la ville par détachements de mille hommes sans éprouver de résistance. Les habitants de Merv furent transportés à Boukhara, selon la résolution qui avait été prise, et il ne resta dans cette ville que trois mille familles sunnites et deux mille familles chiites.

Châh Murad nomma ses frères Omer Bi et Fazil Bi, gouverneurs de Merv.

Le nombre des familles transportées à Boukhara s'élève approximativement à dix-sept mille. Châh Murad devint ainsi le maître de la province de Merv qui perdit son ancienne prospérité. Le barrage qui fournissait l'eau fut rétabli.

Omer Bi et Fazil Bi gouvernèrent Merv pendant deux ans. Au bout de ce temps, cédant aux suggestions des Turkomans, ils se mirent en état de rébellion. Châh Murad fit alors partir des troupes de Boukhara. Mais il ne put se rendre maître de la ville; il s'empara de vive force du barrage, il rompit les digues et il retourna à Boukhara.

Les causes qui ont amené la prise de Merv, l'attaque faite par les habitants de cette ville et la fuite d'Omer Bi seront expliquées plus loin.

Timour Châh, pour venger les habitants de Merv et s'emparer de la province, fit marcher une armée sur Balkh. Emir Châh Murad leva aussi des troupes, mais on ouvrit des pourparlers et on finit par conclure la paix. L'origine de cette guerre a été racontée dans la vie de Timour Châh. Il n'est pas nécessaire d'y revenir (1).

---

(1) Voy. page 22.

Omer Bi, depuis quelque temps en état de révolte, voulut rançonner les habitants de Merv et prendre les Turkomans à sa solde. Les habitants de Merv eurent vent de son dessein : ils se rassemblèrent au nombre de mille hommes de pied et ils attaquèrent le château où résidaient Omer Bi et Fazil Bi. Après avoir fermé les portes de la ville pour empêcher les Turkomans d'y entrer, ils investirent le château dont ils firent sauter la porte avec de la poudre. Omer Bi ne put résister. Les habitants de Merv avaient arrêté, dès le premier jour, trois cents Boukhariotes, soldats et civils, ainsi que le qazhi et le lieutenant de police. Ils attaquèrent ensuite le château. Omer Bi demanda quartier et la permission de se retirer sans être inquiété avec ses enfants et Fazil Bi, par la porte du château qui s'ouvrait en dehors de la ville. Les habitants de Merv accédèrent à sa prière. Omer Bi et Fazil Bi avec leurs familles sortirent de la ville et se rendirent à Cheheri Sebz par la route du désert.

Après leur départ, les habitants de Merv expédièrent à Boukhara un courrier porteur d'une lettre dans laquelle ils protestaient de leur dévouement et faisaient connaître la fuite d'Omer Bi et de Fazil Bi.

Lorsque l'on ouvrit les portes de la maison où l'on avait enfermé les Boukhariotes, on n'en trouva qu'un seul vivant ; tous les autres avaient été suffoqués par l'excès de la chaleur ou étaient morts de soif.

Lorsque la lettre des habitants de Merv parvint à Châh Murad Bi, il approuva hautement leur conduite ; il fit partir Mehemmed Emin Sipèhsalar avec cinq mille cavaliers et Bedel Mirza qu'il avait nommé gouverneur de la ville.

Merv fut de nouveau occupée au nom de Châh Murad Bi.

Les enfants des Boukhariotes qui-avaient péri obtinrent un fetva établissant que leurs pères avaient été emprisonnés par les habitants de Merv, avec l'intention de leur donner la mort. Mais Châh Murad Bi répondit qu'ils étaient tous en état de rébellion et qu'on ne pouvait réclamer le prix de leur sang. Cependant on fit partir de Merv mille autres familles, que l'on établit à Boukhara.

L'année suivante, Châh Murad Bi confia le gouvernement de Merv à son fils Din Nacir Bek, dont la mère est Qalmaq. Il lui donna comme Qouch Begui son vézir Abd our Ressoul Bek, fils de Outkour Soufy. Le barrage de Merv fut rétabli.

La conduite de son frère Sultan Murad Bi ayant fait concevoir des soupçons à l'Émir, celui-ci l'exila de Boukhara. Sultan Murad se rendit à Qandahâr en passant par Hérât, puis il se réfugia à Kâboul, auprès de Timour Châh.

La suite de ces événements sera racontée plus loin.

Emir Châh Murad eut trois fils : l'aîné était Emir Hayder Tourèh, dont la mère, fille d'Aboul Feïz Khan, avait épousé en premières noces Mehemmed Rehim Khan; après la mort de ce prince, elle était devenue la femme de Châh Murad Bi. Quand Emir Hayder fut arrivé à l'âge de raison, son père lui confia le gouvernement de Qarchy. Son second fils, Din Nacir, fut envoyé à Merv; son troisième fils était Mehemmed Housseïn Bek.

Châh Murad faisait tous les ans une expédition en Perse d'où il rapportait beaucoup de butin. Pendant son règne, la loi religieuse était strictement observée; Boukhara était prospère, les savants y florissaient, les routes étaient sûres et les populations tranquilles et heureuses. Il recherchait continuellement la société des ulémas et des gens lettrés.

Hadji Mehemmed Housseïn Khan, de Merv, craignant pour sa vie, vendit en secret toutes les propriétés que Châh Murad Bi lui avaient données et, ayant trouvé une occasion propice, il s'enfuit à Cheheri Sebz. De là, il se rendit à Khoqand, à Kachgar, au Tibet, à Kachmir, et il arriva à Kâboul lorsque Zéman Châh y régnait. Il passa ensuite à Qandahâr et de là dans le Seïstan et le Qouhistan, provinces dépendant du royaume de Feth Aly Châh Qadjar. Son intelligence et sa perspicacité lui firent accorder un rang élevé. Il est aujourd'hui à Téhéran (1233-1818). Tous ses enfants sont restés à Boukhara.

Mehemmed Kerim Khan s'enfuit aussi de Boukhara pour se réfugier à la cour de Perse. Ses enfants et ses petits-enfants sont demeurés à Boukhara.

L'Emir Châh Murad Bi montra beaucoup de bonté et témoigna beaucoup de considération aux habitants de Merv et à la famille de Beïram Aly Khan. Ceux-ci, satisfaits de leur condition, se convertirent au rite sunnite. L'arrivée des habitants de Merv à Boukhara fit adopter de nouveaux usages.

L'Emir Châh Murad Bi commit une action qui fut désapprouvée et sévèrement blâmée par les habitants de Boukhara et par les ulémas. Voici ce qui provoqua ce mécontentement.

En l'année 1211 (1796), l'eunuque Aga Mehemmed Khan Qadjar fit une expédition dans le Khorassan, et s'empara de Mechhed. Châh Roukh l'aveugle, fils de Riza Qouly Mirza, fils de Nadir Châh, résidait dans cette ville qui lui avait été concédée par le souverain afghan Ahmed Châh ; il y vivait sans ambition. L'eunuque Mehemmed Khan s'empara de sa personne. Il avait seize fils ; le plus grand nombre d'entre eux se retira à Hérât, les autres prirent la fuite dans des directions différentes. Châh Roukh, qui n'avait point voulu quitter la ville, se porta à la rencontre de Mehemmed Khan ; celui-ci, à peine entré à Mechhed, le fit saisir et appliquer à la torture et il s'empara de tous les trésors provenant de l'héritage de Nadir Châh. Châh Roukh mourut à la suite des tourments qui lui furent infligés (1).

Mehemmed Khan exila dans le Mazanderan tous les serviteurs de Châh Roukh.

L'aîné des fils de Châh Roukh, nommé Nadir Châh, accompagné de ses frères Abbas Mirza, Qahraman Mirza, Imam Qouly Mirza, Riza Qouly Mirza et autres, arriva à Hérât, gouverné alors par le chahzadèh Mahmoud, fils de Timour Châh. Ce prince leur témoigna la plus grande bienveillance et les plus grands égards. Nadir Mirza désira se rendre à Kâboul auprès de Zéman Châh, avec ses frères et ses enfants.

Imam Qouly Mirza et Hayder Mirza avec vingt de leurs serviteurs se réfugièrent à Boukhara auprès de Châh Murad Bi. Ils écrivirent à ce souverain une lettre dont voici le sens : « Il est notoire pour tout le monde que notre aïeul « Nadir Châh n'a jamais fait le moindre mal à Boukhara ; « il a comblé de bienfaits et de marques d'honneur les « ulémas et les religieux de cette ville. Il avait épousé

---

(1) Riza Qouly Khan dans le *Fihris out Tewarikh*, et Mirza Sipehr dans son *Histoire de la dynastie des Qadjars* donnent les plus grands détails sur les tortures qui furent infligées à Châh Roukh pour le forcer à livrer à Aga Mehemmed Khan les trésors de Nadir Châh.

« légalement une fille d'Aboul Feïz Khan : vous-même
« vous avez épousé une fille de cette famille, et elle vous a
« donné Emir Hayder Tourèh. Il y a donc entre nous
« des liens de parenté. Mehemmed Rehim Khan, qui est
« votre oncle, est devenu le souverain de Boukhara par
« suite de la haute position qu'il avait auprès de Nadir
« Châh, et, grâce à Dieu, la souveraineté est arrivée jus-
« qu'à vous par droit héréditaire. Les personnes instruites
« savent aussi pertinemment, que notre aïeul Nadir Châh
« après avoir reconnu la vérité de la religion, faisait pros-
« pérer le rite sunnite et qu'il répudiait et qu'il voulait
« faire disparaître les doctrines chiites. Cette conduite ex-
« cita les chiites à saisir une occasion favorable pour le
« tuer : ils assassinèrent à Khabouchan, localité du Kur-
« distan, ce souverain rempli de droiture. Nous aussi, nous
« avons toujours témoigné de la considération aux sun-
« nites. Aujourd'hui, le misérable Mehemmed Khan Qad-
« jar s'est, par la force et par la violence, emparé de nos
« biens, il a mis notre père aveugle au nombre des martyrs.
« Quant à nous, nous avons abandonné nos demeures et
« notre patrie ; nous nous sommes enfuis pour chercher un
« refuge chez un peuple musulman. Le serviteur qui vous
« écrit s'est dirigé vers Kâboul avec ses frères, mais nous
« avons envoyé en qualité d'hôtes, auprès de vous, Imam
« Qouly Mirza et Hayder Mirza, qui sont la prunelle de
« nos yeux et la force visuelle de la souveraineté. Nous
« espérons que vous voudrez bien accueillir des étrangers
« avec bienveillance et avec bonté, et que vous daignerez
« leur accorder le secours de vos troupes. Si la victoire
« nous favorisait, et si la ville de Mechhed était reconquise

« sur les Qadjars, la monnaie serait frappée et la khoutbèh
« récitée au nom illustre de Votre Hautesse. Pour nous,
« nous vous obéirons et nous demandons à être comptés au
« nombre de vos serviteurs. »

Nadir Mirza, à son arrivée à Kâboul, fut bien accueilli par Zéman Châh, qui lui accorda une pension et lui assigna pour résidence la ville de Pichâver.

Imam Qouly Mirza, porteur de la lettre de Nadir Mirza et accompagné par le chahzadèh Mahmoud, partit de Hérât en l'année 1212 (1797), et se rendit à Boukhara en passant par Mervi Chahidjan. Murad Bi envoya à la rencontre de ces deux princes des émirs et ses ministres, et il leur fit faire une entrée solennelle dans la ville. On mit à leur disposition un palais dans le Paï Menar, et ils présentèrent à Châh Murad les cadeaux dont ils étaient porteurs.

Une année s'écoula : les deux princes voyant qu'il n'y avait à attendre de Châh Murad Bi ni aide ni secours, lui demandèrent la permission de retourner à Hérât. Châh Murad cherchait toujours des moyens dilatoires avec son ministre le Qouch Begui Outkour, mais, vaincu par leurs instances, il leur accorda le congé qu'ils demandaient.

Il faisait partir à ce moment pour Merv cinq mille cavaliers, sous le commandement de Mehemmed Emin Toptchi Bachi (1). Les chahzadèhs se joignirent à Mehemmed Emin, et ils arrivèrent ensemble sur les bords du Djihoun. Châh Murad Bi avait donné ordre de les faire noyer. Mehemmed Emin les fit monter dans une barque délabrée, conduite par deux vieux bateliers qui avaient pour instruction de

---

(1) Commandant en chef de l'artillerie.

la faire chavirer. Arrivée au milieu du fleuve, elle se remplit d'eau ; les châhzadèhs virent qu'ils étaient les victimes d'une trahison ; après quelques moments d'hésitation, ils aperçurent deux outres gonflées sur lesquelles ils se jetèrent et ils parvinrent ainsi avec mille peines à gagner le rivage du salut.

Mehemmed Emin s'éloigna avec les serviteurs des princes ; il s'empressa d'écrire à Châh Murad Bi que les châhzadèhs n'avaient point été noyés et, levant son camp, il alla s'établir à Tchardjou, sur les bords du Djihoun, pour attendre les ordres de Boukhara.

Après avoir reçu la lettre de Mehemmed Emin, Murad Bi fit appeler le Thourèh Qazaq, petit-fils d'Ilbars Khan, gouverneur de Khiva, qui avait été mis à mort par Nadir Châh. Il lui dit : « Ton aïeul a été tué par Nadir Châh ; ses enfants te doivent compte de son sang. Aujourd'hui, deux de ses petits-fils sont à Tchardjou ; cours-y en toute hâte, et tue-les pour venger le sang d'Ilbars. Je t'accorde en outre dix bourses prises sur leurs effets. »

Le Qazaq qui ne cherchait que crimes à commettre, se rendit à Tchardjou et se cacha dans le château, dans la maison de Balta Qouly Bek gouverneur de la ville. Au milieu du jour, les deux chahzadèhs furent invités à se rendre au château pour prendre part à un repas. En pénétrant dans la salle de Balta Qouly Bek, ils connurent le sort qui leur était réservé. Ils se mirent à prier et à supplier, demandant avec larmes qu'on les épargnât. « Nous sommes venus dans votre pays en qualité d'hôtes, » disaient-ils, « vendez-nous comme esclaves ou bien gardez-nous à Boukhara ; nous ferons venir nos familles et tant que nous serons vivants, nous ne nous éloignerons pas de cette ville. Il est contraire à toutes les lois de l'humanité de massacrer un hôte. Grâce à Dieu, nous sommes musulmans, nous sommes sunnites. Que tous les musulmans nous servent de témoins ! » Leurs supplications furent inutiles. Le Qazaq altéré de sang, les massacra à coups de sabre : un de leurs serviteurs fut aussi mis à mort. Leurs cadavres furent jetés dans le fossé du château, et le reste de leurs gens fut conduit à Boukhara. Mais, plus tard, ils réussirent à s'enfuir séparément et à regagner leur patrie.

Cette même année (1211-1796), Mehemmed Khan Qadjar fut tué dans la ville de Chichèh, dans le Qarabâgh (1). Nadir Mirza, fils de Châh Roukh revint de Pichâver et rentra à Mechhed. Le commandant Qadjar s'enfuit de cette ville et se retira à Téhéran. En apprenant à Mechhed le meurtre de ses frères, Nadir Mirza fut rempli de trouble et de frayeur; mais il n'avait aucun moyen de tirer vengeance.

La population et les ulémas de Boukhara blâmèrent vivement l'assassinat des deux châhzadèhs. Ce crime fut comparé au meurtre de Siavech, fils de Keïkaous, qui s'était rendu dans le Turkestan en toute confiance et qui fut mis à mort par Afrassiab.

A la fin de sa vie, Emir Châh Murad Bi vécut en mauvaise intelligence avec Emir Hayder Tourèh qui était gouverneur de Qarchy; il y avait entre eux une paix illusoire.

Pour en revenir au meurtre des fils de Châh Roukh, il

---

(1) On trouve les détails les plus circonstanciés sur l'assassinat de Aga Mehemmed Châh dans l'*Histoire de la Perse*, par Malcolm, tome III, page 430 et suiv., dans le *Fihris out Tewarikh* de Riza Qouly Khan et dans l'*Histoire des Qadjars* de Mirza Sipehr.

faut l'attribuer aux rapports des espions qui avaient été chargés de surveiller leur conduite et qui affirmèrent que ces princes étaient adonnés au vin et qu'ils se livraient à toute espèce d'excès et de déréglements. On se basa sur ces faits pour ordonner leur mort.

Sous le règne de Châh Murad Bi, la prospérité de Boukhara excitait l'envie du paradis ; la religion de l'islamisme y avait acquis une vie nouvelle. Le prince n'était occupé que de bonnes œuvres, de prières et de pratiques de dévotion. Il avait renoncé aux jouissances et aux pompes de ce monde. Il ne touchait ni à l'or ni à l'argent et il ne dépensait pour ses besoins que la somme provenant de la capitation imposée aux Juifs et aux infidèles.

Il dit adieu à ce monde périssable la nuit du vendredi 14 du mois de redjeb de l'année 1214 (1799). Il avait de son vivant désigné comme son héritier présomptif Emir Hayder Tourèh, son fils aîné, qui était gouverneur de Qarchy. Châh Murad Bi était, au moment de sa mort, âgé de soixante-trois ans.

V. HAYDER TOURÈH

SEYID EMIR HAYDER, FILS DE EMIR CHAH MURAD BI (1).

Inscription de son cachet : « Le descendant de Djenghiz, le rejeton du Prophète, celui dont le rang égale le rang de Joseph, l'héritier de Maçoum Ghazy, Emir Hayder Padichâh. »

J'avais moi-même composé l'inscription suivante pour le sceau de ce prince, lorsque Aboul Feïz Khan fut tué sans laisser d'héritier. « Après que Aboul Feïz fut mis au nombre des martyrs, le trône brillant de la royauté devint le partage de Hayder. »

Behadir Khan Tourèh Nasr oullah est le lieutenant de son père à Boukhara. Son père lui témoigne une grande affection au détriment de Mehemmed Housseïn Tourèh. Il est d'un extérieur agréable et plein d'intelligence. Sa mère est esclave.

---

(1) La « *Madras Government Gazette* » de 1826 contient un long et intéressant article sur Boukhara et Emir Hayder : ce travail dû à un musulman a été inséré dans les « *Selections from the Asiatic journal and monthly register for British India and its dependencies*, » Madras, Higginbotham et Cº, 1875, pages 735 et suivantes.

Mirza Chems de Boukhara donne des détails curieux sur l'avénement de Emir Hayder. *Histoire de Boukhara, Khoqand et Kachgar* publiée, traduite et annotée par M. W. Grigoriew. Emir Hayder prit le titre de Padichâh. Son père s'était contenté de celui de Vély oun ni'am, « celui qui dispense les grâces et les bienfaits. »

Abdallah Khan Tourèh ; sa mère est esclave.

Omer Khan Tourèh ; sa mère est esclave.

Zoubeïr Tourèh.

Djihanguir Tourèh Sultan ; la mère de ce dernier est la fille d'un des khodjas du Djouïbar. Elle le porta quatre ans dans son sein ; il demeure avec sa mère dans la maison de son grand-père ; son père, Emir Hayder, ne l'a jamais vu et n'a aucune affection pour lui.

Mehemmed Houssein Khan Tourèh est l'aîné des fils d'Emir Hayder ; il appartient par sa mère à la noblesse des Seyids ; c'est un prince plein de bonnes qualités et de bravoure ; sa générosité rappelle celle de Hatem ; il fait ses largesses sans ostentation ; il donne à la fois cinq cents ou mille tillas à des gens de condition obscure. Il témoigne peu de déférence à son père qui, de son côté, l'a éloigné de ses yeux. Emir Hayder lui a donné le gouvernement de Kerminèh, dont les revenus, s'élevant à dix mille tillas, ne suffisent pas à ses dépenses. Il est aimé par les paysans, par les ulémas et par tous les habitants de Boukhara. D'après l'opinion générale, il deviendra souverain, si Dieu lui accorde la vie : l'intelligence et le bonheur éclatent dans tous ses traits ; il parcourt continuellement incognito le royaume à l'insu de son père ; il traite également bien les étrangers et les indigènes ; il est plein d'esprit et de moyens. Il témoigne la plus vive amitié aux personnes qui dans leurs voyages ont parcouru le monde.

Lorsque Châh Murad Bi, père d'Emir Hayder, fut atteint de la maladie à laquelle il succomba, le Qouch Begui Outkour, qui était à la tête de l'administration de Boukhara en qualité de premier ministre et qui avait de l'amitié pour

Hayder, lui représenta que son fils était doué de toutes les qualités viriles et d'un jugement sain; qu'il était par sa mère le petit-fils d'Aboul Feïz Khan, et que le trône devait lui appartenir. Châh Murad Bi le désigna donc pour son successeur. Outkour Soufy et Khodja Sadiq, chef des eunuques, expédièrent un courrier à Qarchy pour faire venir le prince.

Châh Murad était mort la nuit du vendredi : la nouvelle s'en répandit en ville le lendemain matin. Ses frères, Omer Bi, Mahmoud Bi (1) et Fazil Bi, instruits de cet événement, se firent suivre par une troupe de gens armés et se rendirent sur la place du Righistan, en face la grande porte du château de Boukhara. Ils s'y établirent, attendant une occasion favorable pour pénétrer dans l'intérieur. Le Qouch Begui et Khodja Sadiq, de leur côté, s'étaient assurés de la personne de quelques émirs qu'ils avaient fait enchaîner, et, bien armés et ayant pourvu à tout, ils gardaient le château avec leurs gens.

Avant la prière du vendredi, Omer Bi attaqua la grande porte du château. Le toptchi bachi Mehemmed Emin, le qazhi oul qouzhat Mirza Fézil, donnèrent au peuple l'ordre suivant : « Massacrez les rebelles qui viennent de s'insurger et pillez leurs maisons. » Les gens sans aveu qui s'étaient amassés pour assister au spectacle de ce qui allait se passer, entendant la bonne nouvelle du pillage, fondirent aussitôt sur la troupe d'Omer Bi ; ils l'attaquèrent à coups de pierres et à coups de bâton. La supériorité du nombre leur assura l'avantage. Ils tuèrent sur la place quelques-uns des

---

(1) Le texte persan porte Mehemmed ; il faut lire Mahmoud.

partisans d'Omer Bi qui prit la fuite. Il n'eut pas le temps de retourner à sa demeure : suivi de quelques hommes, il sortit par la porte de Samarqand et se dirigea du côté du Miankal.

La populace se rua sur les maisons des frères de Châh Murad Bi et, en une heure, elle les pilla et les mit à sac. On abattit, pour les voler, les colonnes en bois qui soutenaient les chambres, et quelques individus qui se trouvaient à l'intérieur, perdirent la vie et remirent leurs âmes entre les mains du maître de l'enfer. On alla jusqu'à dépouiller de leurs vêtements et à laisser nus la femme et les enfants d'Omer Bi.

Le corps de Châh Murad Bi resta trois jours dans le palais.

Dans la nuit du mardi, Emir Hayder fit son entrée à Boukhara, accompagné d'une suite nombreuse et brillante ; le trouble et l'effervescence se calmèrent aussitôt. La musique joua au palais et le lendemain on enleva le cercueil de Châh Murad. Emir Hayder fit sur lui la prière des morts et il revint au palais, où il reçut le serment de fidélité.

Il confirma dans le poste de premier vézir Outkour Qouch Begui et confia le gouvernement de Qarchy au fils de Outkour Qouch Begui, Mehemmed Hekim Bi qui avait été son lieutenant dans cette ville. Din Nacir Bi eut le gouvernement de Merv. Celui de Samarqand fut donné à Mehemmed Housseïn Bi, son frère aîné. Le qazhi Mirza Fézil fut comblé de cadeaux et de présents.

Omer Bi, Fazil Bi et Mahmoud Bi qui avaient pris la route de la plaine de Miankal, se rendirent maîtres des villes fortifiées de Pendjchenbèh et de Kettèh Qourghan. Keya Khodja, gouverneur de Kerminèh et Niaz Aly Bek Uzbek, se joignirent à Omer Bi. Ils firent résonner le tambour de la rébellion.

Emir Seyid Hayder Châh, après avoir mis ordre aux affaires de la ville et de ses alentours, marcha contre eux à la tête d'une puissante armée. Les chefs rebelles, incapables de résister à un pareil déploiement de forces, se retirèrent chacun dans une place forte. Celle où s'étaient réfugiés les oncles du roi fut bombardée et canonnée pendant plusieurs jours et à peu près ruinée. Pendant la nuit, Omer Bi et Fazil Bi, avec leurs enfants, s'échappèrent de la citadelle. Le matin, les soldats de Boukhara, informés de leur fuite se mirent à leur poursuite; ils tuèrent ou firent prisonnier environ mille hommes de Cheheri Sebz. L'ordre fut donné de massacrer les prisonniers.

Omer Bi et Fazil Bi furent pris avec leurs enfants dans un village. Emir Hayder en reçut la nouvelle en route et ordonna de les mettre à mort. Khodja Keya parvint à s'échapper et à gagner Cheheri Sebz. Cette sédition fut ainsi étouffée.

Mahmoud Bi, fils de Danial Bi, se réfugia à Khoqand et sa femme alla l'y rejoindre. Il y est encore aujourd'hui.

L'Emir Hayder, comblé des faveurs de la fortune, revint en triomphateur à Boukhara. Il se mit à répandre des largesses, à faire des générosités, et il pratiqua la justice et l'équité.

Vers. « L'Emir, conquérant du monde, se dirigea vers Boukhara, victorieux, favorisé par l'aide de Dieu et ayant vu tous ses désirs accomplis. Cette capitale fut choisie par lui pour y goûter le repos après les fatigues de cette expédition. L'arrivée de ce souverain rendit Boukhara semblable aux jardins et aux bosquets du paradis. Il se répandit en dons, en largesses et en générosités, et les pauvres et les malheureux reçurent des sommes d'argent. »

Au bout de quelque temps Mehemmed Housseïn Bi, gouverneur de Samarqand (1), conçut la mauvaise pensée de faire cause commune avec les chefs de Cheheri Sebz et de Khoqand. Des personnes dévouées en avertirent Emir Hayder. La révolte n'avait pas eu le temps d'éclater, que Mehemmed Housseïn Bi fut arrêté à Samarqand et conduit à Boukhara. Il affirma sous serment que l'accusation portée contre lui était mensongère. Quoi qu'il en fût, l'Emir se montra clément; il lui ordonna de vivre à l'écart et lui fixa une somme pour ses dépenses journalières afin qu'il n'eût aucune préoccupation matérielle : il devait aussi accompagner l'Emir dans toutes ses expéditions. Deux ou trois personnes attachées au service de Housseïn Bi furent mises à mort. Le gouvernement de Samarqand fut donné à Daoulet Qouch Begui, né à Ispahan et qui avait été un des serviteurs intimes d'Aboul Feïz Khan dont il avait toute confiance.

A cette époque, les soupçons de l'Emir se portèrent sur les enfants de Hadji Mehemmed Housseïn Khan et sur ceux de Kerim Khan et de Beïram Aly Khan de Merv. Cédant aux insinuations de gens pervers, l'Emir Hayder donna l'ordre de les arrêter et de les emprisonner; cela ne lui suffit pas; il se décida à les faire exécuter. Plus de treize personnes, parmi lesquelles les trois fils de Hadji Mehemmed Housseïn Khan, les trois fils de Mehemmed Kerim

---

(1) Le texte persan porte Boukhara, mais il faut lire Samarqand.

Khan, le frère de Beïram Aly Khan, l'Emir Arslan Bek, nommé aussi Medhy Khan, fils de Beïram Aly Khan, et d'autres membres de leur famille furent conduites la nuit en dehors de la porte de l'Imam et là, égorgées comme des moutons (1). On donna en cadeau comme esclaves les femmes et les enfants en bas âge. On ne sut jamais quel avait été leur crime.

L'Emir appela auprès de lui Din Nacir Bek qui était à Merv. Celui-ci se rendit sans retard à Boukhara; il y fut reçu avec toutes sortes de marques d'honneur et renvoyé dans son gouvernement. Mais quelque invitation qu'on lui adressât dans la suite, il ne voulut plus aller à Boukhara.

La frayeur que lui inspirait son frère le détermina à faire partir sa famille et il se rendit avec elle à Mechhed, accompagné d'un certain nombre d'habitants de Merv. Vély Mehemmed Mirza se porta à sa rencontre pour lui faire honneur; il lui assigna une belle résidence et des rations abondantes. Il fit parvenir à Téhéran, au Châh son père, la nouvelle de l'arrivée de Din Nacir Bek et il reçut l'ordre de le faire partir pour la cour. Le roi de Perse lui accorda un rang parmi ses propres enfants et lui donna le nom de Emir Din Nacir Mirza. Il lui accorda une pension digne d'un hôte de pareil rang et le renvoya à Mechhed, qui lui fut assigné pour résidence. Tous les ans, Din Nacir se rendait à Téhéran pour voir le Châh : il vivait tranquille

---

(1) La porte de l'Imam s'ouvre au nord de Boukhara. Elle doit son nom au tombeau de l'Imam Abou Abdallah Ahmed el Boukhary connu sous le nom de Ibn Abou Hafs el Kebir. Il fut mufti de Boukhara et fut enterré en dehors de la ville, non loin de la porte à laquelle il a donné son nom.

Il est l'auteur d'un recueil de fetvas ou décisions juridiques et d'un traité de jurisprudence appelé *Fewaïd*.

et libre de tout souci. En 1233 (1818) il était à Mechhed; en 1245 (1829), il se rendit à Constantinople; au bout d'un an, c'est-à-dire en 1246 (1830), il passa en Russie; il y est aujourd'hui.

Din Nacir est un homme d'une grande bravoure; il manie admirablement le sabre et il est archer consommé; on dit qu'une flèche en bois de hêtre, décochée par lui, traverse une plaque de fer.

Emir Hayder conduisit une armée contre Ouratèpèh. Le gouverneur de cette ville se porta à sa rencontre avec de riches présents. Après quelques discussions, il fut livré à un individu qui avait à réclamer de lui le prix du sang et qui le mit à mort. Cette action fut généralement désapprouvée.

Qabil Bek, fils d'Outkour Qouch Begui, fut nommé gouverneur d'Ouratèpèh. Les pays s'étendant jusque près de Khodjend et Tachkend furent placés sous l'autorité de Boukhara.

Emir Hayder épousa la fille du prince de Cheheri Sebz dans cette même année 1219 (1804).

Mir Ala oud Din fut désigné pour être ambassadeur auprès de l'empereur de Russie. L'ambassadeur me choisit pour intendant, moi, Mir Abdoul Kérim, auteur de cet ouvrage. Nous partîmes pour la Russie; nous restâmes neuf mois à Pétersbourg où nous vîmes des merveilles, et où nous eûmes tous les sujets de satisfaction et de plaisir. De Pétersbourg nous allâmes à Moscou, puis à Astrakan, où nous nous arrêtâmes pendant huit mois. Nous nous rendîmes ensuite au Kharezm, à Khiva et à Ourguendj.

C'était au commencement du règne de Iltouzer, fils de Yvaz Inâq, de la tribu uzbek de Qounghourat. Ce prince faisait acte de souverain indépendant, levait des troupes, rassemblait des armes et des approvisionnements pour entreprendre une expédition contre Boukhara. Nous parvînmes à nous échapper de ses mains et nous nous dirigeâmes vers Boukhara.

Nous racontâmes ce que nous avions vu et nous fîmes part des projets d'Iltouzer à Mehemmed Hekim Bi, fils de Outkour Qouch Begui qui avait été gouverneur de Qarchy. C'était un homme expérimenté, intelligent, digne de toute confiance et animé des meilleures intentions. L'Émir l'avait fait revenir de Qarchy et l'avait nommé son ministre après avoir destitué son père. « Préoccupez-vous, lui dîmes-nous, de la conduite d'Iltouzer, il est enivré d'orgueil et il rassemble des troupes; il a l'intention de venir ravager les environs de Boukhara. Il nourrit la pensée de poser la couronne sur sa tête et de s'asseoir sur le trône ; il veut battre monnaie et faire prononcer la khoutbèh à son nom. Il est semblable à la chauve-souris qui voyant, la nuit, l'espace déserté par les oiseaux, s'imagine que ceux-ci lui sont inférieurs, voltige librement de tous côtés, et se livre à ses rapines sans être inquiétée. Lorsque la lueur du matin vient à paraître, elle se retire tranquillement dans une retraite obscure où elle cache son corps hideux et tremblant.

Vers. « Lorsque la forêt est abandonnée par le lion, on y voit errer le chien et cent renards abjects. Un proverbe dit que lorsque la destinée a marqué l'heure de la mort du gibier, celui-ci court du côté du chasseur endormi dans un coin. En vérité, un moucheron peut-il avoir la puissance de se présenter devant un gigantesque éléphant pour le combattre ? Il (Iltouzer Khan) ne peut aspirer à la royauté, ni rang des Khosroës, il ne peut dépasser du pied le bord de son grossier tapis. Il ne faut pas que ce Kharezmien brutal et turbulent puisse devenir un roi, un Khosroës brillant de majesté. »

Je donnai à Mehemmed Hekim Bi tous les détails sur la conduite, les actes et les projets de Iltouzer. Le ministre en fit part à l'Emir, qui se borna à répondre : « Il n'aura pas l'audace de se lancer dans une si grave entreprise, » et il ne prêta point attention à ce qui lui avait été exposé.

Un mois s'était écoulé depuis notre retour de Khiva, quand Iltouzer Khan fit une incursion et ravagea les environs de Boukhara; il enleva plus de cinquante mille moutons et quelques milliers de chameaux. L'Émir se réveilla alors du sommeil de lièvre dans lequel il était plongé. On reconnut la vérité des renseignements que j'avais donnés. On s'occupa de rassembler des troupes, mais, dans un court espace de temps, Iltouzer ravagea plusieurs fois les environs de Boukhara. La ville était en proie au trouble et au désordre. A la fin, l'Emir se fâcha et dit à ses ministres : « C'est notre longanimité qui a enhardi ce Khivien éhonté. »

Vers. « Mon rival a le caractère du chien, et je veux fuir son approche ; j'ignorais que plus on s'éloigne du chien, plus son audace augmente. »

« Il faut, ajouta-t-il, qu'à la tête de soldats éprouvés vous marchiez sur Ourguendj et que vous infligiez un châtiment exemplaire à ce fauteur de rébellion. »

Mehemmed Niaz Bi fut chargé de rassembler une armée formée de soldats d'élite, semblables à Rustem, d'une valeur éprouvée et exercés au maniement des armes. Il se mit en marche à la tête de trente mille Uzbek pour envahir le pays de Khiva.

Une distance de six journées de marche sépare Khiva de la frontière de Boukhara ; cet espace est un désert stérile. Une route longe le Djihoun qui est éloigné d'une journée de marche de Boukhara. La route côtoie le fleuve ; la partie cultivée du Kharezm est en amont et Boukhara est en aval. A une demi-journée d'Ourguendj, le Djihoun fait un coude et se dirige vers le nord, dans la partie du khanat de Khiva qui avoisine la Russie et que l'on désigne sous le nom de Dechti Qiptchaq. C'est là que vivent les Qaraqalpaq et les Qazaq (1). Au bout de deux jours de marche le fleuve se convertit en mer. Du côté de l'Orient, le Sihoun coule au milieu du Dechti Qiptchaq et tombe dans cette mer dont la longueur est de quatre ou cinq journées de marche et la largeur de la même étendue. Il y a, au milieu de cette mer, une terre que l'on appelle l'île d'Aral (2), habitée par dix mille familles uzbek qui se nourrissent de poisson. La circonférence de la mer d'Aral est de dix journées de marche ; on y trouve des tribus qui vivent sous la tente, les unes sont des Qaraqalpaq et les autres des Qazaq. L'eau de cette mer est salée, et on ne sait où elle s'écoule. Quelques personnes prétendent qu'il existe

---

(1) Les Qaraqalpaq ont été établis par les khans de Khiva sur les bords du lac d'Aral et près des villes de Qounghourat et de Qiptchaq. Ils habitent un territoire couvert de bois. Ils se livrent à la pêche et à l'élevage du bétail : ils sont gouvernés par leurs chefs de tribus et ils parlent un dialecte turc qui leur est particulier.

M. de Levchine a publié sur les Qazaq un ouvrage dans lequel le lecteur trouvera les détails les plus complets sur ce peuple.

Description des hordes et des steppes des Kirghiz Kazaks, par Alexis de Levchine, traduite du russe par Ferry de Pigny. Paris, Imprimerie royale, 1840.

(2) Aral en turc oriental signifie, île, presqu'île. Cf. la notice que Burnes a donnée sur la mer d'Aral dans son *Voyage en Boukharie*, tome III, p. 145 et suivantes.

un canal souterrain nommé Qaldirim (1), par lequel la mer d'Aral se déverse dans la mer d'Astrakan. Dieu est celui qui sait le mieux la vérité des choses.

La distance qui sépare la mer d'Aral de la mer Caspienne est de dix journées de marche. Catherine, qui était une femme et impératrice de Russie, voulut joindre ces deux mers pour permettre aux navires de se rendre de la mer Caspienne dans la mer d'Aral; elle voulait de là faire passer de petits bâtiments à Ourguendj, à Boukhara et les faire remonter jusqu'à Balkh; la mort ne lui permit point de réaliser ce projet. En vérité, on pouvait le mener à bonne fin, car on ne rencontre point de montagnes et la route est unie. Un souverain puissant pourrait achever cette entreprise en une année.

Revenons à l'expédition de l'armée de Boukhara contre Iltouzer Khan.

Quand Iltouzer apprit que l'armée de Boukhara marchait contre lui, il manifesta une grande joie. Il arma douze mille cavaliers des tribus de Tekèh, Yomout, Salor, Tchoudour, Emir Aly, Bouzedjy, Uzbek, Qounghourat, Qanghaly, Manguit et autres (2). Il côtoya le Djihoun. Des troupes de Bou-

---

M. L. Hugues a, dans une thèse présentée à la Faculté des lettres de l'Université royale de Turin, réuni tous les documents historiques et géographiques relatifs au lac d'Aral. *Il lago di Aral. Dissertazione dell' ingegnere Luigi Hugues.* Torino, 1874.

(1) Qaldirim en turc désigne une chaussée pavée ou empierrée.

(2) La tribu turkomane des Tekèh compte environ 30,000 obas ou tentes; elle est établie autour d'Arkach.

Une fraction de cette tribu est fixée dans le canton de Merv, sur les bords du Mourghâb.

Les Yomout comptent 40,000 familles. Ils habitent principalement les bords de l'Etrek et du Gourgan.

khara avaient passé le fleuve et s'en étaient éloignées d'une journée de marche; elles pillèrent quelques villages et les corps restés en arrière rejoignaient le gros de l'armée. Iltouzer envoya deux mille cavaliers pour leur barrer le chemin. Le fils du Dâd khâh de Boukhara, à la tête de cinq cents cavaliers, rencontra les Turkomans (1). Hors d'état de leur résister, il fut fait prisonnier avec toute sa troupe et conduit à Iltouzer Khan. A ce moment-là, Iltouzer Khan avec quatre mille fantassins et cavaliers, avait passé le Djihoun et établi, sur la route de Boukhara, son camp protégé par quelques travaux de défense. Lorsque les prisonniers lui furent amenés, on les attacha, les mains liées et la corde au cou, à la porte des tentes du khan.

L'armée de Boukhara ne tarda pas à apprendre qu'on lui avait coupé la retraite et que le fils du Dâd khâh de Boukhara avait été fait prisonnier avec sa troupe. Cette nouvelle la troubla, car elle se vit des deux côtés près de l'abîme de la destruction. En effet, il n'y avait point d'autre route

---

Les Salor résident dans le Saras, pays situé à l'est des plaines où se trouvent les Tekèh. Le nombre des Salor s'élève à 4,000 familles.

Les Tchoudour, 8,000 familles, campent dans les environs de Manghichlaq et de Khiva.

La tribu d'Emir Aly est une fraction de celle des Tchouigouin, qui habitent les bords du Gourgan.

Les Bouzedjy sont établis dans le pays de Douban, au nord-ouest des Abdal qui habitent Qaragan.

Les Qounghourat, les Qanghaly et les Manguit sont des tribus uzbek de la Khivie.

(1) Selon M. de Meyendorff, le mot dad khâh désigne une charge militaire qu'il assimile à celle de général de division. Le dad khâh est le supérieur du qourghan begui ou général de brigade, et il a au-dessus de lui le pervanêhdji ou général en chef.

Voyage à Boukhara, p. 271.

pour retourner à Boukhara ; si l'armée s'éloignait du fleuve elle s'enfonçait dans un désert dépourvu d'eau jusqu'à Boukhara et pas un homme ne pouvait échapper vivant ; si elle voulait retourner par le chemin qu'elle avait pris, elle rencontrait Iltouzer Khan, maître de la route.

Le général et tous les officiers tinrent conseil. « Fuir, dirent-ils, est une honte ; comment pourrons-nous nous présenter déshonorés devant l'Emir Hayder ? Il est préférable de mettre notre confiance en Dieu et d'attaquer tous à la fois les ouvrages, les tentes et les bagages de l'ennemi. Si nous sommes tués, nous succomberons courageusement ; si le Dieu très-haut nous accorde son aide et la victoire, ce sera pour la gloire et pour le bonheur de l'Emir. » Bref, ils s'en tinrent à cette résolution. Ils fondirent en masse sur l'armée d'Iltouzer et dispersèrent les avant-postes qui ne purent soutenir leur choc.

Les éclaireurs d'Iltouzer vinrent lui annoncer que l'armée de Boukhara était arrivée et que ses troupes n'avaient pu résister à son attaque. Ils lui conseillèrent de repasser le fleuve. La fatalité s'était attachée à lui, il ne voulut donc point écouter l'avis sensé qu'on lui donnait. Ses soldats se replièrent en désordre ; les uns étaient blessés, les autres démontés. La poussière des combattants s'éleva jusqu'au ciel, le bruit de la fusillade et les cris des guerriers assourdirent les oreilles du firmament. Tous ceux qui arrivaient se précipitaient dans le fleuve sans écouter les exhortations d'Iltouzer.

Vers. « Dans ce vaste désert, les sabots des chevaux ont réduit à six les zones de la terre et porté à huit celles du firmament : de tous côtés s'élevaient les éclats de la trompette et les clameurs s'échappaient de la large poitrine des héros. »

Iltouzer vit que ses affaires prenaient une mauvaise tournure, que la fortune se détournait de lui, et que l'ennemi arrivait sur lui. Il se dirigea vers le fleuve et se jeta dans un bateau. Dans leur effroi, tous ceux qui le suivaient s'y précipitèrent. Iltouzer en repoussa, mais inutilement, quelques-uns à coups de sabre. A la fin, le bateau sombra et Iltouzer se noya avec quelques-uns de ses officiers, et parmi eux Qilidj Kemer Dikidjy et autres. La plupart de ses soldats périrent dans les flots (1).

Son frère Mehemmed Rehim Khan, qui gouverne aujourd'hui Khiva, s'élança dans le fleuve avec son cheval et parvint à s'échapper sain et sauf. Deux autres de ses frères, Hassan Murad Bek et Djan Murad Bek furent tués; son frère aîné Qoutly Murad Bek fut fait prisonnier.

Mille personnages de distinction tombèrent aux mains des Boukhariotes, qui pillèrent le trésor et les tentes et s'emparèrent d'un tough (queue de cheval) qui servait de drapeau; la hampe était couverte d'or et avait coûté mille misqals d'or. L'armée de Boukhara campa sur le champ de bataille et le lendemain matin elle reçut des approvisionnements de Ourguendj et des cantons voisins.

La nouvelle de la victoire fut portée à Boukhara; celui qui en était porteur reçut une gratification de mille tillas. L'Emir Hayder donna l'ordre aux troupes de rentrer en amenant les prisonniers. « Maintenant, dit-il, le royaume de Khiva nous appartient. » Les troupes revinrent donc

---

(1) Iltouzer perdit la vie en l'année 1221 de l'Hégire (1806).

avec les captifs ; on leur enleva des mains et du cou les chaînes dont ils étaient chargés et on les fit paraître en présence de l'Emir. Celui-ci leur accorda leur pardon ; il fit revêtir d'un habit d'honneur Qoutly Murad Bek et il lui témoigna des égards particuliers. Les personnages notables reçurent, chacun selon son rang, un vêtement, et un officier fut chargé de pourvoir à leur subsistance. Qoutly Murad Bek affirma par serment sa fidélité : « Je suis, dit-il à l'Emir, votre chien, votre esclave ; je suis entièrement soumis à vos ordres. » Au bout d'une semaine, la liberté fut rendue à tous les prisonniers.

Qoutly Murad Bek reçut la dignité d'inâq et fut nommé gouverneur de Khiva. Tous les Khiviens partirent de Boukhara. Avant l'arrivée de Qoutly Murad à Khiva la population avait élevé à la dignité de khan Mehemmed Rehim, qui avait pris la place de Iltouzer.

Qoutly Murad donna son assentiment à l'élévation de son frère puîné. « Je me suis lié, dit-il, vis-à-vis du souverain de Boukhara par un pacte et par un serment ; mais je ne prétends pas exercer le pouvoir. Soyez khan, je serai inâq. » Les deux frères firent leur accommodement en secret. Ensuite Qoutly Murad Bek écrivit à l'Emir Hayder une lettre ainsi conçue : « Avant mon arrivée, les sujets, les religieux et les grands avaient élevé à la dignité de khan mon frère Mehemmed Rehim ; ils n'ont fait aucun cas de ma personne ; j'ai dû forcément accepter ce fait. Mes engagements vis-à-vis de vous subsistent ; que puis-je faire ? Il n'y a aucun moyen de se conduire autrement. Vous agréerez sans doute mon excuse, et vous tiendrez pour véridique ce que je vous mande. »

L'Emir Hayder Châh ne s'ingéra par la suite en aucune façon dans les affaires de Khiva. Il y eut entre les deux États une paix hypocrite. Mehemmed Rehim Khan fit frapper la monnaie et réciter la koutbèh en son nom. La monnaie d'or portait pour légende : « Frappée à Khiva, résidence de la royauté : Mehemmed Rehim Behadir. »

Voici quelques vers qui ont été composés à la louange de l'Emir Hayder, à l'occasion de la défaite de l'armée du Kharezm :

Vers. « Hayder, dont l'origine remonte à Hayder (Aly), est un sage souverain, un Khosroës qui voit réussir tous ses desseins et dont la bonne renommée remplit la terre. Que les astres propices favorisent ses désirs ! »

« Cet Emir est le conquérant du monde : il a la majesté de Darius ; il descend de Djenghiz qui a dominé l'univers. Les siècles conserveront son souvenir comme celui d'un héros qui a eu les vertus de Rustem. Il est généreux, libéral, plein d'honneur et de dignité, il réunit tous les mérites et se fait distinguer par son éloquence. Ses actes conquièrent l'approbation des peuples, car ils sont dictés par un jugement semblable à celui d'un vieillard plein d'expérience et sa fortune est vigoureuse comme un jeune homme. Son équité, son humanité ont tellement fait fleurir la justice qu'une fourmi n'a à se plaindre des mauvais traitements de personne. Il est plein de compassion, savant, prudent et ses hautes qualités lui font supporter le fardeau de Joseph. Le monde jusqu'à ses dernières limites a été subjugué par lui et sa renommée parvient jusqu'à l'empereur de la Chine. »

« Lorsqu'il s'est décidé à combattre ses ennemis il a

dirigé ses troupes du côté du Kharezm. Quand les guerriers eurent aligné leurs rangs, les plus braves lancèrent leurs flèches et déchargèrent leurs fusils. Un seul choc suffit pour rompre les rangs de l'ennemi. La plus grande partie de ses soldats fut engloutie dans le fleuve de l'anéantissement. Les Kharezmiens, en nombre incalculable, furent mis à mort. Les têtes des rebelles reçurent les embrassements du gibet. C'est ainsi que les tyrans reçoivent la récompense de leurs actions et de leur conduite détestables. Le prince au cœur de lion, maître du trône et de la couronne, leva dans le Kharezm les taxes et les impôts. »

En résumé, il n'y a aucune sympathie entre Ourghendj et Boukhara. Quelquefois Mehemmed Rehim Khan donne l'ordre aux Turkomans de piller les caravanes de Boukhara. Telle est la situation en l'année 1233 (1818).

Emir Hayder poursuit toujours ses études de science, il s'occupe de pratiques pieuses et il a le caractère d'un molla. Il n'a point les goûts belliqueux; il aime beaucoup les femmes, il en a certainement épousé cent. Il a toujours quatre femmes légitimes; lorsqu'il veut en épouser une nouvelle, il fait prononcer le divorce irrévocable avec l'une d'elles, et il lui accorde une maison et une pension en rapport avec sa condition. Cette conduite est désapprouvée par la population. Tous les mois, il voit une jeune vierge, soit comme esclave, soit comme épouse légitime. Il marie les esclaves dont il n'a point eu d'enfants, soit à des mollas, soit à des militaires. Tous les jours il donne des leçons sur chacune des branches des sciences, et le nombre de ses disciples s'élève à cinq cents.

Son vézir est actuellement Mehemmed Hekim Qouch

Begui. C'est un homme intelligent, plein de bonnes qualités, généreux comme Hatem, austère et doué d'une grande droiture. Le pouvoir de l'Emir Hayder est purement nominal. L'expédition des affaires est tout entière dans les mains du vézir. Dans l'administration, personne ne se permet la moindre violence ni la moindre injustice. Le nombre des soldats touchant une solde régulière est de douze mille ; mais, en cas de nécessité, on peut lever cinquante ou soixante mille hommes. La guerre a éclaté une fois entre Boukhara et la principauté de Khoqand. Les Khoqandy ont été battus. La paix règne aujourd'hui entre les deux pays. L'Emir Hayder est aussi en paix et en bonnes relations avec le souverain de Kâboul.

Il a épousé les filles des princes qui avoisinent ses États. Il a eu pour femme la fille de Zéman Châh, fils de Timour Châh, lorsque ce prince est venu à Boukhara. Il a épousé également la fille du gouverneur de Hissar, Seyid Bi Uzbek, de la tribu de Yuz, la fille du gouverneur de Cheheri Sebz, Mehemmed Sadiq Bi, et d'autres encore.

Il est sur le trône depuis dix-sept ans, et il a réussi à ruiner et à anéantir peu à peu ses ennemis. Son règne est celui des ulémas et des religieux (1).

Il a, sous sa domination, les villes de Boukhara, Tchardjou, Kerki, Aqtchèh, Khazar, Tirmiz (2), Hissar, Qarchy, Tchiraghtchi, Kermineh, Pendjchenbèh, Kettèh-Qourghan,

---

(1) Emir Hayder est mort en 1242 (1826) et a eu pour successeur son second fils Nasr Oullah Behadir Khan qui régna jusqu'en 1860.

(2) La ville de Tirmiz est située au sud de Baïssoun au bord du Djihoun. Elle est la patrie du poète Edib Sabir qui fut précipité dans le Djihoun par Etsiz, en l'année 546 (1151). On visite à Tirmiz le tombeau de Khodja Abdoul Hekim Tirmizy.

Mervi Chahidjan, Zeman Abâd, Islam Abâd, Emir Abâd, le Miankal, Samarqand, Djizaq, Ouratèpèh (1), Turkestan, le canton de Merv, Cheheri Sebz, Douâbèh et sept départements qui renferment des bourgs et des villages : Qarakoul, Laklaka, Khaïrabâd, Abkend, Ghoudjevân, Khargouch, Zendeny.

Il y a aux environs de Boukhara beaucoup de tribus nomades : Arabes, Turkomans, Uzbek, Qaraqalpaq, Qounghourat, vivant sous la tente. Elles habitent la rive du Djihoun sur laquelle se trouve Tchardjou.

Les Turkomans sont établis tout le long du fleuve sur un parcours de quatre ou cinq journées de marche. Voici les noms des tribus turkomanes : les Ersary, la tribu des Sariq, celle des Baqah, Salour, Tekèh, Emir Aly, Tchoudour, Khidiry, Manguit.

Les tribus arabes sont celles des Khouzeïmèh, des Beni-Temim, des Beni-Zeïd, et d'autres que l'on ne peut dénombrer.

Dans le Miankal et du côté de Samarqand, on peut dire

---

(1) La ville de Ouratèpèh est située à neuf étapes de Boukhara, et son territoire confine à celui de Djizaq : elle s'élève entre deux collines et est entourée de fortifications en terre. En l'année 1222 de l'Hégire (1807), Khodja Mahmoud Khan descendant de Khodja Ahrar et par sa mère d'Aboul Feïz, khan de Boukhara, gouvernait Ouratèpèh et son territoire. Son oncle maternel, Khouda Yar Bi, Uzbek de la tribu de Yuz avait été le maître indépendant de Ouratèpèh. A sa mort, la ville et son territoire furent annexés à Boukhara. Alim Khan, khan de Khoqand, s'en empara et y laissa une faible garnison. Mahmoud Khan attaqua la ville, s'en rendit maître et se reconnut vassal de Boukhara. Sa qualité de neveu de Khouda Yar Bi et de membre de la famille de Ahrar lui valut l'appui des Uzbek. Alim Khan ne put reprendre Ouratèpèh. Mahmoud Khan était en réalité, un chef indépendant, bien que la monnaie fût frappée et la khoutbèh récitée au nom du souverain de Boukhara. *Meer Yzzut oollah, Travels*, pages 54-55.

que le nombre des nomades égale celui des habitants des villes.

Depuis Boukhara jusqu'à Samarqand et jusqu'à Djizaq et Ouratèpèh, il y a une succession de villages, de bourgs et de campements de tribus.

Tableau des distances qui séparent les différentes villes.

Entre Boukhara et Ourguendj, il y a 50 fersakhs; entre Ourguendj et la Russie, il y a 40 étapes; entre Ourguendj et la Perse, 20 étapes; de Ourguendj à Merv, 60 fersakhs.

De Boukhara à Cheheri Sebz, 40 fersakhs; de Boukhara à Samarqand, 40 fersakhs; de Boukhara à Balkh, 40 fersakhs; entre Cheheri Sebz et Samarqand, 30 fersakhs.

Entre Khoqand et Kachgar, il y a 20 jours de marche; entre Kachgar et Yarkend, 10 étapes; entre Yarkend et le Tibet, 20 étapes; du Tibet à Kachmir, 15 étapes.

De Samarqand à Tachkend, 30 fersakhs.

De Boukhara à Orenbourg, sur la frontière de Russie, 50 étapes; d'Orenbourg à Qazan des Tatars, 80 fersakhs; de Qazan à Moscou, 90 fersakhs; de Moscou à Pétersbourg, 90 fersakhs. La distance qui sépare Moscou d'Astrakan est de 70 fersakhs. De Moscou à la frontière de Bessarabie, 170 fersakhs; de la Bessarabie jusqu'au Pruth, qui coule en Moldavie, 20 fersakhs; de Moscou jusqu'à la Crimée, 180 fersakhs. De la Bessarabie jusqu'à Orenbourg, d'où l'on va à Boukhara, 320 fersakhs; d'Orenbourg jusqu'à Boukhara, 220 fersakhs; de Boukhara à Kachgar, 220 fersakhs.

De Boukhara à Endkhou, 40 fersakhs, de Endkhou à Hérât, 60; de Endkhou à Balkh, 30; de Endkhou à Merv, 40; de Constantinople à Erzeroum, 35 étapes; d'Erzeroum à Téhéran, 25 étapes; de Téhéran à Mechhed, 25 étapes, et de Mechhed à Boukhara, 25 étapes.

KHIVA

GÉNÉALOGIE DES GOUVERNEURS DE OURGUENDJ ET DE KHIVA

Ces deux villes (1) sont les seules de l'ancien royaume de Kharezm qui soient restées peuplées. Le Kharezm est aussi désigné sous le nom de Bich Qalèh (les cinq villes fortifiées).

---

(1) M. Mouraview, capitaine d'état-major de la garde de l'empereur de Russie, fut envoyé en mission à Khiva dans les années 1819 et 1820. Il a écrit une relation de son voyage qui présente un très vif-intérêt. Il a cherché à connaître les principaux événements de l'histoire de la Khivie pendant le XVIIIe et le commencement du XIXe siècle.

J'emprunte à son ouvrage les renseignements peu détaillés d'ailleurs qu'il a réussi à se procurer. Ils serviront à contrôler le récit de Mir Abdoul Kérim.

« Les Ouzbek qui habitaient au-delà des frontières de la Boukharie étant
« venus s'établir sur la frontière des Sarty, prirent le nom de Khiviens de celui
« de la capitale. Ils se divisent en quatre grandes tribus, qui sont Kiat Konkra d, Ouïgour Naïman, Kangli Kiptchak et Nékus Mangout; chacune de ces
« tribus eut son ancien ou chef, que l'on désignait par le titre d'inakh : mais
« l'ancien de la tribu de Kiat Konkrad a toujours possédé quelques prérogatives

La ville de Kharezm, aujourd'hui ruinée, est située à quatre étapes de Ourguendj ; il ne reste plus que trois cents villages des quinze cents qui en dépendaient (1).

En l'année 1169 (1755), Mehemmed Emin Bi devint Inâq. Il gouverna pendant dix-sept ans. Sous son administration, la principauté de Ourguendj fut prospère et florissante, elle abonda en tous biens. Il n'y avait point de

---

« de plus que les autres, tant à cause de la force que de l'ancienneté de sa
« tribu. Cette forme de gouvernement était ancienne. Le roi de Boukhara, chef
« d'un état puissant et civilisé, avait une sorte de prépondérance sur ces tribus
« guerrières; d'un autre côté, le Khan des Kirghis limitrophes profitant de sa
« faiblesse et de leurs divisions intestines, envoyait de temps en temps à Khiva
« un chef qui exerçait l'autorité suprême......
« A l'époque de l'expédition du prince Békevitch en Khivie, en 1717, ces
« peuples avaient pour inakh Ichmed Bi. de la tribu Kiat Konkrad ; à sa mort,
« cette dignité passa à son fils Mohamed Emin Inakh qui la légua à son tour à
« son fils Evèz Inakh, père du Khan Mohamed Rahim maintenant régnant. »
Voyage en Turcomanie et à Khiva fait en 1819 *et* 1820, par M. N. Mouraview, etc., traduit du russe par M. G. Lecointe de Laveau, revu par MM. J. B. Eyriès et J. Klaproth. Paris, 1823.

Une nouvelle traduction anglaise du voyage de Mouraview a été publiée par le capitaine W. S. A. Lockhart. Calcutta, 1871.

(1) La nouvelle Ourghendj, véritable capitale de la Khivie, est la résidence de Koutli Murad Inakh, frère du khan, qui a le gouvernement de cette ville; elle est beaucoup plus grande que Khiva et le centre de tout le commerce du pays ; elle est peuplée de Sarty. On y trouve toutes les marchandises précieuses de l'Orient; il s'y tient, par semaine, plusieurs marchés très-fréquentés. Le nombre de ses maisons est estimé à 1,500 et sa population à 5,000 individus. Cette estimation est certainement bien au-dessous de la vérité, car Ourghendj est beaucoup plus peuplée que Khiva. Elle est également ceinte d'un mur.

Mouraview, *Voyage à Khiva*, page 265.

Khiva, qui est la résidence du souverain, se nommait jadis Khivak, suivant le rapport des habitants, et occupait son emplacement actuel, avant que l'Amou Déria eût changé son cours. Cette ville est assez grande, entourée de murs, et bâtie sur un petit canal qui amène l'eau de l'Amou Déria. Les principaux édifices se bornent à la maison du khan, d'ailleurs assez insignifiante, et à une mosquée, pour laquelle les musulmans ont une vénération particulière et mystérieuse : la coupole de ce temple est peinte en azur; il s'y trouve quelques

monnaie particulière; on récitait la khoutbèh au nom des khans Qazaq. Les monnaies qui avaient cours étaient celles de Boukhara et de Perse.

Lorsque le royaume de Kharezm fut détruit, la ville de Kharezm avait trente portes; le fleuve Amou coulait aux pieds de ses murs et du palais de Mohammed Châh. Djenghiz Khan saccagea la ville, et Houlagou la ruina peu à peu. Le cours du fleuve fut détourné et il alla se jeter dans la mer d'Aral. Toute la contrée fut frappée de stérilité (1). On y voit encore d'anciens monuments tels que le tombeau, surmonté d'une coupole, de Nedjm Eddin Koubra (2), celui de Ibn Hadjib, le minaret et la coupole du tombeau de la reine, fille de Mohammed Châh, (3) et des bains. On distingue l'alignement des bazars.

De Kharezm à Khiva, il y a quatre étapes; sur cet espace

---

autres mosquées d'assez peu d'importance..... on compte jusqu'à 3,000 maisons et 10,000 habitants.

Mouraview, *Voyage à Khiva*, page 264.

(1) Le cours de l'Oxus a été dans ces dernières années l'objet de nombreuses études : je me bornerai à citer : *An essay on the geography of the valley of the Oxus*, by colonel Henry Yule, C. B. placé en tête de *A journey to the source of the river Oxus*, by captain John Wood. Londres, 1872.

Khiva oder Kharezm. Seine historischen und geographischen Verhæltnisse, von P. Lerch. Saint-Pétersbourg, 1873.

Das alte Bett des Oxus Amù-Darja, von M. J. de Goeje. Leiden, 1875.

(2) Nedjm oud Din Ahmed ibn Omer el Khivaqy, surnommé Aboul Djenâb ou Thammet oul Koubra, acquit une grande célébrité par sa science et ses vertus. Il fut tué à Khiva en 618 (1221) pendant l'invasion des Mogols. On trouve des détails biographiques sur ce personnage dans la chronique de Yaféy, dans le Medjalis oul Ouchchaq et dans la vie des Soufys de Djamy.

(3) Le tombeau dont parle Mir Abdoul Kerim est celui de Tourèh Bay Khanoum, fille de Qoutlouq Sultan. La coupole et le minaret, remarquables par leur élévation et la solidité de leur construction, sont revêtus de plaques de faïence émaillée.

Riza Qouly Khan, *Ambassade au Kharezm*, page 100.

se trouvaient autrefois deux mille villages qui, depuis, ont été détruits. Aujourd'hui, la cinquième partie du pays seulement est restée cultivée; on l'appelle Ourguendj, du nom de cette ville, située sur le bord du Djihoun; elle est la ville commerçante et la résidence des négociants. Khiva, entourée de fortifications flanquées de tours et défendue par un château-fort, a été choisie pour capitale.

J'ai expliqué précédemment certains faits dans ce que j'ai raconté au sujet d'Iltouzer Khan.

Fazil Bèk, fils de Mehemmed Emin Bi, est doué d'une grande intelligence; il est intruit et il possède une grande perspicacité (1). Son père et, après lui, son frère Yvaz Inâq Bi, n'entreprenaient rien sans le consulter. Dans sa vieillesse, ses yeux furent envahis par une humeur noire qui lui fit perdre la vue. Il vit encore aujourd'hui. Iltouzer Khan méprisait ses avis, mais Mehemmed Rehim Khan lui témoigne beaucoup d'égards. Il a élevé un superbe mèdressèh à Khiva et il a construit beaucoup de monuments à titre de fondations pieuses (2) (1233 — 1818).

---

(1) Le khan de Khiva sollicita du gouvernement russe l'envoi d'un médecin pour entreprendre la guérison de l'ophthalmie dont souffrait Fazil Bi. Le chirurgien-major Blankenagel, sur l'ordre de la Cour, se rendit à Khiva en 1793. La maladie de Fazil Bi étant incurable, Blankenagel courut risque de perdre la vie. Il s'échappa avec peine de Khiva et gagna Manghichlaq, d'où il se rendit à Astrakan. La relation du voyage de Blankenagel a été publiée par M. W. W. Grigoriew, dans le *Bulletin de la Société russe de Géographie*, année 1858.

(2) Le medressèh de Fazil Bi se trouve marqué sur le plan de Khiva publié par M. Petermann. (*Geogr. Mittheilungen*, 1873, pl. 18.)

MEHEMMED EMIN BI

QOUNGHOURAT, INAQ

Légende de son cachet : « Grâces à Dieu, le prophète Mohammed a un esclave en qui il peut avoir confiance. »

Les Qounghourat forment une tribu uzbek, dont la plus grande partie vit sous la tente. Un grand nombre d'entre eux résident dans les cantons dépendant de Boukhara et sont soumis aux souverains de ce pays.

Mehemmed Emin était un homme courageux et plein d'audace : par sa prudence, son ambition et sa persévérance, il a fini par se rendre maître du pouvoir à Khiva. Sous le règne de Danial Bi, il s'était enfui de Khiva pour se réfugier à Boukhara. Danial Bi lui accorda des secours à l'aide desquels il s'empara du Kharezm. Tant que Danial Bi vécut, Mehemmed Emin Bi eut pour lui les plus grands égards, et la paix et la bonne harmonie régnèrent entre eux.

La règle anciennement établie à Ourguendj exigeait que l'on choisît pour souverain, comme on le faisait pour les khans de Crimée, un des descendants de Djenghiz Khan. On faisait venir un Qazaq que l'on établissait khan à Khiva ; il était enfermé dans le château avec sa femme et ses enfants. On leur servait leurs repas à toute heure du jour et de la nuit ; on les traitait avec égards ; leurs habits étaient faits d'étoffe brochée d'or. Tous les jours, l'inâq et les grands personnages se rendaient à la salle d'audience et étaient admis en présence du khan. Si quelque affaire venait à surgir, l'inâq en instruisait le khan, et jamais celui-ci ne s'écartait des avis de l'inâq. Il suffisait que le khan fut informé, pour ordonner ce que l'inâq lui avait suggéré. Tous les vendredis, au moment de la prière, l'inâq et tous les notables se rendaient à l'audience du khan et chacun s'asseyait devant lui selon son rang; l'inâq prenait place à côté du khan. Lorsque le moment de la prière arrivait, l'inâq prenait le khan sous le bras pour l'aider à se lever et on se rendait à la mosquée où devait se faire la prière. Au retour, l'inâq soutenait aussi sous le bras le khan revenant au palais qui lui servait de prison; tous ceux qui l'avaient accompagné se retiraient chez eux. Au bout de quelques années, on exilait le khan; on le renvoyait chez les Qazaq et on en faisait venir un autre. En résumé, c'était jouer au khan. Je donnerai d'autres détails lorsque je parlerai d'Iltouzer Khan.

Les fils de Mehemmed Emin Bi furent :

Niaz Mehemmed Bek ; il se révolta contre Mehemmed Rehim Khan, fut fait prisonnier et mis à mort.

Mehemmed Riza Bek; il fut aussi mis à mort par Mehemmed Rehim Khan.

Mehemmed Niaz Bek ; il est mort.

Djan Murad Bek, Hassan Murad Bek; ils furent tous les deux tués par les soldats de Boukhara dans la bataille livrée par Iltouzer Khan en 1221 (1806).

Qoutly Murad Bek; il fut fait prisonnier dans cette affaire et conduit à Boukhara. Il éprouva les effets de la clémence de l'Emir Hayder qui le fit revêtir d'un vêtement d'honneur, le combla de présents et le nomma inâq de Khiva. Qoutly

Murad avait pris, par traité et par serment, des engagements vis-à-vis de l'Emir. Lorsqu'il arriva à Khiva, le peuple avait déjà conféré la dignité de khan à son frère puîné Mehemmed Rehim. Qoutly lui fit sa soumission, mais le khan ne prenait aucune décision sans son avis. C'est un homme très-instruit.

Le mot inâq signifie premier ministre, et gouverneur de la place de Hezaresp.

Iltouzer Khan a épousé en légitime mariage la nièce du seyid Akhound Khodja qui pratique scrupuleusement tous les devoirs de l'islamisme.

Mehemmed Rehim; il est devenu khan après Iltouzer. Sa monnaie porte pour légende : « Frappée à Khiva, résidence de la souveraineté. Sultan Mehemmed Rehim Behadir Khan. » Iltouzer est le premier khan de la tribu des Qounghourat. Il fit frapper de la monnaie, mais il n'eut pas le temps de la mettre en circulation, elle portait pour légende :

Distique : « Iltouzer, l'héritier des rois du Kharezm, a, par la grâce de Dieu, imprimé son nom sur l'or et sur l'argent. »

Yvaz Bi succéda à son père dans la charge d'inâq. C'était un personnage d'une grande sagesse et d'une grande simplicité de caractère. Tous les grands s'étaient partagés entre eux la province de Ourguendj; il n'eut point la force de s'opposer à ce partage. C'était pendant le règne des khans Qazaq. Toutes les fois que le khan était changé, la tribu des Yomout se mettait en état de rébellion, se livrait au pillage et interceptait les routes. Yvaz Bek avait de bonnes relations avec Boukhara. Emir Châh Murad lui témoignait de la considération. La tribu des Yomout, celle des Manghichlaqy et les Qazaqs ne reconnaissaient pas son autorité (1). Les Uzbek Qounghourat de l'île d'Aral étaient en révolte ouverte contre lui. Leur chef nommé Tourèh Soufy était parent d'Yvaz Inâq. Les Uzbek ne reconnaissent plus depuis soixante ans l'autorité de Khiva. Yvaz Inâq mourut en 1219 (1804). Voici la légende de son cachet : « Yvaz, fils de Mehemmed Emin Bi Inâq, verra sa réputation s'étendre dans les pays étrangers jusqu'à l'Irâq. »

Quand Yvaz Inâq fut mort, le peuple se réunit et désigna Qoutly Murad Bek comme ayant le droit d'occuper cette charge. Tous ses frères lui témoignèrent aussi le même désir. Mais Qoutly Murad leur dit : « Je ne veux pas accepter la responsabilité du gouvernement; que mon frère Iltouzer soit inâq; quant à moi, retiré dans la vie privée, je ferai des vœux pour la durée de la vie de mes frères. » Iltouzer Khan présentait toutes les garanties de jugement et de bravoure; le peuple adopta donc cet avis. Du consentement unanime, Iltouzer fut proclamé inâq. Tous ses soins tendirent à bien administrer le pays et à le débarrasser des rebelles et des brigands qui battaient les grands chemins. Selon l'ancien usage, le khan Qazaq demeurait dans le château de Khiva; on allait tous les jours le saluer et lui rendre hommage. Six mois se passèrent ainsi. Une nuit, Iltouzer Khan fit appeler Qoutly Murad et tint conseil avec lui. « Timour Leng, lui dit-il, Nadir Châh, Mehemmed Rehim Khan Manguit, souverain de Boukhara, étaient-ils des fils de

---

(1) La tribu turkomane des Yomout compte 40,000 tentes : elle est établie principalement sur les bords de l'Etrek et du Gourgan.

Les Manghichlaqy sont fixés autour de Manghichlaq, au sud de la mer d'Aral.

rois ou des hommes comme nous, qui se sont élevés par leur courage, par leurs qualités et sont, en dernier lieu, devenus souverain, roi et khan? Grâces à Dieu, j'ai du jugement, du courage et des soldats. Quoi qu'il advienne, je mettrai ma confiance en Dieu. Jusques à quand supporterai-je comme un enfant cette plaisanterie du khan? S'il plaît à Dieu, je me sens assez de valeur pour mener à bonne fin tout ce que je prétends entreprendre. J'ai demandé votre avis, parce que je veux moi-même devenir khan. Je donnerai au khan Qazaq une somme d'argent et je le renverrai dans son pays, puis je me débarrasserai de la tribu des Yomout. » Qoutly Murad Bek approuva cette résolution et récita le fatihâh. Le lendemain Iltouzer Khan fit sortir du château et partir le khan Qazaq pour le Dechti Qiptchaq qui s'étend au nord de la province d'Ourguendj jusqu'à la frontière de l'empire de Russie. Cette steppe est la résidence de la tribu des Qazaq ; il lui dit en le renvoyant qu'il allait faire venir un autre khan ; mais il s'occupa aussitôt à lever et à équiper des troupes et, en peu de temps, il rassembla dix mille cavaliers d'élite Uzbek, revêtus d'armures de fer et d'acier ; puis, il réunit les ulémas, les religieux et les notables, les ataliqs, les inâqs et autres. « Je suis devenu khan, leur dit-il, désormais nous n'aurons plus besoin d'un khan Qazaq; » toute l'assemblée appela sur lui les bénédictions divines et lui prêta serment de fidélité, à l'exception de Bek Poulad, Ataliq de la tribu des Ouïgour, branche de celle des Uzbek, et qui compte cinq mille familles.

« Ce projet, dit-il, n'est point digne de vous. Imitez la conduite de votre père et celle de vos aïeux. Plaise à Dieu que vous ne puissiez mener à bonne fin une affaire aussi grave! » Mais, en présence de l'acquiescement général, Bek Poulad se soumit et dit : « C'est le désir du bien qui a dicté mes paroles, car je n'ai dans cette conjoncture, ni prétentions ni ambition personnelles. Que Dieu bénisse ce qui vient d'être fait. Pour moi je suis du nombre de vos serviteurs et de ceux qui vous sont dévoués. » Mais la rancune contre Bek Poulad se fixa dans le cœur de Iltouzer; il ne dit rien, cependant, dans cette séance. Le nouveau khan fit ensuite distribuer des vêtements d'honneur aux grands, aux ulémas, aux religieux et aux aqsaqals ou anciens du pays. Iltouzer ne se hâta pas de faire battre monnaie.

Étant un jour à Khiva, je me rendis à la prière du vendredi : le khatib monté sur le minber récita la khoutbèh en en ces termes, en présence de Iltouzer Khan : « O Dieu! prolonge éternellement le règne de Khàqân, du khan illustre Iltouzer Mehemmed Behadir Khan. Puisse Dieu accorder une durée sans fin à son règne et combler son existence de toutes les bénédictions. »

Toutes les tribus des Turkomans, des Qaraqalpaq et des Uzbek arrivèrent en foule pour féliciter Iltouzer sur son avénement au trône. Seule la tribu des Yomout, dont la conduite rappelle celle des Janissaires, continua à donner des marques d'insubordination et de révolte. Cette tribu est fixée dans le Kharezm depuis soixante ans; elle s'est toujours livrée au brigandage; aujourd'hui, elle est dans une situation difficile.

Iltouzer Khan s'occupa de réunir des approvisionnements de guerre. Tous les matins et tous les soirs, une musique composée de grosses caisses, de tambours, de timbales, de clairons et d'autres instruments jouait à la porte de son palais. Il fit faire un tough pour lequel on dépensa mille misqals d'or. Lorsqu'il sortait à cheval, vingt coureurs le précédaient ; ses officiers particuliers marchaient derrière lui et des sergents d'armes, huissiers armés, l'entouraient. Il portait sur sa tête, inclinée du côté droit, une couronne d'or incrustée de pierres précieuses. Il fit payer la solde aux troupes et il se prépara à entreprendre une expédition contre la tribu des Yomout, résidant au sud de la province et de la ville de Khiva et sur la lisière du désert qu'il faut traverser pour se rendre à Esterabâd en Perse et au Gourgan. Quelques-uns de ces Yomout habitaient des villages, mais la plus grande partie était nomade. On peut évaluer leur nombre à douze mille familles. Chaque famille fournit deux cavaliers ; ils ont des chevaux de race et ils manient bien le sabre et la lance. Les Yomout se divisèrent en deux partis ; les uns inclinaient vers la soumission. « Nous ne pouvons, disaient-ils, abandonner la patrie de nos pères et de nos aïeux. Comment pourrons-nous vivre sur une terre étrangère ? » Les autres refusaient de se soumettre, car Iltouzer Khan leur avait fait dire : « Si vous abandonnez le genre de vie coupable que vous menez, si vous renoncez à la violence et au brigandage, si vous vivez comme les autres sujets et si vous acquittez l'impôt sur vos chameaux, sur vos brebis et sur vos récoltes, c'est bien. Sinon, sortez de mes États. » Cette proposition parut difficile à admettre à ceux qui, depuis plusieurs générations, ne faisaient que piller et dévaster les biens des musulmans sans jamais donner un dinar à personne. Semblables à des serpents, ils se replièrent sur eux-mêmes, mais ils ne purent résister aux ordres du khan. Ceux qui se soumirent émigrèrent d'un côté, ceux qui ne voulurent pas obéir se préparèrent à s'enfoncer dans dans le désert qui mène à Esterabâd en Perse. Iltouzer Khan se lança à leur poursuite et les atteignit à la tête de quatre cents cavaliers. Les Yomout firent filer en avant leurs familles et leurs bagages et se mirent en devoir d'offrir le combat. Iltouzer Khan était suivi par le gros de ses troupes. Sans les attendre, il fondit sur eux à la tête de ses quatre cents cavaliers; les Yomout ne pouvant supporter le choc, furent dispersés comme les étoiles de la constellation de la petite et de la grande Ourse et ils s'enfuirent pour rejoindre la colonne formée par leurs familles et leurs bagages. Iltouzer Khan, semblable à un lion furieux, les rejoignit ; cinq cents d'entre eux furent passés au fil de l'épée, cinq cents autres furent blessés et faits prisonniers. Le reste des troupes d'Iltouzer arriva ensuite et ces brigands yomout s'éparpillèrent dans l'immensité du désert. Iltouzer revint à Khiva, victorieux, triomphant et chargé de butin (1).

Au bout de quelque temps il dirigea une expédition contre Tourèh Soufy pour s'emparer de l'île d'Aral. La situation de cette île au milieu de la mer fit que cette tentative fut malheureuse et le khan revint à Khiva. Il voulut alors déclarer la guerre à Boukhara et il tint à cet effet conseil avec tous les notables du khanat. Tous l'approuvèrent en lui disant : « L'opinion du khan est ce qu'il y a de plus parfait; il est le maître absolu. » Mais Bek Poulad, Ataliq de la tribu de Ouïgour n'approuva point ce dessein. « Le khan de Boukhara, dit-il, est puissant et il a une nombreuse armée. Notre pays n'est pas assez fort pour se mesurer avec Bou-

---

(1) Ce combat eut lieu dans une localité nommée Ghanqâh Tchachken près des frontières du Gourgan. Riza Qouly Khan, *Ambassade au Kharezm*, page 113.

khara et pour lui résister. » Ces paroles donnèrent une nouvelle force à la rancune d'Iltouzer contre Bek Poulad. Cependant il n'en fit rien paraître et il attendit une occasion favorable. Un jour, il dit en secret à ses confidents : « Demain, je ferai mettre Bek Poulad à mort, sachez-le. » Il introduisit plus de cinq cents hommes armés dans le palais. Le lendemain, au moment du divan et de l'audience publique, les émirs arrivèrent à cheval, l'un après l'autre ; ils furent reçus par le khan et ils quittèrent ensuite le palais. Lorsque Bek Poulad Ataliq sortit de la salle d'audience et voulut monter à cheval, des hommes apostés se précipitèrent de tous côtés sur lui et le tuèrent à coups de couteau. La nouvelle du meurtre de Bek Poulad Ataliq parvint à sa famille et à sa tribu. Elles levèrent l'étendard de la révolte, et se mirent sur pied. Il y eut deux rencontres entre Iltouzer et les Ouïgours et beaucoup de monde fut tué de part et d'autre. Les fils de l'ataliq furent réduits à prendre la fuite. Ils se réfugièrent à Boukhara auprès de l'Emir Hayder. Iltouzer réussit à s'emparer par ruse de quelques notables de la tribu des Ouïgour et les fit mettre à mort ; les autres réduits à l'impuissance durent se soumettre, accepter une paix semblable à celle qui est imposée par le loup.

Iltouzer Khan, après réflexion, se dit : « Je suis de la tribu des Uzbek ; mes ancêtres n'ont point exercé la souveraineté : je veux trouver un moyen pour que mes enfants soient de noble race, qu'ils me succèdent au trône et que le pouvoir se consolide dans leurs mains. »

Akhtèh Khodja (1), seyid d'une illustre naissance et l'un

---

(2) Il faut, je crois, lire Akhound, au lieu de Akhtèh que porte le texte persan.

des cheikhs les plus révérés de l'époque, était fixé à Our-guendj ; il avait une fille qu'Iltouzer manifesta le désir d'épouser. Lorsque cette nouvelle parvint aux oreilles du khodja, il en fut troublé, et fiança aussitôt sa fille à son neveu. Il fit faire en toute hâte les préparatifs du festin de noces et de la cérémonie nuptiale. Iltouzer Khan en fut immédiatement informé. Il envoya quelques hommes auxquels il donna l'ordre d'amener de gré ou de force cette jeune fille pour qu'il pût l'épouser. Ces envoyés, sans demander le consentement et les ordres du seyid, conclurent (par procuration) le mariage d'Iltouzer et revinrent à Khiva où les noces furent célébrées. Le chagrin empêcha le seyid de goûter aucun repos pendant une semaine ; nuit et jour il n'était occupé qu'à faire des vœux pour la chute d'Iltouzer. En effet, Iltouzer ne jouit plus ni de tranquillité dans sa vie ni de bonheur dans son gouvernement.

Il résolut, quelque temps après son mariage, de marcher contre Boukhara. Boukhara est, en effet, le pays le plus voisin de Khiva, car la Russie en est éloignée de quarante journées de marche ; la Perse est à vingt jours de marche et pour y arriver il faut franchir le désert. Ce pays est situé au sud et au sud-ouest. Il faut vingt jours pour arriver à la mer Caspienne ; il ne faut que huit jours de marche pour arriver à Boukhara qui se trouve à l'orient. Quand l'expédition contre Boukhara fut décidée, il dépêcha un envoyé à Esterabâd avec des propositions de paix, un traité et des engagements appuyés sur les serments les plus solennels pour s'aboucher avec la tribu des Yomout. Il leur fit dire de revenir avec leurs bagages et leurs familles, dans la patrie de leurs ancêtres. On leur promettait de les traiter avec la plus grande douceur et la plus grande amitié. Rien ne devait être fait sans qu'ils fussent consultés et sans leur avis, et ils devaient, s'il plaisait à Dieu, participer à tous les succès d'Iltouzer. Quand ces brigands pervers entendirent parler de pillage, ils s'épanouirent comme des boutons de rose, et, remplis de joie et d'allégresse, ils se préparèrent à retourner dans leur ancienne patrie.

On raconte qu'un prédicateur prononçait un sermon dans lequel il faisait la description du paradis. Un Turc se trouvait dans l'auditoire. « Pourra-t-on y faire des expéditions pour piller et pour voler, demanda-t-il? » — « Non, lui fut-il répondu. » — « Alors, répliqua-t-il, l'enfer est préférable à ce paradis. » Les Yomout partagent cette opinion.

Bref, cette tribu revint avec toutes ses familles dans la province d'Ourguendj, où on leur rendit leurs terres à cultiver. L'arrivée de la tribu des Yomout augmenta les forces d'Iltouzer; il fut enivré par les fumées de l'orgueil et de la présomption et il prit pour règle de conduite la violence et la tyrannie. Il s'emparait des biens des marchands et des cultivateurs. Les plaintes des opprimés montèrent au ciel. Enfin il arriva que, dans l'année 1220 (1805), il fit une expédition contre Boukhara : les troupes de l'Emir Hayder le poursuivirent sans l'atteindre, car le désert sépare Boukhara de Ourguendj; il fit sur les bords du fleuve Amou deux ou trois excursions pour les ravager et il arriva ce qui est arrivé :

Distique. « Le petit qui veut combattre plus grand que lui, tombera de telle façon qu'il ne pourra jamais se relever. »

J'ai raconté avec détails l'expédition de Iltouzer, j'ai dit comment il avait été englouti dans les flots et comment il avait perdu la vie (1). Je l'ai dit quand j'ai rendu compte de la vie de Seyid Emir Hayder : il est inutile de répéter les mêmes faits.

Un des principaux officiers de Iltouzer Khan était Vély Tintek, gouverneur de Châbad, place forte célèbre de la province d'Ourguendj. C'était un homme puissant et le chef d'une tribu. Il se considérait comme un autre Rustem, fils de Destan; il ne cessait, à cette époque, de dire et de faire savoir à Boukhara que dans peu de temps son tough serait planté sur la place du Righistan. Cet homme était bouffi d'orgueil. Au bout de deux ou trois mois, la guerre avait éclaté. Ce héros s'enfuit du champ de bataille pour se jeter dans le Djihoun. Arrivé sur les bords du fleuve, il tomba dans un bourbier. Il fut rejoint par les braves soldats de Boukhara et tué d'un coup de pistolet. Sa tête fut coupée, envoyée à Boukhara et suspendue à la potence sur la place du Righistan, à l'endroit même ou il voulait planter son tough. Elle y resta exposée pendant une semaine. Puis, on la mit en terre. Un collecteur des taxes nommé Qilidj, homme violent, arrogant et audacieux, fut aussi noyé en même temps qu'Iltouzer et ses gens. Ils trouvèrent tous la récompense de leur conduite.

Vers. « O Iltouzer Khan, qu'est devenu Vély Tintek ? Son orgueil l'a précipité dans le gouffre d'un fleuve profond comme la mer. Quel juste miracle s'est manifesté à l'égard de Qilidj, ce tyran, cet oppresseur néfaste! Dieu est le plus grand! Il n'a point connu le bonheur. La vie lui a été ravie dans sa fleur. Il a été saisi par une une mort inopinée!

---

(1) Voyez page 160 et suivantes.

Puisse, ô mon Dieu ! la durée des oppresseurs trouver ainsi son terme; puisse le trépas être la récompense des tyrans !

« Les officiers de l'armée du Kharezm, semblables à des poissons, ont plongé dans un fleuve où ils ont tous été engloutis. Tout homme violent qui a molesté le peuple n'a pas vu son existence se prolonger et il est mort aux jours de sa jeunesse. Grâces à Dieu, ceux qui pratiquent l'injustice dans ce monde disparaissent et sont anéantis rapidement. Quiconque témoignera du mépris à Boukhara verra à la fin sa tête suspendue au gibet. Je vais raconter l'histoire de ces gens pervers, prêtez-moi une oreille attentive.

« Ceux qui se déclareront les ennemis de Boukhara recevront sans aucun doute la même récompense. Qu'est devenu Beïram Aly, cet homme enivré d'orgueil ? Le flambeau de sa race a été complétement éteint (1). Le khan eunuque était notre ennemi éternel. Sa tête a été séparée de son corps pendant son sommeil (2). Nour Thay, qui s'était fait connaître par ses brigandages, n'a joui du monde ni pendant ni après.

« Allah Verdy, ce guerrier plein de superbe est tombé dans nos mains sans résistance et sans combat. Rahmet oullah s'était toujours distingué par sa haine contre nous : Une flèche est tout à coup venue le frapper au cœur (3). Il n'a point non plus été heureux, ce roi de Kâboul qui a tourné ses armes contre l'émir de Boukhara (4).

---

(1) Beïram Aly Khan Qadjar, gouverneur héréditaire de Merv. Sa mort a été racontée par Abdoul Kerim, page 134.
(2) Aga Mehemmed Khan Qadjar, assassiné à Chichèh, dans le Qarabagh, en 1796.
(3) Rahmet oullah Khan était gouverneur feudataire de Endkhou.
(4) Timour Châh.

« Khouda Yar était dans ce siècle un héros ; il a quitté ce monde en proie au désespoir (1). Ner Boutèh n'avait point le jugement d'un sage. Cet infortuné a dû, à la fin, abandonner Khoqand. Omer Bi était éloquent : il a emporté cette qualité sous la terre obscure ; et les têtes de ses compagnons, qui l'avaient suivi dans sa révolte, ont été réunies en conseil au pied du gibet (2). Aman Bay, dont le nom était dans toutes les bouches, a été déchiré et dévoré par les chiens de la rue. Ala oud Din, l'un de ces gens pervers, a témoigné son inimitié contre Boukhara : il s'est livré à l'intrigue, à la sédition ; il n'a eu ni bonheur, ni postérité, ni honneur.

« Il vaudrait mieux que les femmes enceintes accouchassent de serpents, plutôt que de donner le jour à des oppresseurs du peuple (3). »

En résumé, ce jour-là, Iltouzer perdit deux mille soldats qui disparurent dans les flots. Son frère, Mehemmed Rehim Khan, rencontra sur le champ de bataille Mahmoud Khodja, fils de Abdoul Hay Khodja de Boukhara (4) ; il lui asséna un coup de sabre qui lui enleva une oreille, le nez et la

---

(1) Khouda Yar était le chef de la principauté de Ouratèpèh.

(2) Omer Bi était le frère de Châh Murad : sa révolte est racontée par Abdoul Kerim, pages 155-156.

Je n'ai pu, dans les documents que j'ai eus à ma disposition, trouver aucun renseignement sur les autres personnages cités dans cette pièce de poésie. Je suppose que Nour Thay, Allah Verdy, Aman Bay, Ala oud Din étaient des chefs turkomans ou uzbek.

(3) Cette pièce de vers nous fournit un spécimen de la poésie populaire de Boukhara. Elle a été, sans doute, composée pour être déclamée ou chantée dans les bazars et les lieux de réunions publiques.

(4) Abd oul Hay Khodja est le personnage qui introduisit les Afghans dans la ville de Boukhara lorsqu'ils abandonnèrent le camp persan pour entrer au service de Mehemmed Rehim Khan.

moitié du visage ; puis, il se dirigea rapidement vers la rive du fleuve, et il s'y précipita avec son cheval. Sa vie n'étant point arrivée à son terme, il sortit de ce tourbillon et atteignit le rivage du salut. Il parvint à gagner Khiva, et, le même jour, il s'assit sur le trône du khanat. Iltouzer avait régné environ deux ans. C'est en l'année 1221 (1806) qu'il fut noyé dans le Djihoun.

Mehemmed Rehim Khan lui succéda. Son frère Iltouzer Khan avait péri ; les soldats de l'armée avaient été, les uns faits prisonniers, les autres noyés ou tués sur le champ de bataille ; le trésor avait été livré au pillage. Deux de ses frères, Hassan Murad Bek et Djan Murad Bek, avaient succombé les armes à la main ; Qoutly Murad Bek, leur ainé, avait été fait prisonnier. Tous ces frères étaient issus de la même mère. Echappé à ces dangers, Mehemmed Rehim se réfugia à Khiva et fut nommé khan. Son frère Qoutly Murad Bek revint de Boukhara, et tous deux s'occupèrent, de concert, à remettre en ordre les affaires de la province. Ils firent tout d'abord les préparatifs d'une expédition contre l'île d'Aral. Il y eut de grandes pertes de part et d'autre, mais cette entreprise ne fut pas couronnée de succès. Les bords de la mer d'Aral furent complétement ravagés.

Au bout de quelque temps, Mehemmed Riza Bek, oncle de Rehim, se révolta à la tête d'une troupe d'Ouïgour. Ils se livrèrent au pillage, mais Riza Bek fut fait prisonnier et mis à mort par l'ordre de Mehemmed Rehim Khan. Quand les Ouïgour furent rentrés dans le calme, Mehemmed Rehim Khan fit venir auprès de lui soixante personnages notables de cette tribu sous prétexte de leur faire des présents et de conférer avec eux. Ils se rendirent à Khiva sans concevoir le moindre soupçon. Quand ils entrèrent dans le château, ils furent arrêtés et massacrés.

Pendant l'hiver, l'armée fit une expédition dans le Dechti Qiptchaq contre les tribus Qazaq de Tchekly, de Teurt Qara et de Tcheumeky. Ces tribus résident sur les terres qui bordent la province d'Ourguendj et l'empire de Russie. Au printemps elles se rapprochent des frontières de ce dernier pays, et elles y établissent des marchés pour vendre et pour acheter. Elles amènent des moutons, des chameaux, des bœufs; elles apportent de la laine, du beurre, des peaux de moutons, de renards et d'autres marchandises. Chaque année, ces tribus vendent à la Russie pour quatre millions de moutons, de bœufs et d'autres marchandises.

Le Dechti Qiptchaq s'étend sur une longueur de cinq mois de marche depuis la mer Caspienne, jusqu'à Kachgar et Ilèh qui font partie de l'empire chinois; il est borné dans sa largeur, d'un côté par Ourguendj, Boukhara, Samarqand, Khodjend, Tachkend, Endedjan, Nemengan, et de l'autre par les frontières de l'empire russe, à partir d'Astrakan, en passant par Tibiq, Orenbourg, Yemanqalèh, Touriskèh (Troisk), Qizildjar (Petropavlosk), Chemy (Ichim), Simipoulad (Semipalatinsk), Kakht (Kiakhta), jusqu'aux frontières d'Aqsou qui fait partie de la Chine. C'est dans ce désert que résident les tribus Qazaq; sa largeur est de soixante étapes. Au printemps, ces tribus se rapprochent des frontières de la Russie, et, en hiver, elles viennent établir leurs quartiers sur les confins de Boukhara, de Khiva et de Turkestan. Les tribus qui se fixent dans les environs d'Ourguendj sont celles de Tchekly, Teurt Qara, Oï, Qirq Miltigh, Bouzedjy Tchoudour, Qaraqalpaq, etc. Les tribus des alentours de Tachkend, Boukhara et Samarqand, sont celles de Tcheumeky, Qouïouth, Djebas, Qiptchaq, Djaghalbay, et Qaraqalpaq, etc. Les tribus des environs de Tachkend, de Khoqand, jusqu'aux environs d'Endedjan et de Nemengan et jusqu'à Kachgar sont les tribus de Qounghourat, Houchan, Orta Yuz, Qirghiz, Tèmèh et autres dont l'énumération serait trop longue (1). Elles habitent toutes sous la tente. La plupart d'entre elles ne mangent pas de pain, ne pouvant avoir de blé ; elles se nourrissent de viande de cheval, de lait de jument qu'elles nomment qimiz, de lait de brebis caillé et de lait de chamelle. Il y a dans ces tribus des gens qui possèdent cinq mille chevaux, cinq mille moutons, cinq cents chameaux et mille bœufs ; mais, la plupart de ces nomades sont misérables et dénués de ressources. Les riches prennent soin des pauvres. Leurs vêtements sont faits de peau de cheval et de peau de mouton. Chaque tribu a un chef ou Tourèh auquel on donne le nom de sultan. Ainsi Chir Ghazy Sultan commande aux tribus de Tchekly et de Teurt Qara ; Boulky Sultan, aux Tcheumeky, aux Djebas et autres ; Khouday Bendèh Sultan, aux tribus d'Orta Yuz, Qounghourat, Tèmèh et Houchan ; Qoubouz Sultan est le chef des tribus des Qirghiz et de celles qui sont fixées dans les environs d'Ilèh et d'Aqsou en Chine.

---

(1) Les tribus de Tchekly, de Teurt Qara et de Tcheumeky appartiennent à la race d'Alim Oghly, la première des races de la petite horde des Qirghiz Qazaq.

Les Oï et les Qirq Miltigh (les quarante mousquets), sont des fractions turkomanes de la tribu de Chèrèb.

Les Qouïouth, les Djebas, les Djaghalbay, sont des tribus de la petite horde et de la race de Bay Oghly.

M. de Levchine a donné les *tamghas* ou timbres particuliers à ces différentes tribus dans la *Description des hordes et des steppes des Kirghiz Kazaks*. (Planche 8.)

Tous ces princes qui prennent le nom de sultan sont des descendants de Djenghiz Khan et de Djoudjy Khan. Les Qazaq sont turbulents et peu disposés à l'obéissance. Quand parmi eux un meurtre a été commis, il est de règle que le meurtrier donne mille moutons pour payer le rachat du sang. Le prix du sang du khan n'est point fixé, car s'il venait à être tué, on ne pourrait, disent-ils, établir un compte exact pour le prix de son sang. Ces tribus font continuellement des expéditions l'une contre l'autre pour se piller.

Il y a quatre routes pour se rendre de Boukhara en Russie : la première passe par Turkestan, ville fortifiée où se trouve le tombeau de Khodja Ahmed Yèssevy : elle est située sur le bord du Sihoun vers le Dechti Qiptchaq ; en partant de cette ville, on traverse le territoire occupé par les tribus de Qounghourat, Houchan, Orta Yuz et l'on parvient à Qizildjar sur la frontière de Russie. La seconde route part de Boukhara, traverse le Sihoun sur le territoire des Djebas et conduit à Touriskèh située sur la frontière de Russie. La troisième route part de Boukhara, longe le Sihoun et traverse le territoire des tribus des Tcheumeky, des Tchekly, et des Teurt Qara pour aboutir à Orenbourg. La quatrième route est celle de Boukhara à Ourguendj et à Manghichlaq. Elle traverse le pays des Oï Qazaq qui habitent les bords de la mer Caspienne et elle aboutit à Astrakan : ou bien, parti d'Ourguendj, on passe par le pays des Qazaq Teurt Qara pour arriver à Orenbourg. Tous les conducteurs de bêtes de somme appartiennent à ces tribus Qazaq.

La distance qui sépare Orenbourg de Boukhara est de cinquante journées de caravane. La distance d'Ourguendj à Orenbourg est à peu près la même. Pendant l'hiver, le froid est rigoureux dans cette contrée, il tombe beaucoup de neige et les orages sont fréquents. On y trouve peu de bois. Pendant l'été, on ne distingue pas de route tracée sur le sable et l'eau est très-rare. Cependant toutes ces tribus Qazaq savent creuser des puits. Ces difficultés naturelles ont empêché les Russes de convoiter ce pays. Ils en sont séparés par une longue étendue de terre où il est bien difficile de transporter des vivres et de l'eau. Le Dieu maître du monde a créé une muraille d'Alexandre entre les musulmans et les Russes qui sont semblables à Magog. Si elle n'existait pas, ceux-là ne pourraient pas résister de ce côté aux armées des infidèles ni les repousser.

Je reviens à mon récit et à la narration de l'expédition que Mehemmed Rehim Khan fit contre les tribus Qazaq. Mehemmed Rehim donna l'ordre aux Yomout et aux guerriers Uzbeks de courir sur les tribus qui se livraient au brigandage et qui, depuis de nombreuses années, pillaient les caravanes des musulmans sans avoir été châtiées. Les Turkomans et les Uzbeks fondirent à l'improviste sur les tribus des Tcheumeky et Tchekly et livrèrent au pillage leurs biens et leurs richesses. Ils rentrèrent à Ourguendj ramenant prisonnières les jeunes filles de ces tribus.

L'année suivante, les tribus des Teurt Qara et des Oï furent également pillées. Ensuite, pendant l'hiver, l'armée se dirigea sur l'île d'Aral, domaine des Qounghourat qui, depuis soixante ans, vivaient indépendants et pillaient de temps en temps les caravanes d'Ourguendj. Il est impossible de faire arriver des troupes à Aral, lorsque l'eau n'est pas gelée. A l'époque où les troupes de Khiva se dirigèrent de ce côté, la mer était prise par la glace. Les habitants de l'île furent donc attaqués. On perdit beaucoup de monde des deux côtés, et la situation devint critique pour les Araliens. Il y avait alors dans cette île un Khivien qui, redoutant la colère d'Iltouzer Khan, s'était enfui et était venu se réfugier auprès de Tourèh Soufy Murad. Il était resté quelques années à son service et avait acquis sa confiance. Les combats qui se livrèrent entre les troupes de Khiva et celles d'Aral lui firent voir que la fortune de Soufy était sur son déclin. Il consulta son fils et lui dit : « Soufy Murad est maintenant seul dans un endroit écarté ; ses soldats sont engagés sur le champ de bataille ; saisissons l'occasion favorable, tuons Soufy Murad Tourèh et portons sa tête comme un présent à Mehemmed Rehim Khan. Sans aucun doute, il nous pardonnera nos crimes passés et il nous donnera des présents, un vêtement d'honneur et un emploi. Nous délivrerons le peuple de la tyrannie de Soufy Murad et nous aurons accompli un acte très-méritoire. » Le fils approuva hautement ces paroles. Ils s'assurèrent que Soufy Murad était seul et endormi ; il n'y avait d'autre personne à son service auprès de lui que le père et le fils. Ils tirèrent leurs sabres, tuèrent Murad Soufy, jetèrent sa tête dans un sac et se dirigèrent en toute hâte vers le camp de Mehemmed Rehim. Les soldats de Mehemmed Rehim souffraient beaucoup du froid et du manque de vivres. Tout à coup, ils virent arriver un individu qui avait commis un meurtre et qui se dirigeait vers le quartier du khan pour solliciter l'aman (demander grâce). Les soldats lui donnèrent l'aman ; il se rendit auprès du khan et jeta à ses pieds la tête de Soufy Murad.

Vers. « Il jeta la tête de Soufy aux pieds du khan ; lorsque celui-ci la vit, il la reconnut. »

Le khan fit immédiatement revêtir ces deux personnes d'un vêtement complet ; il leur accorda une gratification et leur donna un emploi. On cria aux soldats de Tourèh Soufy : « Pourquoi continuez-vous à combattre ? Tourèh Soufy a été tué : cessez une lutte inutile. » Lorsque les troupes de Soufy furent assurées de la mort de leur chef, elles demandèrent quartier, et se dirigèrent, le linceul et le sabre au cou, vers le camp de Mehemmed Rehim Khan. Celui-ci accorda un pardon général ; on fit ensuite partir la famille et les richesses de Soufy et on revint à Khiva chargé de butin, triomphant et victorieux. Mehemmed Rehim établit comme gouverneur d'Aral un personnage possédant sa confiance. Les tribus Qazaq qui étaient en état de rébellion firent toutes leur soumission. Aujourd'hui ce district jouit d'une grande sécurité. Mehemmed Rehim épousa, en légitime mariage, la fille de Soufy Tourèh.

Une autre fois, il fit, à la tête de vingt-cinq mille cavaliers, une incursion sur les frontières de Perse, dans le pays occupé par les Kurdes de Mechhed et à Kelât, patrie de Nadir Châh, et il en ramena beaucoup de prisonniers. Il y a seize étapes de Khiva aux frontières de Perse. Toutes les fois que le khan fait une incursion en Perse, il en rapporte un butin considérable et il en ramène un grand nombre de prisonniers ; il les vend soit à Boukhara, soit dans ses propres Etats. Les Persans redoutent beaucoup ces expéditions : chaque fois que leurs troupes sont engagées contre Boukhara, les Khiviens ravagent les provinces de la Perse.

Khiva est aujourd'hui en paix avec Boukhara. Le khan n'a jamais envoyé d'ambassadeur à la cour de Russie. Mehemmed Rehim Khan est doué d'un grand courage ; il manie très-bien le sabre, il est plein de générosité ; toutes ses actions sont conformes à la loi religieuse ; il estime les ulémas et il n'est point porté à la tyrannie.

Il avait pour ministre Yar Mehemmed ; c'était un homme généreux, dévoué et qui, depuis son enfance, était à son service. Sa maison était contiguë au palais du khan. Un membre de la famille de ce ministre vint de Boukhara pour lui faire visite et s'établit chez lui en qualité d'hôte. C'était un jeune homme d'une figure agréable. Le khan était, à cette époque, en expédition. A son retour, on lui fit savoir par l'intermédiaire de ses femmes, qu'une nuit, des esclaves avaient vu l'hôte de Yar Mehemmed dans l'appartement de la fille de Soufy Murad ; selon un autre récit, on lui fit dire que pendant son absence la fille de Tourèh Murad était allée dans la maison de Yar Mehemmed et que celui-ci lui avait fait de nombreux cadeaux. Telles sont les deux versions. Le khan demanda à la fille de Tourèh Murad : « Quand tu es allée dans la maison de Yar Mehemmed, quelle marque de considération t'a-t-il donnée? » La fille du Tourèh, qui n'avait que quatorze ans, répondit : « Il m'a donné tels et tels présents. » — « Fais-les apporter pour que je les voie », répartit le khan. On les apporta immédiatement. Le khan sortit sans dire un mot. C'était la nuit du vingt-sept Ramazan (1). Le khan ne fit aucune enquête, ne demanda aucun

---

(1) La nuit du vingt-septième jour du mois de Ramazan est la nuit de la puissance (Leilet oul Qadr). C'est la plus auguste des sept nuits saintes. Selon l'opinion des musulmans mille prodiges secrets et invisibles s'opèrent dans cette nuit ; les êtres inanimés adorent Dieu et les prières faites dans cette nuit seule équivalent en mérites à toutes celles que l'on ferait pendant mille mois consécutifs.

renseignement et ne fit aucune recherche. C'était au moment de la prière du coucher. Il donna l'ordre d'arrêter la famille de Yar Mehemmed Divan Begui ; il le fit saisir, lui, son hôte, sa femme, ses enfants, trente-six personnes petites ou grandes et même les enfants au berceau : les femmes furent mises à mort. La fille de Tourèh Murad fut exécutée avec deux esclaves. Yar Mehemmed fut appliqué à la torture, mais on ne tira de lui aucun argent ; il n'avait que des dettes. « Je n'ai point amassé de richesses, dit-il, je n'ai point commis d'acte de trahison, je suis innocent. La femme du khan est venue dans ma maison, et c'est pour lui faire honneur que je lui ai présenté des cadeaux ; je n'ai point eu occasion d'en instruire le khan. C'était ma destinée ; l'ordre appartient au Dieu unique, au Dieu terrible. » Le khan envoya ce malheureux rejoindre ses amis. Il ne resta personne de la famille de Yar Mehemmed : tous furent admis au nombre des martyrs.

En résumé, on ne voit jamais un Uzbek avoir des principes de justice et de religion. Ils sont comme les boyaux du mouton qu'on ne peut purifier en les lavant. Les Uzbeks ne sont jamais animés de sentiments purs et nobles. La conduite de Mehemmed Rehim fut désapprouvée par son peuple et par tous ceux qui se trouvaient près ou loin ; tout le monde lui en fit un reproche. Que Dieu très-haut ne fasse pas retomber sur un innocent la faute commise par un autre. Car Dieu a dit : « Toute âme chargée d'un fardeau ne portera pas celui d'une autre (1). »

---

(1) *Qoran*, chapit. XVII, verset 16.

Maintenant, c'est-à-dire en l'année 1233 (1818), Mehemmed Rehim Khan gouverne la principauté d'Ourguendj et de Khiva. Son nom figure sur la monnaie et il est prononcé dans la khoutbèh. Il frappe de la monnaie d'or et d'argent ; le poids du tilla est d'un misqal, celui de la monnaie d'argent appelée tenga est d'un dirhem. Sur une des faces du tilla on lit : « Frappé à Khiva, résidence de la souveraineté, » et sur l'autre : « Mehemmed Rehim Khan Behadir. » En tout état de cause, Rehim Khan est plus équitable et plus humain qu'Iltouzer Khan.

Le royaume d'Ourguendj est aussi désigné sous le nom de Bich Qalèh (les cinq places fortes). La première place forte se trouve sur la rive du Djihoun et sur la route de Boukhara ; elle porte le nom de Hezaresp ; elle est située sur une éminence et bien fortifiée ; elle est entourée d'eau et il est difficile de s'en emparer (1). On lit dans les chroniques, que lorsque Kharezm Châh se révolta contre Sultan Sindjar qui régnait à Mervi Châhidjan, le sultan se dirigea de Merv sur Hezaresp avec une nombreuse armée pour le châtier (2). Le poëte Rechid Vathvath se trouvait dans la place. Il était resté de longues années au service de Sultan Sindjar avec lequel il s'était brouillé pour un motif de peu d'importance (3). Il

---

(1) La ville de Hezaresp est située sur le bord d'un canal dérivé du Djihoun et qui porte le nom de Pehlivan Ata arighy. La population est composée de Sart et d'Uzbeks.
Khiva and Turkestan, translated from the Russian, by Capt. H. Spalding. F. R. G. S. Londres, 1874.

(2) La révolte d'Etsiz Kharezm Châh eut lieu en l'année 542 (1147). Cf. *Histoire des sultans de Kharezm*, par Mirkhond, texte persan publié pour l'école des langues orientales vivantes par M. Defrémery. Paris, 1842, pages 6 et 7.

(3) Le poëte Rechid oud Din Mohammed Ibn Abdoul Djelil, el Katib, el Omery.

s'était réfugié auprès de Kharezm Châh qui lui avait témoigné beaucoup d'amitié et d'affection. Envery (1) attaché au service de Sultan Sindjar, écrivit sur une flèche qu'on lança dans Hezaresp, le distique suivant :

Distique. « Empare-toi aujourd'hui de Hezaresp après un seul assaut : demain, tu seras le maître du Kharezm et de cent mille chevaux. »

On porta cette flèche à Rechid ; il en demanda une autre qui fut lancée dans le camp du sultan, et sur laquelle il avait écrit ce distique :

Distique. « O roi ! quand bien même tu serais le héros Rustem, un âne ne peut pas être le vainqueur de mille chevaux. » (Hezar Esp) (2).

Le sultan après avoir lu ces deux vers fut transporté de

Sa petite taille, son apparence délicate lui avaient fait donner le surnom de Vathvath. (Le martinet, *Cypselus velox.*) Il naquit à Balkh et mourut à Kharezm en 573 ou 578 (1177-1182), à l'âge de quatre-vingt-dix-sept ans. Il fut attaché au service d'Etsiz, fils de Mohammed Kharezm Châh et à celui de ses fils et petits-fils Il Arslan et Sultan Châh.

Rechid Vathvath a laissé un divan qui renferme près de dix mille distiques persans ou arabes, un traité de poétique intitulé : *Hadaiq oul Sihr fi daqaiq il chi'ir.* (*Les jardins de la magie concernant les subtilités de la poésie*), composé pour Etsiz ; un manuel épistolaire et la traduction des cent sentences d'Aly et quelques autres ouvrages. On trouve des détails biographiques sur ce poète dans le *Tezkereh* de Daoulet Châh, dans l'*Atech Kedéh* de Hadji Louthf Aly beg et dans le *Medjma' oul fousseha* de Riza Qouly Khan.

Le *Hadaiq oul Sihr* a été publié à Téhéran en 1279 (1862).

(1) Auhed oud Din Envery naquit dans le village de Bédéneh, dépendant d'Abiverd dans le Dechti Khaveran. Il fit ses études à Thous, au medresseh Manssourieh. Il fut le poète le plus brillant de la cour de Sultan Sindjar. Il a excellé dans les qassidèhs.

Il mourut en l'année 547 (1152) à Balkh où il s'était réfugié. Le recueil de ses œuvres poétiques a été publié à Tauriz en 1266 (1849).

(2) Les deux poètes Rechid Vathvath et Envery jouent sur le mot Hezar Esp, qui est le nom de la place assiégée et qui signifie « mille chevaux. »

colère. Il jura que, s'il parvenait à s'emparer de Rechid, il le couperait en sept morceaux. Au bout de quelques jours, la place de Hezaresp fut prise; Rechid Vathvath redoutant la colère du sultan, s'adressait à tout le monde pour intercéder en sa faveur, mais personne ne voulait le protéger. A la fin, il trouva un intermédiaire dans la personne de l'écuyer du sultan qui, autrefois, avait eu avec lui des rapports d'amitié. Il fut convenu que, lorsque le sultan serait dans une disposition d'esprit favorable, Vathvath serait introduit en sa présence, et que, dans ce moment propice, il lui parlerait. L'écuyer donna cette assurance à Vathvath. Pendant que le sultan assistait à un joyeux festin, l'écuyer fit paraître devant lui Rechid Vathvath dont la taille ne dépassait pas une coudée et demie et dont l'apparence était frêle et délicate. Son chétif extérieur lui avait valu le surnom de Vathvath. Vathvath est le nom d'un oiseau dont le corps est très-effilé et dont les pattes sont à peine visibles. Rechid dit immédiatement au sultan: « O mon roi! j'ai entendu dire que vous aviez, pour une faute légère commise par lui, donné l'ordre de couper Vathvath en sept morceaux. Vathvath est un être faible et débile, il serait impossible de le tailler en sept quartiers. Pourquoi ne pas le couper seulement en deux? » En entendant ces mots, le sultan se mit à rire et lui accorda son pardon.

La deuxième place forte est celle de Khankah. La troisième celle d'Ourguendj. La quatrième celle de Ket. La cinquième celle de Châhbad. Les villes de Khiva et de Gulran sont aussi entourées de fortifications. La longueur de la province est de cinq journées de marche. Sa largeur de deux à trois journées. Nous n'y comprenons pas l'île d'Aral à cause de son éloignement. Dans le Kharezm, les villages sont rapprochés les uns des autres. Les nomades Turkomans, Uzbeks, Qaraqalpaq sont nombreux. Le khan peut lever quarante mille hommes de troupes quand cela est nécessaire. Aujourd'hui (1233-1818), Mehemmed Rehim Khan est souverain d'Ourguendj et de Khiva (1).

C'est à Khiva que se trouvent le tombeau et la sépulture de Pehlivan Baba Mahmoud Khivaqy. On lit sa biographie dans le livre intitulé : *Medjalis oul ouchchaq*. On y rapporte qu'un lutteur était venu de l'Inde à Khiva. Selon une autre version, Pehlivan Mahmoud se serait rendu auprès du souverain de ce pays. Celui-ci donna l'ordre de faire combattre le lendemain Pehlivan Mahmoud avec un lutteur indien. Le soir, Pehlivan Mahmoud alla faire ses dévotions au tombeau d'un saint personnage. Il y vit une vieille femme qui, la tête nue et le visage tourné vers le ciel, invoquait Dieu en disant : « O mon Dieu ! ne couvre pas de honte et de confusion, aux yeux du peuple, mon fils qui doit demain lutter avec Pehlivan Mahmoud ! donne à mon fils assez de vigueur pour ne point être jeté à terre et permets-lui de terrasser Mahmoud. » En entendant ces mots, Pehlivan Mahmoud fut saisi de pitié et de compassion pour cette faible créature ; il l'aborda et lui dit : « O ma mère ! le Dieu très-haut a exaucé tes vœux : demain, Pehlivan Mahmoud sera étendu sur le sol. » Ces paroles comblèrent de joie cette vieille femme. Le lendemain, lorsque les deux adversaires se mirent à lutter, Pehlivan Mahmoud fut renversé, à l'étonnement de tous les spectateurs. Le jour suivant, le roi se rendit à la chasse. Pehlivan

---

(1) Mehemmed Rehim Khan est mort à la fin de l'année 1257 de l'Hégire (1841).

Mahmoud se trouvait sur le bord d'un ravin ; tout à coup, le roi poussa son cheval qui fit un bond et arriva au bord du précipice ; le roi ne put retenir sa monture et peu s'en fallut qu'il ne fût précipité avec elle dans le ravin. Pehlivan Mahmoud, de sa main ouverte, arrêta le cheval et prévint tout accident. Le roi le combla d'éloges et il fut reconnu alors que c'était par suite d'un dessein prémédité qu'il s'était laissé renverser, car le lutteur indien était loin d'avoir sa vigueur. Mahmoud est un personnage qui a été favorisé par des révélations divines et dont la sainteté s'est manifestée par des miracles. Que la miséricorde de Dieu soit sur lui (1) !

---

(1) Pehlivan Mahmoud, le saint le plus vénéré du Kharezm, naquit à Khiva. Il reçut le surnom de Pour Yar et, selon une autre version, celui de Boukyar, mot qui, dans le dialecte du Kharezm, signifie un lutteur sans rival. Il a laissé un recueil de poésies mystiques, différents traités ascétiques et un ouvrage intitulé : *Kenz oul Haqaiq* (*le Trésor des vérités*). Kemal oud Din Husseïn Kazerguehi, auteur du *Medjalis oul ouchchaq*, cite quelques-unes de ses poésies et Riza Qouly Khan, dans le récit de son ambassade au Kharezm, a donné un choix de ses roubayiat ou quatrains. Mahmoud Pehlivan mourut en 722 (1322) à Khiva où il est révéré sous le nom de Mahmoud âta ou de Pehlivan âta.

KHOQAND

GÉNÉALOGIE DES CHEFS UZBEKS DE LA PROVINCE DE KHOQAND, APPELÉE AUTREFOIS FERGHANAH (1)

Tout le pays qui s'étend au-delà d'Ouratèpèh dépend du gouvernement de Khoqand. La superficie du Khoqand est plus grande que celle d'Ourguendj. La longueur de ce pays

---

(1) La province de Ferghanah fait partie, selon les géographes orientaux, du cinquième climat. Elle est arrosée par le Sihoun qui la divise en deux parties. Elle est bornée au nord par la chaîne de l'Ala Tagh, au sud par les monts Esperèh. La population se compose d'Uzbeks, de Qirghiz Qazaq et de Tadjik, qui sont sunnites et suivent le rite hanéfite. Les habitants parlent le persan et le turc oriental.

Cette province a été peuplée, selon la tradition, par Nouchirevan qui y transporta de Perse un membre de chaque famille.

Baber donne, au commencement de ses mémoires, une description détaillée de cette province. *Memoirs of Zehir-ed-Din Muhammed Baber*, translated by John Leyden and W. Erskine. Londres, 1826.

Mémoires de Baber, traduits par M. Pavet de Courteille. Paris, 1871.

Memoir on the Uzbek state of Khokan, in central Asia, by W.-H. Wathen, Esq. Calcutta, 1834.

est de vingt journées de marche, sa largeur de dix journées. On y trouve de belles villes. Tous les biens de la terre et les fruits y sont abondants ; la vie y à est fort bon marché. Cette contrée s'étend depuis Ouratèpèh, qui est au-delà de Samarqand, jusqu'aux environs de Kàchgar. La première province que l'on rencontre est celle de Khodjend (1) ; la seconde, celle de Tachkend (2) ; la troisième, celle de Khoqand (3), où se trouve la capitale ; la quatrième, celle d'Ended-

---

(1) La ville de Khodjend, capitale de la province de ce nom, est bâtie sur une éminence non loin du Sihoun et sur la rive gauche de ce fleuve. Elle est entourée d'une muraille en terre en partie ruinée ; elle est très-peuplée. Les habitants se font remarquer par leur intelligence et l'affabilité de manières. Le persan est la langue courante ; mais le turc y est aussi compris.

Khodjend est la patrie du poète Khâdjèh Kemal Khodjendy, contemporain de Hâfiz et mort à Tauriz en 792 (1389).

Le district de Khodjend jouit d'une grande réputation pour l'abondance et pour la saveur de ses fruits.

(2) Tachkend est située dans une plaine d'une extrême fertilité et sur le bord du Tchirtchik, affluent du Sihoun. Elle est entourée d'une haute muraille percée de douze portes. On trouve dans cette ville de nombreuses mosquées et quelques medressèhs. Elle est protégée par une citadelle qui s'élève à un quart d'heure de la ville : le gouverneur du district y réside. Le palais des anciens khans est en ruines. Tachkend est environnée de vignobles et de jardins arrosés par des canaux dérivés du Tchirtchik. Nazarof, *Voyage à Khokand*, tome I, pages 75-76.

(3) Khoqand a été agrandie et entourée de fortifications par Ner Boutèh Bi. Avant le règne de ce prince, Khoqand n'était qu'un village. Les rues de la ville sont étroites, les maisons construites en terre. Il y a de nombreuses mosquées, trois bazars et quatre caravansérais. On remarque le palais du khan. On fabrique à Khoqand des tissus de soie et de coton renommés. Le commerce y est très-actif et tout le transit entre Boukhara d'une part, la Chine et la Russie de l'autre, se fait par cette ville. *Voyage à Khokand*, par Nazarof, tome II, pages 60 et suivantes. De Meyendorf, *Voyage à Boukhara*, page 117.

« Khoqand, dit M. Potanine, est traversée par une petite rivière nommée Karatau, dont les bords en pente douce présentent un terrain parfaitement uni sur lequel est bâtie la ville : celle-ci se divise en deux parties qui se trouvent réunies par deux ponts de pierres ornés de tours à leurs extrémités. L'un de ces ponts est situé vis-à-vis du palais du khan. La capitale du Khoqand, qui peut avoir 25 verstes de circuit, compte environ 3,000 maisons en terre, dont beaujan (1); la cinquième, celle de Nemengan (2); la sixième, celle de Mourghilan (3); la septième, celle de Ferghanah et de Takhti Suleïman (4); la huitième, Kani Badam (5); la neuvième,

---

coup, néanmoins, sont bâties avec art et d'un aspect agréable, et cent mosquées, la plupart en briques, avec de belles façades. La population en peut être évaluée (hormis les femmes) à 15,000 âmes, y compris 4,000 hommes de troupes. Malheureusement, les rues y sont étroites, tortueuses et malpropres. La ville renferme six marchés où figurent toutes les productions de la localité qui, du reste, ne possède que deux manufactures, l'une de papier à écrire, l'autre de poudre, le tissage des étoffes se faisant dans les maisons particulières. »

Notice sur le Khokand, par le cornette Potanine, dans les *Extraits des publications de la Société impériale géographique de Russie.* Saint-Pétersbourg, 1859, pages 54-55.

(1) Endedjan est l'ancienne capitale de la province de Ferghanah. Au centre de la ville s'élève le château du gouverneur, entouré d'une muraille percée de quatre portes, et autour duquel sont groupés les différents quartiers de la ville. Les environs sont fertiles et bien arrosés. Les habitants se livrent à l'agriculture et à l'élève des vers à soie. On exporte d'Endedjan des tissus de coton.

V. Nazarof, *Voyage*, etc., page 59.

(2) La petite ville de Nemengan est située à une journée de marche à l'est d'Endedjan. Elle est défendue par un petit château occupé par une garnison de deux cents hommes. Nazarof, *Voyage*, page 60.

(3) Mourghilan, Mourgàn, Mourghistan, ou Merghinan, car on trouve cette ville mentionnée sous ces quatre noms, est éloignée de deux journées de marche de Khoqand. C'est une ville considérable, aux rues étroites, aux maisons construites en terre. On montre, dans une mosquée, au centre de la ville, un drapeau rouge que la légende attribue à Alexandre le Grand. Elle renferme, au dire de Mir Izzet oullah, le tombeau d'Iskender Zoul Qarneïn.

On fabrique à Mourghilan du velours, des étoffes de soie, des draps d'or et d'argent et des châles qui sont bien inférieurs à ceux de Kachmir.

(4) Takhti Suleïman, appelée aussi Ouch, est la ville principale du district de Ferghanah. Son territoire est occupé par des tribus Qirghiz qui, sous l'administration de Ner Boutèh Bi, se livraient au brigandage. Son fils Alim Khan mit fin à leurs déprédations par des mesures rigoureuses.

Ouch passe, dans l'Asie centrale, pour avoir été la capitale de Salomon. Un édifice surmonté d'une coupole s'élève à l'ouest de la ville sur une éminence où se trouvait, dit-on, le trône de Salomon. Tous les printemps, on s'y rend en pèlerinage des pays voisins. On montre également à Ouch le tombeau d'Acef, ministre de Salomon.

Meer Izzut oullah, *Travels*, pages 49 et 50.

(5) Kani Badam ou, d'après Baber, Kendi Badam. Ce canton doit son nom à

Khyèh (1); la dixième, le pays de Qaradjèh (2); la onzième, Chouglan (3). Il y a aussi de gros bourgs qui ont des villages dans leur dépendance. Les tribus nomades sont nombreuses; elles sont Uzbeks ou Qirghiz; il n'y a point de Turkomans. Les Qazaq et les Qounghourat reconnaissent l'autorité de Khoqand.

Ner Boutèh Khan Uzbek gouvernait Khoqand pendant le règne de l'Emir Châh Murad à Boukhara. C'était un homme d'une grande simplicité des mœurs, son nom ne figurait pas sur les monnaies et n'était pas prononcé dans la khoutbèh. Il gouverna pendant longtemps; à sa mort, son fils aîné Alim

---

la quantité d'amandes que l'on y récolte. La ville de Kani Badam est bien peuplée; elle est située au pied d'une colline qui s'élève au nord-ouest, entre les villages de Châh Birdi et de Mahrem.

Meer Izzut oollah, *Travels*, page 53.

(1) Je suppose que l'auteur a voulu mentionner le district et la ville de Chàhroukhièh, autrefois connus sous le nom de Benaket. On trouve aussi dans Edrisy une localité désignée sous le nom de Kibèh à l'est de Khodjend. La ville de Kibèh, qui était l'une des plus importantes de la province de Ferghanah, passait pour avoir été fondée par Nouchirevan. Elle faisait un commerce considérable et renfermait de beaux bazars.

Hadji Khalfa dans le « Djihan Numa » cite une ville de Veqia bâtie sur la rive nord du Sihoun et éloignée de deux journées de marche au sud de Tachkend et de cinq journées de marche au nord-ouest de Khodjend.

(2) Ce pays, situé au sud de la principauté de Khoqand, est un district montagneux. Il doit son nom à la tribu Qirghiz des Qaradjèh qui a établi ses campements dans le Qaradjèh Tau.

(3) Chouglan ou Choughnan est le nom d'un petit district situé sur la rive gauche de l'Amou Deria. C'est un pays abrupte dans lequel on ne peut pénétrer que pendant l'été, par des défilés dont le passage est toujours dangereux.

Le Choughnan ne renferme aujourd'hui que trois cents familles. Il était beaucoup plus peuplé avant les incursions de Murad Bek de Qoundouz. Les habitants de Choughnan doivent payer aux chefs de Badakhchan et de Qoundouz un tribut d'esclaves. Ils suivent le rite chiite et parlent un dialecte particulier. Choughnan est considéré comme un district du Khoqand ou comme une annexe de Badakhchan.

lui succéda (1). Rustem Bek, son autre fils, fut mis à mort par son frère Alim Khan après la mort de Ner Boutèh. Omer Khan, après le meurtre d'Alim Khan, gouverna Khoqand : ces détails seront donnés plus loin.

Alim Khan Ghazy, d'accord avec les grands, s'empara du pouvoir après la mort de son père. Il fit périr son frère Rustem Bek qui n'avait pas son égal en beauté, en vertu et en générosité, il fit périr également plusieurs de ses parents et de ses oncles et tous ceux qui lui faisaient de l'opposition. Il prit le nom de khan ; il fit prononcer son nom dans la khoutbèh et frapper monnaie.

Tachkend avait pour gouverneur Younis Khodja dont la généalogie remontait à Abou Bekr. Alim Khan s'empara de Tachkend à main armée ; il soumit les Qazaq et il se mit en hostilité avec Boukhara. Une première bataille fut livrée à Ouratèpèh. Alim Khan fut battu et obligé de se retirer en désordre. Une seconde fois, il fit marcher son armée contre Ouratèpèh : les soldats de Boukhara furent surpris et Ouratèpèh emportée. Une partie de la garnison fut passée au fil de l'épée et l'autre faite prisonnière.

Alim Khan était, en vérité, doué d'un grand courage et d'une grande audace. Il n'accordait aucun crédit aux cheikhs et aux soufys. On raconte qu'un cheikh avait, à Khoqand, un grand nombre de disciples ; il prétendait que sa sainteté lui avait valu des révélations et le don des miracles. Un jour, Alim Khan assis sur le bord d'un bassin, ordonna de

---

(1) Le lecteur trouvera à l'appendice § III des détails sur Ner Boutèh Bi et sur quelques-uns des chefs qui gouvernaient les petits Etats de l'Asie centrale à la fin du dix-huitième et au commencement du dix-neuvième siècle.

tendre une corde au-dessus de ce bassin et envoya chercher le cheikh. Celui-ci accourut avec quelques-uns de ses disciples et s'assit en présence du khan. Au bout de quelques instants, Alim Khan lui dit : « O cheikh! demain, au jour de la résurrection, vous ferez passer vos disciples sur le pont de Sirath au-dessous duquel se trouve l'enfer. Aujourd'hui, passez sur cette corde, afin que je sois témoin d'un de vos miracles. » Le cheikh se mit à le sermonner et à lui donner des conseils qu'il appuyait de citations de versets du Qoran et de traditions du Prophète. Le khan fut inflexible. Il lui ordonna de passer sans retard sur la corde. A peine le cheikh y eut-il mis le pied qu'il tomba dans le bassin. De tous côtés on fondit sur lui à coups de bâtons, et on l'en accabla jusqu'à ce que mort s'ensuivit. Partout où il trouvait un derviche ou un homme revêtu du froc ou du bonnet des religieux, il donnait ordre de l'arrêter et il en faisait un conducteur de chameaux.

Il y a quatre-vingts ans (1) les sept villes situées sur les frontières de la Chine du Nord, comme Kachgar, Yarkend, Khoten, Aqsou, Ilèh, Doy (2), qui ont dans leur dépendance

---

(1) Le Turkestan fut conquis en 1758 et annexé à l'empire chinois sous le nom de « Pays de la nouvelle frontière. »

(2) « Kachkar, communément Kachghar, une des villes considérables du Turkestan, est éloignée de mille li d'Aksou, et de trente-cinq journées de caravane de Semipalatinsk. Les étrangers donnent généralement le nom de Kachkari à tous les habitants du Turkestan oriental. Cette ville est très-importante ; son territoire forme l'extrême frontière de l'empire chinois vers le sud-ouest ; il touche, au nord, à la chaine des montagnes neigeuses, au-delà desquelles le pays n'est pas soumis aux Mandchoux.

« Kachghar paie annuellement une contribution de 3,600,000 poul ou 36,000 onces d'argent, et 14,000 sacs de blé, que l'on emploie en totalité à l'entretien de la garnison composée de 10,000 hommes, sous le commandement

des cantons bien peuplés, fertiles, abondants en fruits et qui renferment des medressèhs, des mosquées, des khans et de beaux bazars, étaient gouvernées par des khodjas qui pre-

---

d'un dziangghiun ou gouverneur militaire. Quelquefois, au lieu d'argent, on prend dix mille pièces de toile, que l'on expédie à Ili. La dixième partie des marchandises est retenue pour les droits; on la vend, après l'avoir taxée, et l'on verse le produit dans la caisse générale. Neuf villes relèvent de la juridiction de Kachghar. Le territoire voisin est, en général, fertile en blé et en fruits. On fabrique, dans ces contrées, du drap d'or et d'argent, du satin, des étoffes de soie, du fil d'argent et d'or, et de la toile. Les productions du sol consistent en grenades, coings, melons, pommes, fruits en pâte et raisins secs ; une partie sert pour payer les impôts à la cour de Pékin. La ville de Kachghar est bâtie près d'une citadelle, et elle est très-peuplée. Les habitants sont à leur aise et très-habiles dans l'art de polir le jade et dans la fabrication des étoffes d'or. Le corps des marchands est nombreux, le commerce florissant, et le concours des différentes nations très-grand. Les droits de douane sont les mêmes qu'à Aksou. On trouve, dans cette ville, un grand nombre de chanteuses et de danseuses habiles. Les gens riches en entretiennent chez eux et les y élèvent pour former leur éducation, comme en Chine. D'ailleurs, les habitants sont soumis aux lois, et, bien différents des habitants de Koutche, ils respectent les officiers chinois; du reste, ils sont grossiers; ils aiment le plaisir. » Timkovski, *Voyage à Pékin*, tome I, pages 406 et suivantes.

Cf. aussi *Report to a mission at Yarkund*, by sir T. D. Forsyth K. C. Calcutta, 1875, pages 38 et suivantes.

« Yarkand ou Yarkiang est une des grandes villes du Turkestan. Depuis la conquête de ces contrées, les habitants paient un tribut annuel de 35,370 onces d'argent, 30,540 sacs de blé, 30 onces d'or, 800 kin d'huile d'olives, et des impôts évalués à 1,649 onces d'argent; ces contributions servent à l'entretien de la garnison de la ville. Les Turkestani sont, de plus, obligés de fournir 57,569 pièces de toile de coton, 15,000 kin de coton écru, 1,432 sacs de toile, 1,297 pièces de cordes et 3.000 kin de cuivre ; cette contribution est envoyée à Ili.

« Le territoire de Yarkiang est uni et d'une grande étendue : il touche, vers l'est, à Ouchi ; vers l'ouest, à Badakhchan ; vers le sud, à Khotan, et, vers le nord, à Kachghar; au sud-ouest, il confine avec des pays étrangers. On compte, à Yarkiang, douze mille maisons ; chacune des neuf villes qui relèvent de sa juridiction en renferme mille. La garnison, composée d'environ quatre mille cinq cents hommes, habite un quartier séparé : le reste est occupé par des Turkestani. L'on ne voit pas un coin désert. Des marchands chinois du Chang-si, du Chen-si, du Tche-kiang et du Kiang-si viennent commercer à Yarkiang, malgré sa grande distance. On y rencontre également un grand nombre de marchands

naient le nom de Seyid Azhem Husseïny. Ces khodjas gouvernaient héréditairement depuis l'époque de l'Emir Timour Gouregan. La Chine, malgré sa puissance, n'intervenait pas

---

étrangers d'Andzidjan, de Kachemire et d'autres lieux. Le bazar, dont la longueur est de deux li, est, aux jours de marché, rempli d'hommes et de marchandises. On y voit de riches marchandises de toute espèce, du bétail et toutes sortes de fruits en abondance. Ses habitants sont pacifiques; ils estiment les Chinois et respectent les fonctionnaires publics; ils sont d'un caractère timide; ils aiment les bateleurs et les festins; les faibles sont opprimés par les puissants; les juges amassent des richesses en abusant de leur pouvoir. Aussitôt qu'un Turkestani pauvre commence à amasser de l'argent, ces juges tâchent de s'en emparer. Voilà pourquoi, malgré la grande population de la ville, on y trouve peu de familles aisées. Le territoire voisin produit du riz, du millet, des légumes et des fruits d'un goût excellent.» Timkovskï, *Voyage à Pékin*, tome I, pages 402 et suivantes.

Sir T. D. Forsyth, *Report on a mission to Yarkund*. Calcutta, 1875, pages 34 et suivantes.

La ville de Khoten, capitale de la province de ce nom, est située sur la rivière qui porte son nom. Elle renferme environ six mille maisons. Sous la domination chinoise, une garnison de deux mille hommes occupait le fort de Gulbagh. La population de Khoten se compose de Turks, de Qirghiz, de Tibétains, d'Afghans et d'individus originaires du Kachmir et du Pendjâb. Khoten est célèbre pour ses fabriques de soieries, pour son musc : on recueille dans cette province du jade et du musc.

M. Abel Rémusat a publié l'*Histoire de la ville de Khotan*, tirée des annales de la Chine et traduite du chinois. Paris, 1820. Le Dr Bellew et le capitaine Chapman ont inséré une description de la province et de la ville de Khoten dans le *Report of a mission to Yarkund*, de sir T. D. Forsyth. Calcutta, 1875, pages 32 et suivantes.

« A deux cents li d'Ouchi se trouve Aksou, qui est de la juridiction de cette ville et n'a point de fortifications. Le nombre des maisons y est de six mille ; il y a une douane. Quiconque arrive ici des pays étrangers pour faire le commerce, doit payer des droits. Les nations qui fréquentent cette ville sont : des Chinois, venant des villes de l'intérieur de l'empire, des Kirghiz, des habitants du Turkestan oriental et méridional, des Kachemiriens, des habitants de l'Inde et de Tachkend ; ils sont tenus de donner une pièce de marchandise sur trente; les Kachemiriens seuls, à cause du grand commerce qu'ils font, ne paient qu'une pièce sur quarante. Les campagnes sont très-fertiles : partout on voit les lentilles, le froment, l'orge, le millet, les pois et le coton promettre des moissons abondantes; les jardins et les potagers sont remplis de pêches, d'abricots, de poires, de grenades, de raisins, de pommes, de melons, de melons d'eau et de

dans les affaires intérieures du pays. Il arriva cependant que la discorde se mit entre ces khodjas, comme elle s'est mise entre les Tatars et les khans de Crimée, et elle a fourni ainsi l'occasion aux infidèles de s'emparer de ce pays.

Un des khodjas se réfugia auprès de l'empereur de Chine, dont la capitale est Matchin (1); il lui demanda le secours de ses troupes. L'empereur, qui attendait depuis longtemps qu'un pareil désir lui fût exprimé, accorda des troupes in-

---

plantes potagères de toute espèce. Les habitants sont généralement à leur aise. On voit de nombreux troupeaux d'animaux domestiques, tels que bœufs, vaches, moutons, chameaux et chevaux. On fabrique beaucoup de toiles de coton; on façonne le jade avec une grande perfection ; les brides et les selles en cuir de cerf brodées, sont renommées dans toutes les villes du Turkestan. Les habitants sont d'un caractère franc et cordial ; mais, de même que la plupart des Turkestani, chicaneurs et irascibles. La grande route traverse la ville, ce qui amène un grand concours de marchands chinois et étrangers qui viennent faire le commerce, surtout pendant les foires.

« Aksou est la résidence d'un amban, nommé par le gouvernement chinois; il a le rang de colonel ; il remplit les fonctions de chef de police et vise les passe-ports des personnes qui arrivent et de celles qui partent ; il demeure dans le faubourg de Goulbakh, et a trois mille soldats sous ses ordres. » Timkovski, *Voyage à Pékin*, tome I, pages 401.

Ilèh, Ili ou Qouldja, grande ville commerçante bâtie sur la rive droite du fleuve Ili qui se jette dans le lac Balkhach, était, sous la domination chinoise, la capitale d'une province importante. Ancienne résidence du khan des Dzoungares, elle fut conquise par les Chinois qui y entretenaient une nombreuse garnison de soldats mandchoux. La ville était entourée d'une muraille en pierres de taille et renfermait vingt mille habitants. Les Chinois avaient fixé dans la province d'Ili six mille familles du Turkestan pour s'y livrer à l'agriculture.

Doy me paraît désigner Kouhnèh Thourfan, la ville principale du district de ce nom. Sous la domination chinoise, Thourfan était l'entrepôt du commerce de la Chine avec l'Asie centrale. La ville est bien fortifiée ; elle renferme environ six mille maisons, et la population se compose de Chinois du nord et de Toughâny. La garnison était de trois mille hommes qui occupaient le fort de Kouhnèh Thourfan.

(1) Pékin est désigné par les musulmans de l'Asie centrale sous le nom mogol de Khan Baligh (la ville du khan), ou sous ceux de Bedjin, Tchin ou Djin et Matchin.

nombrables. Les khodjas restés à Kachgar étaient Serim Saq Khodja et Afaq Khodja (1). Ils levèrent, de leur côté, des soldats et, pendant quelques années, ils résistèrent aux infidèles dont ils précipitèrent des milliers en enfer. Mais les troupes chinoises sont aussi nombreuses que les hordes de Gog et de Magog. Le nombre l'emporta et Serim Saq dut s'enfuir avec ses enfants et sa famille à Badakhchan. Afaq Khodja périt sur le champ de bataille. Une province musulmane tomba sous le joug des infidèles. Un envoyé chinois suivit Serim Saq Khodja à Badakhchan ; le gouverneur de cette contrée livra pour une somme d'argent le khodja qui fut mis à mort. Ses enfants s'enfuirent et se réfugièrent à Boukhara.

Quand le pays fut soumis à la domination chinoise, le gouvernement ne fut point donné au khodja qui avait sollicité l'intervention de la Chine. Il fut confié aux personnages qui, du temps des khodjas, étaient administrateurs, fonctionnaires ou notables et qui, ayant abandonné leur parti pour embrasser celui des Chinois, avaient ainsi provoqué la fuite de Serim Saq Khodja. Aujourd'hui, leurs enfants sont encore gouverneurs dans les sept villes. Dans chacune d'elle il y a un qazhi et des ulémas (gens de loi musulmans). Toutes les fois qu'il se présente une affaire, elle est jugée selon les

---

(1) Son nom était Khodja Seadet Aly ; il est plus connu sous le surnom de Serim Saq, mots qui, en turc oriental, signifient « semblable à l'aigle noir. » *History of Kashgar*, by Dr Bellew, dans le *Report of a mission to Yarkund in* 1873, by sir T. D. Forsyth. Calcutta, 1875, page 180.

On peut consulter sur les Khodjas une note de M. W.-W. Grigoriew dans l'*Histoire de Boukhara, de Khokand et de Kachgar*, par Mirza Chems, pages 100 et suivantes.

prescriptions de la loi religieuse. En dehors de chaque ville, les Chinois ont élevé un bâtiment où résident une garnison d'environ cinq cents hommes et un haut fonctionnaire délégué par le gouvernement chinois. Si un événement vient à se produire, on en instruit d'abord le chef des musulmans, et celui-ci va en rendre compte au fonctionnaire chinois. Les négociants qui viennent de Boukhara et de Khoqand peuvent entrer dans ces sept villes ; mais ils n'ont point la permission d'aller dans les autres localités soumises à la Chine (1).

Un ambassadeur du gouvernement de Khoqand se rend, à des époques indéterminées, à la cour de l'empereur de Chine; les autres pays n'en envoient point (2). Voici la cause pour laquelle on autorise un envoyé de Khoqand à se rendre en Chine. Lorsque les Chinois s'emparèrent des sept villes, les enfants de Serim Saq Khodja se retirèrent à Boukhara. L'empereur assigna au gouverneur de Khoqand une pension qui lui est payée annuellement par le trésor, pour qu'il eût à empêcher les enfants de Serim Saq de se rendre à Kachgar, soit seuls, soit accompagnés par des troupes. Le gouverneur de Khoqand avait fait savoir, à plusieurs reprises, à la cour

---

(1) Nous possédons un tableau complet de l'administration chinoise dans la province de Kachgar. Il a été tracé par M. Timkovski, *Voyage à Pékin*, tome I, pages 384 et suivantes, par Mir Izzet oullah, *Travels*, pages 25 et suivantes, et par Ahmed Châh Naqchbendy dont la relation a été traduite par M. J. Dowson, *Journal of the Royal Asiatic Society*. Londres, 1850, pages 382 et suivantes.

(2) On trouvera dans l'appendice § III le récit d'un envoyé de Khoqand à la cour de Pékin.

Mir Izzet oullah a inséré dans ses voyages l'itinéraire de Molla Nazar qui fit en 1228 (1811) le voyage de Pékin à Kachgar. Meer Izzet oollah, *Travels*, pages 32 et suivantes.

de Pékin que le souverain de Boukhara avait secouru les enfants de Serim Saq, qu'il leur avait donné des troupes nombreuses, mais que, quant à lui, il leur avait barré le chemin et ne leur avait pas permis de traverser ses possessions pour marcher sur Kachgar : que, de ce fait, il avait perdu du monde et dépensé quelques milliers de tillas. L'empereur de Chine avait agréé ces explications, et il avait souscrit au désir du gouverneur de Khoqand, en lui accordant une pension qui lui est servie encore aujourd'hui.

Tous les deux ou trois ans, un ambassadeur se rend à Pékin et revient à Khoqand, après avoir été gratifié de cadeaux. La pension cessa une fois d'être payée à Alim Khan qui, pendant trois années, empêcha les caravanes parties de Boukhara et de Khoqand de se rendre à Kachgar. Il en résulta qu'il reçut en une seule fois la pension de trois années et que la bonne harmonie fut rétablie.

Alim Khan se livra à tous les excès de la tyrannie et de l'oppression ; ses sujets et tout le monde s'enfuyaient de tous côtés pour s'y soustraire. Il fit mettre à mort un grand nombre d'innocents. Personne ne pouvait plus disposer de ses filles, le khan en faisait cadeau à qui il lui plaisait. Les soupirs des opprimés arrivèrent jusqu'aux Pléiades. On implora Dieu pour obtenir sa mort. Pendant la foire de Khoqand, Alim se rendit à Tachkend, à la tête d'une nombreuse armée dont il donna le commandement en chef à son frère Omer Bek, auquel il adjoignit son oncle maternel ; il leur donna l'ordre de piller les Qazaq du Dechti Qiptchaq. Malgré la rigueur de la saison, Omer Bek ravagea le pays occupé par les Qazaq : ceux-ci demandèrent à se soumettre ; comme ils n'avaient commis aucune faute, Omer Bek les traita avec humanité, et il revint à Tachkend où se trouvait Alim Khan. Lorsque Omer Bek parut devant lui, il lui demanda le récit de ce qui s'était passé. « Nous avons pillé les uns, répondit celui-ci, et accepté la soumission des autres ; ils nous ont payé les impôts, et nous ont prêté serment de fidélité. »

Alim Khan, transporté de colère, accabla Omer Bek d'injures et de malédictions. « Repars immédiatement, lui dit-il, « massacre les Qazaq, dépouille-les, pille-les, sinon ne reviens pas auprès de moi, je ne veux plus voir ta figure ; n'agis plus selon les conseils de ton oncle maternel : ce n'est point un homme, ce n'est qu'un idiot et un maudit. » Omer Bek sortit. Les troupes, dont le nombre s'élevait à dix mille hommes, étaient campées en dehors de la porte. Il fit à Taghay et aux officiers de l'armée, le récit de la colère et de l'emportement d'Alim Khan. Tous s'accordèrent à dire que leurs chevaux ne pouvaient plus marcher ; qu'ensuite la saison était rigoureuse et que les tribus Qazaq étaient musulmanes et innocentes de tout crime ; qu'elles étaient dispersées dans tous les coins, dans les vallées, dans les montagnes et dans le désert. « Si nous nous mettons en marche, ajoutaient-ils, nous ne trouverons pas leurs traces et nous périrons tous. » Omer Bek leur demanda ce qu'il fallait faire. Son oncle maternel lui répondit : « Il faut qu'Omer Bek soit khan. Nous n'obéirons plus à un tyran tel qu'Alim Khan. » Et aussitôt, saisissant la main d'Omer Khan, Taghay, son oncle maternel, un chef de tribu doué d'un jugement droit et qui exerçait une grande autorité, lui prêta serment de fidélité. Toutes les troupes suivirent son exemple. Cet événement eut lieu pendant la nuit. Les troupes et Omer Khan levèrent ensuite le camp et se dirigèrent sur Khoqand. A leur arrivée dans cette ville, Omer Khan fut proclamé chef du gouvernement, et toute la population accueillit cet événement avec des transports de joie.

Le lendemain, Alim Khan apprit qu'Omer Khan et Taghay s'étaient révoltés contre lui et que les troupes avaient embrassé leur parti. Cet événement le troubla et le plongea dans le désespoir. Il lui était resté trois cents cavaliers ; Alim Khan les fit venir, leur prodigua les exhortations, les promesses et les paroles de bon vouloir ; il leur fit distribuer de l'argent et des présents. Il prit la route de Khoqand avec ses bagages, son harem et son fils Châhroukh Mirza dont la mère était une femme Qazaq. Après avoir marché pendant un jour, ils arrivèrent à un château-fort. La garnison n'en ouvrit point les portes et refusa de les laisser passer, prétextant que leur maître était Omer Khan. On s'arrêta aux environs de ce château ; pendant la nuit les trois cents cavaliers s'enfuirent à Khoqand ; il ne resta avec Alim Khan que quelques serviteurs ; le cœur navré et les yeux pleins de larmes, il fit venir auprès de lui Châhroukh Mirza, il le couvrit de baisers et lui donna mille tillas. « Ame de ton père, lui dit-il, la fortune s'est détournée de nous. Emmène les gens qui sont restés avec toi et, à l'instant même, sans tarder davantage, sans t'arrêter nulle part, rends-toi à Boukhara auprès de l'Emir Hayder ; il est humain ; bien qu'il ne soit pas pour nous un ami, c'est un homme éclairé. Ne porte point tes pas ailleurs, car il n'y a de sécurité nulle part.» Le père et le fils se firent leurs adieux en pleurant et en gémissant. Châhroukh Mirza prit la route de Boukhara ; Alim Khan laissa ses femmes et ses bagages dans un village, il les confia aux notables et lui-même, avec vingt cavaliers et son

Divan Begui Mehemmed Zouhour, il se dirigea sur Derèhkouh d'où l'on aperçoit Khoqand. Ils virent de là des cavaliers sortis de la ville faire patrouille de tous côtés. Mehemmed Zouhour fit des représentations au khan : « Il est inutile, lui dit-il, de nous diriger maintenant du côté de la ville : il faut nous rendre à Khodjend où nous avons quatre mille cavaliers sous les armes ; s'il plaît à Dieu, lorsque les troupes sauront que nous nous rendons à Khodjend, elles se rallieront toutes à nous. » Tous les efforts, tous les conseils de Mehemmed Zouhour furent inutiles, car la fatalité avait saisi le pan de la robe d'Alim Khan. Celui-ci, avec les quelques cavaliers qui l'accompagnaient, courut du côté de la ville. Son escorte l'abandonna à l'exception de Mehemmed Zouhour et de deux autres personnes. Alim Khan courait à toute bride ; il y avait aux environs de la ville un marais dans lequel son cheval s'enfonça. Quand les cavaliers l'aperçurent, ils se précipitèrent sur lui ; Taghay se trouvait parmi eux. Mehemmed Zouhour les apercevant de loin, se tourna vers le khan : « Je vous ai dit, s'écria-t-il, qu'il était inutile de venir ici ; nous nous sommes rendus de notre plein gré à l'abattoir. Ces cavaliers qui se dirigent sur nous viennent pour nous tuer. » Le cheval du khan était enfoncé dans le bourbier d'où celui-ci ne pouvait le faire sortir. « Donne-moi ton cheval, cria-t-il à Mehemmed Zouhour. » Celui-ci lui répondit : « O khan ! tu n'as écouté aucun des conseils que je t'ai donnés, il y va maintenant de la vie, je ne puis sacrifier la mienne inutilement. » En disant ces mots, il mit son cheval au galop et se dirigea vers la ville. Les cavaliers survinrent et trouvèrent Alim Khan dont le cheval se débattait dans la vase ; un des ghoulams (cavaliers de la garde) d'Omer Khan s'approcha et dirigea sur lui son pistolet. Alim Khan lui cria : « O ghoulam ! frappe-moi à la nuque. » Celui-ci déchargea son arme sur le derrière de l'épaule d'Alim qui tomba de cheval. Son oncle maternel, le frère de sa mère arriva sur ces entrefaites : Alim Khan ne tourna point les yeux vers lui et rendit l'âme sur-le-champ. On l'enterra pendant la nuit. Le peuple fut délivré de sa tyrannie.

Mehemmed Zouhour entra dans Khoqand et se rendit auprès d'Omer Khan avec lequel il eut une entrevue. « J'ai été le serviteur de votre frère, lui dit-il, maintenant je suis le vôtre. » Omer Khan lui conserva le poste de ministre qu'il avait occupé et le chargea de prendre soin des affaires de la ville et de celles du palais. Mehemmed Zouhour était, sous le règne d'Alim Khan, ministre et gouverneur de Tachkend. C'était un homme plein de dévouement et d'intelligence, très-aimé de la population. Au bout de deux ou trois jours, il fut destitué : on le mit à la torture pour s'emparer de ses biens. Il livra tout ce qu'il possédait. Ensuite Omer Khan étendit sa clémence sur lui et lui ordonna de vivre à l'écart et de ne s'occuper que d'exercices de piété. Mehemmed Zouhour fut ravi de cet ordre et vécut tranquillement chez lui. Au bout d'une année, on lui donna un emploi et un rang élevé.

Alim Khan laissa deux fils : Châhroukh Mirza et un autre fils plus jeune ; ils furent tous les deux mis à mort par Omer Khan. Une fille reste seule vivante de la famille d'Alim. Omer Khan et Alim Khan étaient tous les deux fils de la même mère. Ils avaient une sœur ; leur oncle maternel était commandant en chef des troupes et le chef d'une tribu ; il était puissant et courageux. C'est cet oncle qui fut la cause de la ruine et de la mort d'Alim Khan. Celui-ci lui avait accordé une grande autorité dans l'État et il n'entreprenait rien sans avoir pris ses conseils. Ce Taghay se conduisit de la manière la plus ingrate, mais, à la fin, le malheur fondit aussi sur sa tête. La mort d'Alim Khan eut lieu en 1224 (1809).

CHAHROUKH MIRZA, FILS D'ALIM KHAN.

Lorsque Alim Khan se dirigea de Tachkend sur Khoqand, il remit à Châroukh Mirza la somme de mille tillas, en lui recommandant de se rendre à Boukhara sans s'arrêter en route. Quand Châhroukh Mirza fut séparé de son père, il hésita, dans son trouble, sur la direction qu'il prendrait. Quelques-uns de ses serviteurs lui dirent : « Suivez le conseil de votre père ; rendons-nous à Boukhara ; » d'autres lui dirent : « Allons à Khodjend ; » d'autres lui dirent : « Tachkend est abandonnée et sans gouverneur ; c'est une place forte, nous ne savons pas encore quelle tournure prendront les affaires de votre père, emparons-nous de cette ville : si votre père est sain et sauf tant mieux ; sinon, d'après la tournure que prendront les événements, nous nous soumettrons à votre oncle ou bien nous pourrons fuir d'un autre côté, ou enfin, nous pourrons rester maîtres de la ville. » Châhroukh Mirza se dirigea sur Tachkend ; la population l'accueillit d'abord avec honneur ; mais, on apprit le lendemain la mort d'Alim Khan, et le lieutenant de Mehemmed

Zouhour Divan Beguï pour le gouvernement de la ville s'empara, à l'instigation de gens mal intentionnés, de la personne de Châhroukh Mirza. Il transmit cette nouvelle à Khoqand ; Omer Khan, poussé par son oncle maternel Mehemmed Riza Bek, consentit à la mort de ce jeune homme dont la beauté égalait celle de Joseph. On fit partir Châhroukh Mirza de Tachkend pour le conduire à Khoqand. En route, on le mit à mort et il fut admis au nombre des martyrs. La fortune inconstante détourna sa face de ce jeune homme. Omer Khan, délivré de toute préoccupation, s'assit sur le trône. Il confia l'administration de l'Etat et le commandement des troupes à son oncle maternel : celui-ci oubliant que la fortune est inconstante, vivait dans l'enivrement de ses faveurs, jusqu'à ce qu'il lui arriva ce que nous dirons.

OMER KHAN, FILS DE NER BOUTEH KHAN

Quand Omer Khan, en compagnie de son oncle maternel, Mehemmed Riza Bek, se révolta contre Alim Khan et marcha sur Khoqand, à la tête des troupes, la population de cette ville fit éclater sa joie; tout le monde se soumit à lui et lui prêta serment de fidélité. Le lendemain, Alim Khan fut tué. Omer Khan s'occupa aussitôt de la situation de ses sujets et de celle des paysans, il pansa toutes les blessures que son frère avait faites : il fit rendre à chacun ce qui lui avait été enlevé violemment par Alim Khan. A la tyrannie de son frère il fit succéder la douceur et l'équité.

Khoqand fut, en vérité, sous son règne, l'image du paradis. Les marchands y affluaient de toutes parts, la sécurité y était complète. Omer Khan eut, d'abord, avec Boukhara des relations amicales et pacifiques; mais, au bout de quelque temps, elles firent place à l'inimitié. La paix entre les deux pays est une paix mal assise.

Mehemmed Redjeb Qaradjèh, qui avait été au service d'Alim Khan et placé à la tête de son armée, s'était, à la suite d'une faute légère, enfui à Boukhara, où il s'était mis sous la protection de Seyid Emir Hayder Châh; il resta à Boukhara, tant qu'Alim Khan vécut. Quand il apprit sa mort, bien que Seyid Emir Hayder eût pour lui une grande affection, il s'enfuit pendant la nuit et se rendit à Cheheri Sebz, et de là à Khoqand. Omer Khan l'accueillit avec bonté et lui donna le commandement des troupes. Mehemmed Redjeb était un homme d'un grand courage, éloquent, instruit. Il avait l'esprit plein de ressources. Mehemmed Riza Bek, oncle maternel du khan, était intimement lié avec un Qaraqalpaq nommé Qitaqy, chef de tribu et commandant un corps de troupes. C'était un général de renom. L'un et l'autre détestaient Redjeb Qaradjèh; ils s'entendirent entre eux pour se débarrasser d'Omer Khan et pour faire passer le pouvoir entre les mains de Mehemmed Riza Bek, après avoir tué Mehemmed Redjeb.

Mehemmed Riza Bek devait être khan et Qitaqy vézir et général en chef. Ce complot parvint à la connaissance d'une esclave, qui le dévoila à Omer Khan dans une entrevue secrète. Le récit de cette esclave confirma Omer Khan dans les soupçons qu'il avait déjà conçus. « Garde-toi, dit-il à l'esclave, de parler à personne. S'il plaît à Dieu, je t'accorderai des biens et des richesses qui te mettront à l'abri de tout besoin. » L'esclave garda le secret. Omer Khan fit part à Redjeb Qaradjèh de ce qu'il venait d'apprendre. « Il y a déjà quelque temps, répondit celui-ci, que j'ai connaissance de ce complot, et je cherchais le moyen de vous en instruire. Grâces à Dieu, vous en avez été informé, il faut trouver le moyen de parer à cet événement avant qu'il ne se produise. Nous avons le temps devant nous, il faut agir. » Il fut convenu que le khan inviterait Mehemmed Riza Bek à un repas dans une salle réservée aux festins intimes, qu'on s'emparerait de sa personne et qu'on le jetterait en prison. Qitaqy devait être aussi invité, et lorsqu'il se présenterait, on le mettrait en pièces à coups de sabre; on enverrait ensuite Riza Bek rejoindre Qitaqy. Lorsque tout fut bien convenu, on dépêcha, le lendemain, un messager pour prévenir Mehemmed Riza

Bek que le khan avait à lui parler d'affaires. Il se rendit au palais sans retard. Il entra dans la salle des festins intimes où se trouvait Omer Khan. A la vue de son oncle, celui-ci se leva et l'accueillit avec égards. Au bout de quelques instants, le khan dit : « Je désire, aujourd'hui, manger un rôti (kebab). » — « Il est prêt, » répondirent les serviteurs. « Qu'on l'apporte, » dit le khan. On le servit, et le khan et Mehemmed Riza Bek se mirent à manger; puis, sous prétexte de se laver les mains, Omer Khan sortit de la salle. Les domestiques fermèrent la porte et Mehemmed Riza Bek resta à l'intérieur. En ce moment, Qitaqy arriva à la porte de la salle d'audience; il s'aperçut d'un changement dans l'apparence ordinaire du palais et retourna chez lui. Omer Khan donna ordre à cent hommes de courir sur ses traces et de le tuer. Qitaqy venait à peine de rentrer chez lui, que les exécuteurs des hautes œuvres survinrent, le sabre nu à la main, et le mirent en pièces. Toutes ses richesses et tous ses biens furent confisqués au profit du Trésor. Mehemmed Riza Bek resta trois jours en prison, parce que la sœur d'Omer Khan priait et intercédait pour lui. « Ne mets pas à mort notre oncle maternel, disait-elle à son frère. Prive-le de la vue, exile-le, confisque ses biens et ses richesses. Ordonne-lui de vivre à l'écart et de ne prendre part à aucune affaire, ou bien donne-lui la permission de se rendre à la Mecque. » Omer Khan tint conseil avec Mehemmed Redjeb Qaradjèh. « Je ne puis acquiescer à aucune de ces propositions, dit-il; il faut le mettre à mort. Alors seulement, nous aurons la sécurité. » Le khan ordonna donc de faire sortir Mehemmed Riza Bek de sa prison. On l'entraîna dans une écurie, on lui jeta une corde autour du cou et on l'étrangla. Ses biens et ses richesses furent confisqués au profit du Trésor. On dit que l'on s'empara d'un million en argent monnayé. Cette somme représente vingt mille bourses. Redjeb Qaradjèh est gouverneur de Khodjend.

Omer Khan envoya à Qizildjar, sur la frontière de Russie, un ambassadeur au gouvernement russe, pour demander l'envoi de caravanes à Khodjend. Si, dans la moitié de la route rapprochée de Khoqand, des brigands venaient à piller la caravane, il offrait de faire rembourser par son trésor la valeur des marchandises volées. Si le vol était commis du côté de la Russie, l'empereur devait indemniser les marchands. Cet arrangement fut accepté et conclu sous serment entre Omer Khan et le gouvernement russe. Aujourd'hui, le nombre des caravanes qui fréquentent cette route est très-considérable. Une nuit, que l'ambassadeur de Khoqand traversait seul les rues de Qizildjar, il fit la rencontre d'un soldat russe en état d'ivresse. Celui-ci le jeta à l'eau et il se noya. Des recherches firent découvrir le soldat. Conformément à la loi russe, on le punit en l'envoyant en exil, puis on fit rapporter à Khoqand, avec une escorte de dix Russes, les bagages de l'ambassadeur et les cadeaux qu'il avait reçus du gouvernement. Les Russes expliquèrent les circonstances dans lesquelles l'ambassadeur avait perdu la vie, et firent part de la punition et de l'exil du soldat. Omer Khan fut transporté de colère ; il fit garder à vue les dix Russes, et il écrivit à l'empereur une lettre dans laquelle il lui demandait de lui envoyer le soldat pour qu'il le mît à mort de sa propre main, « car, disait-il, je n'accepte ni l'exil ni la punition que vous avez infligés ; ou bien encore, ajoutait-il, versez entre mes mains le prix du sang ». A la fin, les Russes payèrent la somme de mille tillas, qui représentent trente-cinq bourses. Les Russes prisonniers furent relâchés.

On frappe la monnaie et l'on récite la khoutbèh au nom d'Omer Khan, qui, aujourd'hui 1233 (1818), est souverain du Khoqand.

KHORASSAN, TIBET, KACHMIR

DÉNOMBREMENT DES VILLES DU KHORASSAN

Une partie du Khorassan se trouve placée sous la domination du souverain des Afghans. Nous allons citer les villes qui sont sous sa dépendance à partir de l'Inde :

Kâboul, Ghaznin, Kelâti Ghildjaï, Qandahâr, Kochnichin, Zemin Daver, Bout Bâmian, Balkh, Qoundouz, Khoutlan, Badakhchan. Ce dernier pays est soumis à un gouverneur particulier qui porte le titre de Châhi Badakhchan (roi de Badakhchan) ; il renferme environ trente mille familles et il y a, dans les limites de son territoire, des villes, des bourgs et des tribus nomades. Les paysans de Badakhchan sont dans la plus profonde misère. Quand on apporte de Boukhara, de Kâboul ou de Balkh des présents consistant en vêtements ou en armes, au châh de Badakhchan, celui-ci fait en échange un cadeau de paysans Choughnany, qui portent aussi le nom de Kafir Siahpouch (infidèles vêtus de noir).

Les marchands les conduisent à Boukhara, la chaîne au cou et les mains liées. Ils sont vendus dans cette ville. Quelques-uns parviennent à s'enfuir et retournent à Badakhchan ; les autres recouvrent leur liberté, après avoir embrassé l'islamisme par les soins des étudiants de Badakhchan. Il y a dans les districts qui dépendent de Badakhchan une population que l'on appelle Choughnany appartenant au rite chiite. Le territoire de Choughnan est situé au nord de Badakhchan sur la frontière de la province de Khoqand (1); à l'est de Badakhchan se trouve la province de Tchitrar (2), dont les habitants sont infidèles et celle de Dervaz dont les habitants sont musulmans (3); cette dernière contrée est couverte de

---

(1) Voir la note (3) de la page 210.

(2) Le Tchitrar ou Tchitral est un État indépendant qui comprend la partie supérieure de la vallée de Kounér. Le Tchitral est divisé en Kachkarri Bala et Kachkarri Païn. La population se compose de musulmans sunnites et chiites et de Kafirs.

Les habitants parlent un dialecte du Dardou, mais ils emploient aussi le persan, le turc et l'afghan. Les sunnites habitent la partie méridionale, les chiites la partie nord et nord-ouest du pays. Les Kafirs sont fixés sur la frontière qui longe le Kafiristan.

La partie haute du Tchitrar est gouvernée par une dynastie nommée Khoch Vaqty, la partie basse par les Keçour. Ils descendent les uns et les autres de Châh Keçour, aïeul d'Aman oul Moulk. Les princes du Tchitral vendent leurs sujets chiites et kafirs, et cet horrible commerce constitue la branche la plus importante de leurs revenus. Les esclaves du Tchitrar sont recherchés dans toute l'Asie centrale pour leur beauté et leur fidélité.

(3) Le district de Dervaz, situé sur l'Oxus, au nord de Badakhchan, est gouverné par un chef tadjik indépendant. Le sol est extrêmement montagneux et les sentiers qui y sont tracés ne peuvent être franchis que par des piétons. Le Dervaz produit du coton qui est mis en œuvre par les habitants et échangé par eux contre des céréales et de la poudre. On recueille un peu d'or que l'on obtient en lavant le sable de l'Oxus. Les habitants de Dervaz sont musulmans sunnites et leur langue est le persan.

montagnes ; au delà se trouve le pays des Kafir Siahpouch, qui vivent dans de hautes montagnes et sont indépendants.

A l'est se trouvent le Tibet et le Kachmir. Le Tibet est divisé en sept provinces dont trois reconnaissent l'autorité du Kachmir, les quatre autres sont indépendantes et sont placées sous l'autorité d'un prince qui prend le titre de radjâh. Tous les habitants du Tibet suivent, comme les Qalmaq, la religion de Bouddha (1) ; on trouve cependant parmi eux des adorateurs du feu. Il y a, au Tibet, peu de blé et d'autres céréales. Les habitants sont pauvres et misérables; on y trouve de la farine d'orge et d'avoine. Les Tibétains vendent leurs filles vierges pour une somme de dix piastres; on les emmène et on les convertit à l'islamisme sans qu'ils y apportent aucun obstacle. Pour se rendre du grand Tibet à Kachmir, il faut quinze journées de marche. Lorsque les négociants achètent des châles, ils font des ballots d'environ trente-cinq châles, et des porteurs, qu'on loue à cet effet, les transportent sur leurs épaules à travers le Tibet pendant quinze journées de marche.

La route est si escarpée, si montueuse, que les chevaux et les mulets ne peuvent la franchir. Tous les fardeaux sont portés à dos d'homme. Si un négociant veut voyager, il loue

---

Moorcroft rapporte que le chef du Dervaz prétend descendre d'Alexandre-le-Grand et qu'il possède un arbre généalogique qui justifie cette assertion.

« Dervaz, dit Seïfy dans son *Histoire de l'Asie centrale,* est un petit pays. On n'en trouve pas d'aussi abrupte dans le monde entier. Il se compose de montagnes auxquelles un défilé fort étroit donne seul accès ; à l'entrée de ce défilé on a placé une porte en fer semblable à la porte d'une citadelle. On la ferme à l'entrée de la nuit et on l'ouvre le matin. »

(1) Le texte persan porte la religion de Many. Many est la corruption du mot Chekamouny, qui désigne Bouddha dans les auteurs persans.

deux porteurs ; ces porteurs se mettent sur l'épaule un petit coussin; le marchand se place à califourchon, un pied pendant d'un côté, l'autre pied pendant du côté du dos, et il voyage ainsi sans fatigue. Les deux porteurs se relayent et transportent le négociant; la route qui conduit à Djemou passe à travers de hautes montagnes; elle est très-difficile; de Djemou on se rend dans l'Inde. Quant à la route qui traverse le grand Tibet, elle peut être parcourue à cheval, et les marchands la franchissent ainsi; les caravanes se rendent du Tibet à la ville de Yarkend, qui est sous la dépendance de la Chine : elles parcourent cette distance en quarante étapes à travers une contrée où l'on ne rencontre ni ville, ni habitation. Le bois et les fourrages y font défaut, mais on y trouve de l'eau; c'est un pays couvert de montagnes noires et arides; il n'y a sur la route ni voleurs ni brigands. Les gens qui vont du Tibet à Yarkend et ceux qui viennent de Yarkend au Tibet emportent avec eux pour quarante jours de vivres, du pain, de la graisse et de la viande. On voit dans le désert des corbeaux noirs, qui se précipitent sur les chevaux tombés de fatigue et leur crèvent les yeux ; on y rencontre aussi des loups qui se jettent sur les hommes isolés et les dévorent. Les corbeaux, dont nous venons de parler, se réunissent en bandes pour fondre sur les individus qui succombent à la fatigue; ils les aveuglent d'abord et les dévorent ensuite. Cette route est extrêmement difficile et pénible. Il s'élève aussi du sol des vapeurs chaudes semblables à celles du *simoun*. Quand une personne marche lentement, ces vapeurs lui montent au cerveau et lui causent une indisposition semblable à celle que l'on ressent en mer à bord d'un navire ; quelquefois on en meurt. Pour se préserver de leur influence, on se met une gousse d'ail dans le nez, ou bien on boit de l'eau dans laquelle on a exprimé le jus d'un citron et fait infuser de l'ail. Ces vapeurs délétères font périr beaucoup de chevaux.

Quand un marchand veut transporter dix charges de marchandises, il doit se pourvoir de vingt chevaux pour porter, en outre, l'orge, le pain et les autres provisions ; il arrive quelquefois que tous les chevaux viennent à périr ; alors, on empile les ballots les uns sur les autres et on les couvre d'une natte ou d'un feutre, sur lesquels on entasse des pierres. Si le marchand se rend du Tibet à Yarkend, et s'il se trouve plus rapproché de cette ville, il abandonne ses marchandises, et, avec ses compagnons de route, il va à Yarkend pour y acheter des chevaux ; il revient et charge ses ballots. Si le marchand qui se rend de Yarkend au Tibet voit mourir ses montures, il examine quel est l'endroit le plus rapproché pour s'y rendre et en ramener des chevaux. Les ballots peuvent rester exposés dans le désert pendant plusieurs années sans éprouver le moindre dommage.

On trouve dans ces montagnes un bœuf qu'on appelle qouthas (1) ; il a une large queue semblable à celle du renard et dont les poils sont aussi longs que des cheveux de femme ; on s'en sert dans le Turkestan pour les attacher au haut des toughs. On trouve ces bœufs en grand nombre tout le long de la route ; au Tibet, ils sont à l'état domestique et on les emploie au transport des fardeaux ; ils rendent le même

---

(1) Le qouthas est le yak ou bœuf grognant de Tartarie. Le mâle s'appelle yak, la femelle dhè. Turner a donné les détails les plus complets sur le yak du Tibet. *Account of an embassy to the court of Teshoo Lama*, pages 185 et suivantes.

M. Vigne lui a consacré quelques lignes dans son *Voyage au petit Tibet*, page 277.

service que les buffles; la viande et le lait de ces animaux ont un goût très-agréable. Moi, qui ai écrit ces pages, le pauvre Mir Abdoul Kérim de Boukhara, je suis allé deux fois dans la province de Kachmir; j'ai fait une première fois ce voyage à l'âge de seize ans. Je passai par Herât, Qandahâr, Kâboul, Pichâver, Mouzaffer Abâd, pour arriver à Kachmir. Mon retour s'effectua par la même route. Une seconde fois je suis allé de Boukhara en Russie; je suis parti ensuite de Simipoulad qui est sur la frontière russe et je me suis dirigé sur Kachmir en passant par Ilèh, Aqsou, Kachgar, Yarkend et le Tibet; je revins par le même chemin en l'année 1224 (1). Sur la route du Tibet je trouvai un jeune qouthas endormi; je le tuai d'un coup de pistolet. Sa chair était délicieuse. Les gens qui vont acheter dans le Tibet, le tibit, c'est-à-dire le poil de chèvre qui sert à faire les châles, en rapportent aussi la racine de djidvar (2).

---

(1) Je crois qu'il faut lire 1204 ou 1214. En 1224, Mir Abdoul Kerim se trouvait à Constantinople.

(2) Le zédoaire de Chine (*Killingea monocephala*). C'est, d'après Piddingston (*Index plantarum*), la plante connue en Perse sous le nom de djidvari khithay, dont la véritable est considérée comme une panacée divine. Elle est souvent payée en Perse au prix quadruple de l'or fin.

Schlimmer, *Terminologie médico-pharmaceutique et anthropologique française-persane*. Téhéran, 1874, page 335.

DESCRIPTION DU TIBET (1).

Le Tibet est un pays montagneux situé entre la Chine et l'Hindoustan ; il s'étend sur une grande longueur et sur une grande largeur ; ses montagnes s'élèvent jusqu'au ciel ; ses

---

(1) Je donne ici les titres des principaux ouvrages auxquels le lecteur pourra recourir pour la géographie et l'histoire si peu connues du Tibet :

Description du Tibet, traduite partiellement du chinois en russe par le P. Hyacinthe Bitchourin, complétée et accompagnée de notes par J. Klaproth. Paris, 1831 ;

Description du Tibet, d'après la relation des Lamas Tangoutes établis parmi les Mongols, traduit de l'allemand avec des notes par J. Reuilly. Paris, 1808 ;

An account of an embassy to the court of the Teshoo Lama in Tibet, containing a narrative of a journey trough the Bootan and part of Tibet, by captain Samuel Turner. Londres, 1800.

Essays on the languages, literature and religion of the Nepal and Tibet ; together with further paper on the geography, ethnology and commerce of those countrees, by Hodgson. Serampore, 1841.

Histoire de ce qui s'est passé au royaume du Tibet, tirée des lettres écrites en l'année 1626 (par le P. d'Andrade), adressées au R. P. Mutio Vitelleschi, général de la Compagnie de Jésus. Paris, Sébastien Cramoisy, 1629, 104 pages.

Missio apostolica thibetano-seraphica. Das ist neue durch pæbstlichen Gewalt in das Thibetanische Reich von denen Capucinern aufgerichtete Mission. München, 1740.

Carta familiar de un Sacerdote, respuesta a un colegial amigo, suyo en que le dá cuenta de la admirable Conquista espiritual del vasto Imperio del Gran Thibet. Mexico, 1765, 48 pages.

routes sont aussi pénibles à franchir que le cœur des avares est difficile à émouvoir. Il faut trois mois pour parcourir le Tibet. La capitale se nomme Lambèh, c'est la ville des Qalmaq et la residence des Lamas (1). Quelques personnes prétendent que le tombeau du peintre Many se trouve dans cette ville (2). La ville de Lambèh est placée sous l'autorité de l'empereur de la Chine. Dans les montagnes du Tibet, on trouve une population nomade et vivant sous la tente dans le désert; ces gens élèvent une grande quantité de brebis et de chèvres. Les chèvres du Tibet sont de grande taille et leur poil est aussi fourni que celui des moutons de ce pays-ci (3). Pendant le mois de Tirèh Mah (4), les bergers recueillent dans le désert et dans les montagnes la racine dedjidvar.

L'abbé Huc, *Souvenirs d'un voyage dans la Tartarie, le Thibet et la Chine pendant les années* 1844-1845-1846. Paris, 1853.

M. Clements R. Markham C. B. vient de publier à Londres le récit des missions de George Boyle et de Thomas Manning au Tibet.

M. Markham a mis en tête de ces deux relations une savante introduction qui renferme les détails les plus intéressants sur la géographie et l'histoire du Tibet. Il a placé à la fin de ce volume les relations du jésuite J. Grüber, la lettre du P. Hippolyte Desideri, et la courte description du royaume du Tibet par le frère Orazio della Penna, qui avait déjà été publiée par J. Klaproth.

Les dix-septième et dix-huitième siècles ont vu paraître aussi quelques opuscules sur le Tibet tels que : *Relation de la nouvelle découverte du grand Catay, ou bien du Royaume de Tibet, faite par le P. Antoine d'Andrade, Portuguez, de la Compagnie de Jésus, l'an* 1624. Paris, Sébastien Chappelet, 1628, 55 pp.

Advis certain d'une plus ample descouverte du Royaume de Cataï, tiré des lettres des Pères de la Compagnie de Jésus, de l'année 1626. Paris, S. Chappelet, 1628, 28 pages.

(1) Lambeh est la ville de Lombou sur laquelle on trouve quelques détails dans la *Description du Tibet* par le P. H. Bitchourin, page 252, et dans la *Relation de l'ambassade de Turner,* pages 230 et suiv.

(2) Je suppose que le tombeau de Many n'est autre que le mausolée de Techou Lama dont Turner a donné le dessin dans son ouvrage, page 265. Il a été reproduit par M. Clements R. Markham dans *le Tibet.* Londres, 1876, page 208.

(3) La Turquie.

(4) Le mois de juin.

On apporte aussi du Tibet le mamiran et la rhubarbe (3). Il y a dans le Tibet une classe de la population qui se réunit en groupes comme les gens qui achètent les moutons en Turquie ; ils parcourent les montagnes et achètent le poil de chèvre en quantités qui varient d'une demi-ocque à dix ocques (4) ; ils achètent aussi des boucs. Ils mettent le poil de chèvre dans des sacs du poids de dix ocques qu'ils attachent sur le dos de ces animaux ; ils font leurs achats de tous côtés et ils parviennent à réunir mille chèvres dans l'espace de deux mois.

---

(3) Le mamiran est la grande chélidoine (*chelidonium majus* L.) ou herbe aux hirondelles.

« Les Persans en retirent la racine du khorassany et la recommandent, sèche et pulvérisée, contre les taches de la cornée et la faiblesse de la vue : sa mastication détruirait l'odontalgie ; mêlée au vinaigre, on recommande sa poudre en embrocation contre la gale. » Joh. L. Schlimmer, *Terminologie médico-pharmaceutique et anthropologique française-persane*. Téhéran, 1874, page 126.

Le mamiran, selon les lexicographes orientaux, est une racine d'une couleur jaunâtre tirant sur le vert, grêle et pleine de nodosités. Elle est chaude et sèche au quatrième degré. Elle est efficace pour l'ictère. On prétend que lorsque l'hirondelle a un petit aveugle, elle apporte dans son nid une branche de mamiran et que le petit recouvre la vue. Le nom arabe du mamiran est « baqlat oul khathathif. » Bernier mentionne le mamiran comme un des produits que les caravanes rapportaient du Tibet : « Ces caravanes rapportaient du musc, du bois de Chine, de la rhubarbe et du mamiran, qui est une petite racine très-bonne pour le mal des yeux. » *Voyage de Kachemire*, etc. Amsterdam, 1723, page 311.

(4) L'ocque de Constantinople représente un poids de 1,250 grammes.

KACHMIR

Fabrication des châles de Kachmir (1).—Les métiers sur lesquels on fabrique les châles ne ressemblent pas à ceux sur lesquels on tisse les étoffes de coton et de soie. Dans une maison, on travaille sur quatre métiers ; l'endroit du châle est placé en bas et l'envers en haut; trois personnes travaillent au châle à palmes et au châle à bouquets ; le maître travaille avec deux apprentis à ses côtés ; un apprenti ne peut passer maître qu'après trois ans d'apprentissage. Un ouvrier reçoit pour sa paye journalière dix paras de Constantinople et les

---

(1) Bernier a le premier donné quelques détails sur la fabrication des châles de Kachmir.

Moorcroft a consacré à ce sujet dans son *Voyage à Kachmir* un chapitre tout entier que l'on peut considérer comme un mémoire spécial. Il donne les détails les plus complets et les plus minutieux sur cette industrie. *Travels*, pages 164-218.

On peut aussi consulter G. T. Vigne, *Travels in Kachmir*, tome II, pages 124 et suivantes.

apprentis cinq paras. Quand on veut avoir promptement un châle, on le fait tisser sur quatre métiers, en quatre morceaux que l'on coud ensuite ensemble; il faut huit mois ou un an pour faire un châle d'une seule pièce; on fabrique vite les châles carrés, ensuite on y coud la bordure. Il y a dans le Kachmir quarante mille métiers à châles qui produisent chaque année quatre-vingt mille châles. Le gouvernement perçoit sur chaque châle un impôt de dix piastres : après qu'il a été plié et cousu, on perçoit encore une taxe de quatre piastres. Après la mise en ballots, le gouvernement perçoit encore du marchand une taxe de quatre piastres par châle; les impôts prélevés sur les châles et sur le riz rapportent chaque année cent laks de roupies, qui font dix millions, et, en argent de Constantinople, vingt mille bourses. Les ducats sont la monnaie d'or qui a cours dans le Kachmir. C'est un fait reconnu que les gouverneurs de Kachmir se révoltent tous les trois ans contre le roi de Kâboul. Les richesses qu'ils acquièrent leur inspirent des sentiments d'orgueil et d'indépendance. Le monde entier est tributaire du Kachmir : l'argent y afflue de la Chine, de l'Inde et des autres contrées.

La distance qui sépare Kâboul de Kachmir est de vingt-cinq étapes. Kachmir peut véritablement rivaliser avec le paradis. Les souverains de l'Inde de la race de Timour Gouregan, principalement Ekber Châh, se rendaient de Djihan-Abâd à Kachmir pour y passer le printemps; l'air de cette contrée est parfumé comme le musc et les plaisirs que l'on y goûte sont semblables à ceux du paradis (1).

---

(1) Le Kachmir a été l'objet de nombreuses descriptions. Il faut citer en première ligne :
Bernier : *Voyages contenant la description des États du Grand-Mogol, de*

Auprès de la ville se trouve le Dal, lac d'eau douce aussi large que le Bosphore entre Topkhanèh et Scutari ; les rives de ce lac sont couvertes de maisons et de jardins; on y voit danser et jouer des *kentcheny*, danseuses à la face ronde comme la lune et au visage resplendissant comme le soleil. Ces danses sont parfaitement licites. Sur le bord de ce lac se trouve une montagne au sommet de laquelle Ekber Châh a construit un château nommé Nagnagar. L'imagination est frappée par la beauté de sa construction. Au-dessus de la porte du château se trouve une inscription dont une partie a été détruite ; cependant, on peut en distinguer quelques lignes et voici les vers que j'y ai lus :

« Le roi juste et équitable a donné l'ordre de construire le château de Nagnagar ; il envoya de son trésor dix kourours et il y employa deux cents artistes indiens, tous d'une habileté reconnue. Personne ici n'est demeuré inactif, et tout

---

l'Indoustan, *du royaume de Kachemire*, etc. Amsterdam, 1723, tome II, pages 206-353.

Jacquemont : *Correspondance avec sa famille et plusieurs de ses amis pendant son voyage dans l'Inde*. Paris, 1835.

Carl Freiherr von Hügel : *Kaschmir und das Reich der Siekh*. Stuttgard, 1840.

Vigne : *Travels in Kashmir, Ladak, Iskardo*, etc. Londres. 1842.

Bellew : *Kashmir and Kashghar*. Londres, 1875.

Frederic Drew : *Jummoo and Kashmir territories. A geographical account*, Londres, 1875.

Parmi les ouvrages orientaux, je me bornerai à citer le Tarikhi Rechidy de Mirza Hayder Doughlât : l'Ayini Ekbery d'Aboul Fazl, et l'histoire des souverains de Kachmir, par le Seyid Qouthb oud Din Mohammed.

Divan Kirpâ Râm a publié en 1871 à Lahore une histoire et une description complète de Kachmir, sous le titre de *Gulzari Kachmir* (le bosquet de Roses de Kachmir). Ferichtèh, dans son histoire de l'Inde, donne sur Kachmir et les princes qui y ont régné des détails qu'il a empruntés à l'ouvrage de Mirza Hayder Doughlât. Cf. *Tarikhi Ferichtèh*, édition de Bombay, 1247 (1832), tome II, pages 640 et suivantes.

le monde a reçu du Trésor en monnaie d'or le prix de son travail. Châh Ekber est le premier des souverains du monde : que son rang soit exalté ! Dieu est le plus grand (1) ! »

On dépensa pour cette construction onze millions de pièces d'argent de l'Inde, sans compter les salaires et les gratifications accordées à deux cents sculpteurs sur pierre et aux autres artistes qui étaient des employés de la couronne. Cette somme représente en argent de Constantinople vingt-cinq millions, soit cinquante mille bourses. Maintenant, le château est ruiné.

Après Ekber Châh, la couronne échut à son fils Selim Châh, puis à Khourrem Châh, fils de Selim Châh. Il reçut de son père le surnom de Châh Djihan ; c'est lui qui construisit la ville de Châhdjihan Abâd. Voici sa généalogie :

Châh Djihan fils de Selim Châh, fils d'Ekber Châh, fils de Houmaïoun Mehemmed Châh, fils de Baber Châh, fils d'Omer Cheikh, fils de Sultan Abou Saïd Behadir, fils de Sultan Mehemmed, fils d'Emiran Châh, fils de Timour Gouregan, fils de Mehemmed Thourghay (2). C'est sous le règne de ces

---

(1) Mir Izzet Oullah confirme le récit d'Abdoul Kerim.

« La colline de Maran, dit-il, était autrefois entourée de fortifications dont la plus grande partie est en ruines, et qui avaient été élevées par l'empereur Ekber Châh. Au-dessus de l'une des portes des vieilles murailles se trouve une inscription constatant que l'empereur dépensa pour la construction du château un kourour de roupies et qu'il y employa deux cents habiles ouvriers de l'Hindoustan. »

Meer Izzut Oollah *Travels*, page 3.

(2) Nassir oud Din Mehemmed Houmaïoun Châh, fils du Sultan Baber, monta sur le trône en 937 (1530) et mourut à Delhi au mois de Rebi oul Akhir 963 (1555). Son fils Djelal oud Din Ekber lui succéda et mourut à Agra en 1015 (1603), à l'âge de soixante-cinq ans. Il eut pour successeur son fils Mehemmed Selim qui reçut les surnoms de Nour oud Din et de Djihanguir Châh et mourut en 1040 (1636). Après les règnes courts et troublés de Mehemmed Cheheriar et de Baysongor, Mehemmed Khourrem Châh Djihan monta sur le trône en 1042

princes que l'Hindoustan fut vraiment prospère et florissant. Delhi fut d'abord la capitale, puis Châh Djihan Abâd.

Un poëte de l'Inde a composé les vers suivants pour fixer la date de la mort d'Ekber Châh :

Vers. « Ekber Châh, ce prince au rang élevé, cette mer de générosité, est parti de ce bas monde et le tambour de l'espérance de ses bienfaits est resté orphelin. J'ai demandé à mon cœur s'il me serait permis d'inscrire sur le feuillet du siècle la date de sa mort. Il m'a répondu : Prends courage et prononce, en les accompagnant de tes vœux, les paroles suivantes : Le Châhzadèh Selim a succédé à Ekber Châh. »

Un poëte d'Isfahan a composé plus tard sur le même sujet les vers suivants :

Vers. « Ekber Châh, la gloire de l'Empire et de la religion, a, par l'effet de la faveur céleste, planté sa tente sur le firmament. Le poisson de sa vie a saisi l'hameçon de la mort et son règne a duré plus de cinquante ans. J'ai demandé quelle était l'année de sa mort et la date a été fixée par ces mots : Ekber Châh est mort (1). »

Le règne de ce prince vit fleurir un grand nombre de

(1632) et il dut en 1067 (1656), abandonner le pouvoir à son second fils, Mehemmed Aureng Zib.

(1) Le poisson et le croissant figuraient parmi les emblèmes des souverains de la dynastie des Mogols et indiquaient que leur toute-puissance s'étendait depuis le poisson, sur lequel, d'après les croyances orientales, repose le taureau qui supporte la terre, jusqu'au firmament où brille la lune. Le mot persan « chast » signifie à la fois « hameçon » et « soixante » et il indique ainsi l'âge atteint par Ekber Châh au moment de sa mort. En additionnant, dans les mots « Faouti Ekber Châh, » les lettres selon leur valeur numérique, on obtient le nombre 1015, marquant l'année de l'Hégire qui vit mourir Ekber.

Dans la pièce de vers qui précède les lettres des mots « Bedjâyi Ekber Châh Paaichahzadèh Selim » donnent également le nombre 1015.

poëtes. Les princes, ses descendants, sont aujourd'hui fort nombreux. Ils résident à Djihan Abâd, mais ils sont sous la surveillance des Anglais qui leur fournissent une pension pour subvenir à leurs besoins journaliers.

Districts du Khorassan. Revenons maintenant au dénombrement des districts du Khorassan : Khoulm, le Ghardjistan, Fariâb, Chibreghan, Meïmenèh, Endkhou, les cantons de Firouz Kouh, du Ghour et de Taïmen, des Hezarèh, de Tayourèh, Ferâh, Derèhi Qalèh Gâh, Keddèh, le Seïstan, le Zaboulistan, le Qouhistan, Khabis, Bemm, Nermachir, Isfezâr, Hérât, Badghis, Merv, Koussan, Khaf, Bakherz, Rouz Abâd, etc.

Les districts du Khorassan qui sont aujourd'hui (1233–1818) sous l'autorité de Feth Aly Châh Qadjar sont ceux de Mouhavvelat, Tourbet, Tirchiz, Goun Abâd, Tcherakhs, Bemroud, Qayn, Sèh Qalèh, Thabèsi Sina, Thabèsi Kileki, Djam, Nichâpour, Mechhedi Thous, Sebzvâr, Kouhmich, Kerman, Tchinaran, Keltan, Qoutchan, Bestham, Chehroud, Veramin, Ester Abâd, Kelâti Nadir Châh, Nessa, Abiverd, Chadbakh, Demghan, Tchèhtchèh, les districts du Kurdistan, Semnan, etc.

La ville de Khoulm relève aujourd'hui de Balkh ; elle est gouvernée par Qilidj Aly Khan Uzbek ; elle a sous sa dépendance de gros bourgs et des villages, et sa prospérité s'accroît de jour en jour (1233-1818).

La ville de Koulab est située entre Balkh et Hissar au nord du Djihoun ; les villes de Hissari Kelan et de Hissari Khourd se trouvent entre Koulab et la province de Boukhara ; elles ont pour gouverneur Saïd Bek, de la tribu uzbek des Yuz.

Cheheri Sebz est entourée de montagnes de trois côtés.

Cette ville est située à la distance de trois journées de marche de Boukhara; elle est désignée dans les chroniques sous le nom de Kech. C'est dans un faubourg de cette ville appelé aujourd'hui Mevloud Khanèh que naquit l'Emir Timour Gouregan (1). Cette ville est entourée de villages, de bourgs, de jardins et de champs cultivés; on ne peut s'en emparer de vive force, car, lorsque la guerre éclate, tous les paysans et tous les habitants se mettent sur pied pour combattre. Ils peuvent se réunir au nombre de six mille et sont très-bons soldats; ils ne sortent pas en rase campagne, ils défendent le château que l'on ne peut battre avec du canon et qui est hors de la portée de fusil; on ne peut pas non plus l'investir. Les habitants sont hospitaliers et ils accueillent favorablement les étrangers. De Qarchi à Cheheri Sebz, il y a deux étapes.

Il y a, à l'endroit où naquit Timour Gouregan, au pied d'une montagne, une grotte qui a l'apparence d'une cellule de derviche. Un individu, couvert d'un froc en haillons, s'y établit et s'y livra à la prière et aux actes de dévotion. Au bout de cinq ou six ans, il réunit autour de lui des disciples. Le gouverneur de Cheheri Sebz, informé de ce fait, alla lui faire visite. Le cheikh lui dit : « Restez paisiblement chez vous sans vous préoccuper de quoi que ce soit : pour moi, je trouverai le moyen de conquérir Boukhara et ce qui pourra m'arriver de malheureux ne rejaillira ni sur vous ni sur la ville que vous gouvernez. » Le gouverneur de Cheheri Sebz le laissa tranquille et se garda de l'inquiéter. Le cheikh ac-

---

(1) Timour naquit à Kech, aujourd'hui Cheheri Sebz, la nuit du mardi 27 Chaaban 736 (1335). Sa mère se nommait Tekièh Khatoun.

quérait chaque jour plus de notoriété, mille disciples étaient réunis autour de lui ; il proclama qu'il allait faire une expédition. Il prétendait avoir des révélations divines et le don des miracles. On accourait auprès de lui de Boukhara et d'autres contrées. Son influence grandissait et s'étendait au loin. L'Emir Hayder fit partir un corps de troupes pour le combattre. Il y eut des deux côtés beaucoup de monde de tué dans une première action et les deux partis battirent en retraite. Les disciples du cheikh se rallièrent et celui-ci, pour les encourager, proclama qu'une inspiration divine lui avait révélé que la victoire lui appartiendrait, qu'il allait envahir le monde et en faire la conquête. Il prodigua les promesses à ses disciples; ses discours se répandirent dans les populations et tout le monde y ajouta foi. Le gouverneur de Cheheri Sebz se repentit alors de sa tolérance envers le cheikh et il fit tous ses efforts pour l'éloigner. De nouvelles troupes furent expédiées de Boukhara ; elles livrèrent au cheikh un combat sanglant; un grand nombre de ses partisans fut massacré ; lui-même prit la fuite et ses soldats se dispersèrent et disparurent; il changea de vêtement pour ne pas être reconnu, se jeta dans le Miankal avec deux de ses disciples et se dirigea du côté de Samarqand. Son couvent et sa demeure furent détruits.

On perdit ses traces ; les uns disaient qu'il avait été tué, les autres, qu'il s'était réfugié dans les montagnes. Pendant quelque temps, on ignora son existence; le cheikh et ses deux disciples cheminaient par des endroits écartés, logeant dans les tombeaux, allant de village en village, s'arrêtant la nuit dans un lieu, le jour dans un autre. Un de ses disciples réussit à le conduire près de Boukhara. Un jour celui-ci lui dit :

« Entrons dans la ville, nous passerons deux ou trois jours à visiter les médressèhs, puis nous irons à Ourguendj. La prédestination avait saisi le pan de la robe du cheikh, il aquiesça donc à cette proposition et ils entrèrent au milieu du jour à Boukhara par la porte de l'imam Hafs Kebir; le disciple proposa au cheikh de loger dans le médressèh de Dar ouch Chefa, sur la place de Righistan, à proximité du palais royal de Boukhara. Le cheikh entra dans une des cellules du médressèh avec l'un de ses disciples; l'autre, auquel il avait confié son cachet, leur dit : « Prenez un peu de repos : je vais aller acheter du pain, des melons et du raisin. » Bref, le cheikh et son disciple s'établirent dans la chambre; l'autre ferma sur eux la porte à clef et, marchant lentement, il se dirigea vers le palais de l'Emir Hayder Khan. Il demanda une audience secrète au prince des croyants l'Emir Hayder; elle lui fut accordée. « Ce cheikh, dit-il au prince, qui a été la cause de l'effusion de tant de sang musulman et dont la déloyauté a causé la mort de mon jeune fils, j'ai réussi, par mille ruses et par mille expédients, à l'amener, lui, cet infâme, jusqu'à vos pieds; je l'ai fait s'arrêter à l'abattoir, pour venger le sang de mon fils; j'ai l'espoir que le prince des fidèles voudra bien me traiter généreusement, moi qui suis son pauvre serviteur. » L'Emir lui fit compter à l'instant même cent tillas de Boukhara, et le fit revêtir d'un vêtement complet. Le dénonciateur demanda que l'on grâciât l'autre disciple qui accompagnait le cheikh, puis il montra le cachet du cheikh qu'il avait en garde; il donna tous les détails, indiqua le lieu où se trouvaient ses compagnons et, assisté par plusieurs agents de police vigoureux, il se dirigea vers le médrésseh du Dar ouch Chefa. On tira le cheikh de la chambre qu'il occupait, comme on tire un renard de son terrier, et on le traîna en présence de l'Emir. Il opposa des dénégations aux questions qui lui furent adressées, jusqu'à ce que deux habitants de la ville de Cheheri Sebz eurent affirmé son identité et celle du disciple qui était le dépositaire de son cachet. On entraîna le cheikh au pied de la potence et on le pendit. Les peuples furent délivrés de ses intrigues.

La ville d'Endkhou est située entre Hérât et Boukhara; elle compte parmi les villes du Khorassan et elle n'est point éloignée de Balkh, de Chibregan et de Kerki. Cette ville n'a point de villages sous sa dépendance, mais il y a dans ses alentours de nombreuses tribus d'Arabes nomades; elle obéit au souverain des Afghans, et on y récite la khoutbèh en son nom; elle eut pour gouverneur Rhamet oullah Khan Efchar. On y suivait autrefois le rite chiite, mais sous la domination des Afghans, les habitants devinrent sunnites. Rahmet oullah Khan gouvernait au nom de Timour Châh. Il vint à sa rencontre jusqu'à Balkh; il fit la guerre à Châh Murad Bi; s'étant porté en avant dans un combat, il fut tué par les soldats de Boukhara. Son fils Yldouz Khan lui a succédé; il entretient un corps de troupes de mille hommes tant cavaliers que fantassins. Aujourd'hui, il ne paye à personne ni tribut ni impôt. Endkhou est entouré par le désert; c'est ce qui fait sa force; les habitants sont d'un caractère généreux et hospitalier. Leur richesse consiste en moutons et en chameaux; on trouve près de cette ville des gisements de soufre et de sel. Endkhou entretient avec Hérât et Boukhara des relations pacifiques. Dans cette ville se trouve le tombeau de l'Emir Berekèh, qui fut le guide spirituel de l'Emir Timour Gouregan. Timour fit enlever de son tombeau le corps de ce saint personnage, pour le transporter à Samarqand et le faire enterrer dans le mausolée où il repose lui-même. On voit encore à Endkhou les ruines du premier tombeau. On raconte aussi que Timour fit exhumer les restes de Saad, fils de Waqqas (1), et les fit transporter à Cheheri Sebz ; cette circonstance rend la ville imprenable.

Quant à la ville de Hérât, les descendants de Djenghiz Khan, les princes de la famille de Timour Gouregan et les rois Uzbeks y avaient élevé des monuments ; ces superbes édifices furent détruits, quand la ville tomba au pouvoir des Persans.

La ville ayant été de nouveau conquise par les Uzbeks, ceux-ci renversèrent à leur tour les édifices construits par les Persans. Quelques-uns d'entre eux subsistent cependant encore aujourd'hui ; ainsi les Persans ont respecté le moussalla, le médressèh et les neuf minarets que le sultan Husseïn Mirza Baïqara fit construire au tombeau de l'imam Riza.

Le mousalla est en bon état (2). Sa coupole est, pour la grandeur et l'élévation semblable à celle de la mosquée d'Osmanièh à Constantinople (3) ; mais la voûte est couverte d'a-

---

(1) Saad, fils d'Abou Waqqas, l'habile général qui vainquit les Persans à Qadesièh, fonda Koufa et ouvrit aux Arabes l'Asie centrale, mourut l'an 55 de l'Hégire (675), sous le règne de Mouawièh.

(2) Le mousallà et le medressèh d'Hérât sont deux monuments dont la construction fut commencée en 588 (1192), par Ghias oud Din Mohammed et achevée par son frère Chehab oud Din Mahmoud. Ils furent réparés à la fin du XV° siècle par Sultan Husseïn, petit-fils de Timour.

M. Ferrier a donné de ces monuments une description intéressante dans son *Voyage en Perse, dans l'Afghanistan*, etc., tome I, pages 338 et suivantes.

(3) Cette mosquée est celle de Nouri Osmanièh, dont la construction fut commencée en 1162 (1748) par Sultan Mahmoud 1er et qui fut livrée au culte par Sultan Osman le 1er Rebi oul ewwel 1169 (5 décembre 1755). Elle est située

rabesques et de dessins en or et en azur, elle est revêtue de plaques en faïence de Perse. Aux quatre coins de la construction s'élèvent quatre minarets recouverts de plaques de faïence. On ne trouve aucun monument aussi beau ni dans le Turkestan ni dans le Khorassan, ni en Perse. On ne trouve pas non plus à Constantinople d'édifice d'un travail aussi délicat ni d'aussi belles arabesques en or et en azur. On remarque aussi le pont de Malan jeté sur la rivière de Hérât, au sud de la ville, à une distance d'une fersakh sur la route de Qandahâr ; il a été construit par une dame appelée Bibi Nour. Il est composé de vingt-sept arches dont chacune est assez haute pour donner passage à un éléphant avec sa tour et son cornac. Ce pont est couvert de sculptures ; sa largeur est de vingt pas. Au printemps, lorsque les eaux du fleuve sont hautes, on peut contempler du haut de ce pont un spectacle curieux. Au nord de Hérât se trouve la montagne appelée Keïtou ; (1) on y voit une source de laquelle jaillit une eau rouge comme du sang. Quand elle a coulé l'espace de dix pas, elle devient limpide ; quand on puise avec un verre de l'eau à la source, elle a, dans le verre l'apparence d'un lingot d'argent sans alliage. Dans cette même montagne se trouve un puits d'où s'échappe un vent qui souffle du côté de Hérât. Si l'on y jette une pierre du poids de cent ocques, la violence du vent la rejette au dehors. En arrière de ce puits, on ne sent pas le souffle du vent.

La province de Hérât renferme des mines de plomb et de

---

près du bazar de Constantinople. Cet édifice, surmonté d'une coupole, présente un carré ayant soixante-seize pas sur chaque côté.

(1) Le mont Keïtou s'élève à quinze milles anglais au nord-est de Hérât. Abbot, *Narrative of a journey from Heraut to Khiva*, tome I, page 8.

fer; on y trouve en abondance le soufre, le minerai de fer et le salpêtre. Le cuivre est apporté d'Erzeroum. On en exporte aussi de Russie à destination de Boukhara et de Hérât. On fabrique à Hérât de la poudre et des fusils; on y fond des canons; toutes les industries y sont exercées; la vie y est à fort bon marché et le sol est fertile. Les productions naturelles sont le riz, le coton et la soie. Les tombeaux de saints personnages y sont nombreux.

Ghourian, Goursan, Khâf, Bakherz, le Kouhistan, le Zaboulistan, Isfezâr, Ferâh, le Seïstan, toutes les tribus Ouïmaq, le Gardjistan, Meïmenèh, Endkhou, Merv, Badghis, Rouzabâd, Serakhs, Obèh, Chakilan, etc., sont placés sous la dépendance de Hérât; tous ces pays sont bien cultivés et bien peuplés; on y voit des choses merveilleuses et dignes de toute attention. Mais j'abrége, car tous ces récits ne peuvent être consignés sur le papier. Dieu est celui qui connaît le mieux la vérité sur toutes choses (1246-1830.)

APPENDICE

I

KHORASSAN

La notice suivante sur le Khorassan est extraite du tome IX du *Fihris out Tewarikh* de Riza Qouly Khan. Elle précède le récit de l'expédition entreprise en 1210 (1796) par Aga Mehemmed Khan Qadjar contre les chefs Efchars, Turcs, Kurdes et Uzbeks qui s'étaient partagés cette vaste province pendant les troubles qui suivirent la mort de Nadir Châh.

J'ai placé après la notice de Riza Qouly Khan des détails géographiques et historiques sur les principaux districts et sur quelques villes du Khorassan, détails que j'ai recueillis dans les relations des voyageurs qui ont pu traverser et parcourir ce pays depuis la fin du xviiie siècle jusqu'à nos jours.

Pour les districts et les villes des provinces qui relevaient du gouvernement de Delhy et qui avaient été annexées à l'Afghanistan, je me borne à renvoyer le lecteur à l'ouvrage classique de Walter Hamilton : *A geographical, statistical and historical description of Hindostan and adjacent countries,* Londres, 1820.

J'ai donné seulement quelques renseignements sur Laghman, Tchârik Kâr, etc., et sur les tribus des Lohany et des Kaukery. Ces renseignements ne se trouvent que dans des ouvrages publiés dans l'Inde et qui ne sont pas parvenus en Europe.

« La frontière du Khorassan, dit Riza Qouly Khan, est la plus étendue de toutes celles qui bordent la Perse et ce pays est la plus noble des colonnes qui soutiennent le royaume : il contient de vastes provinces, on y trouve des villes d'une haute antiquité. Il est borné à l'orient par le Zâboul et le Touran, au nord par le Kharezm et le Gourgan, à l'ouest par l'Iraq et le Mazanderan, au sud par le désert, le Kouhistan, le Sedjestan. Le Zâboul, le Gourgan et une partie du Tabarestan sont, quelquefois, mis au nombre des dépendances du Khorassan.

« Ce royaume est divisé en quatre boulouks ou provinces :

1° Le boulouk du Thokharestan,
2° Le boulouk de Mervi Châhidjan,
3° Le boulouk de Nichâpour,
4° Le boulouk de Hérât.

« Le Khorassan compte vingt-deux villes, dix-sept qassabèhs (gros bourgs), quinze places fortifiées : Esferaïn, Beyhaq, Djouïn, Djadjerm, Khâbouchan, Thous, Nichâpour, Kélât, Isfezâr, Foudjendj, Bakherz, Badghis, Djâm, Djecht, Khâf, Zevarèh, le Ghour, le Ghardjestan, Bâmian, Khoulm, Khoutlan, Thaliqan, Fariâb, Abiverd, Nessa, Khâveran, Serakhs et Chibreghan dépendent du Khorassan.

Khand, Thabèsi Kileki, Tirchiz, Qaïn, Toun, Thabèsi Sina, Dechtibeyaz et Kenared appartiennent au pays du Kouhistan.

« Le Khorassan tout entier est situé sous le quatrième climat. Les montagnes et les collines occupent une superficie égale à celle des plaines. La forme de cette province est allongée de l'orient à l'occident; il faut pour la parcourir d'un bout à l'autre un mois de marche. Les habitants sont renommés pour leur bravoure et leur générosité; ils ont également des qualités, la grandeur d'âme, de l'intelligence et le jugement. Dans l'origine ils suivaient le culte des Sabéens; ils adoptèrent ensuite les doctrines de Zoroastre, enfin ils embrassèrent l'islamisme. On compte aujourd'hui dans cette province plusieurs sectes religieuses.

« La première est celle des Esna Achary (chiites) (1) qui sont extrêmement nombreux. La deuxième est celle des sunnites dont le nombre est également considérable. La troisième est celle des chiites ismaéliens qui suivent la doctrine des Day ismaéliens et spécialement celle de Châh Seyid Nacir Khosrau Alévy (2) : ils sont établis dans les montagnes de Ba-

---

(1) Les doctrines des Esna Achary ou sectateurs des douze Imams, sont exposées par Chéhéristany dans son ouvrage sur les sectes religieuses et philosophiques, publié par M. Cureton, Londres, 1842, page 128.

(2) Nacir Khosrau Alévy, naquit à Ispahan et mourut à Badakhchan. Son existence fut des plus agitées : Hadji Louthf Aly Bey, dans son *Atech Kedéh* a reproduit une prétendue autobiographie de Nacir Kosrau, pleine de détails romanesques et dénuée de toute valeur historique. Cette pièce a été également placée en tête du *Divan* de Nacir publié à Tauriz en 1280 (1863).

Outre son *Divan* ou recueil poétique, Nacir Khosrau a publié un *Seadet Naméh* (livre de la félicité), un *Rouchenay Naméh* (livre de la clarté) et un ouvrage en prose sous le titre de *Kenz oul Haqaïq* (le trésor des vérités). Ces ouvrages sont d'une extrême rareté. Nacir Khosrau mourut, selon Daoulet Châh, en 431 (1039) et selon Hadji Khalfa en 480 (1087). Je crois ces deux dates inexactes. Je possède un exemplaire du *Rouchenay Naméh* copié au

dakhchan, dans celles des Hezarèh et de Bâmian ; ils sont moins nombreux que les chiites et les sunnites. La quatrième est la secte des Nouceïry que l'on appelle aussi les Ghaly (1) ; ils poussent l'exagération jusqu'à accorder le caractère divin à Aly et à l'adorer comme Dieu : ils sont très-nombreux dans le Qouhistan, dans les montagnes des Hezarèh, à Bendi Berber et à Badakhchan. La cinquième : les Juifs, ils sont peu nombreux et ils vivent dans l'abjection. La sixième, les Indiens : ils sont les moins nombreux et les plus faibles.

« Les tribus et les nomades fixés dans le Khorassan échappent par leur multitude à tout dénombrement : ils sont plus nombreux que les étoiles du firmament ; nous pouvons citer parmi ces tribus : celle des Qizil Bach qui compte environ quarante mille familles ; les tribus kurdes forment près de cinquante mille familles ; quant aux tribus arabes qui sont venues dans le Khorassan, sous les khalifes Ommiades et Abassides et qui y résident encore, leur nombre dépasse celui de soixante mille familles.

« Quant aux tribus turques des Hezarèh, des Taïmeny, des Djemchidy et des Timoury qui s'étendent depuis les montagnes de Bâmian jusqu'auprès de Khâf et de Bakherz, le nombre de leurs tentes dépasse le chiffre de cent mille. Les

---

xve siècle et qui a fait partie de la bibliothèque de Sultan Husseïn à Hérât. Nacir Khosrau dit à la fin de cet ouvrage qu'il l'a terminé en l'année 343 de l'Hégire (954).

Les doctrines des Ismaïliens sont exposées dans Cheheristany, édition de M. Cureton, pages 125 et 147, et dans le *Dabistan oul Mezahib*, édition de Bombay, 1262 (1845), page 235 et suivantes ; et tome II, page 397 et suivantes de la traduction de MM. Troyer et Shea.

(1) Cf. Cheheristany : *Le livre des sectes religieuses et philosophiques*, publié par M. Cureton, pages 132 et 143. *Dabistan oul Mezahib*, page 247,

Afghans sont divisés en deux classes : la première est celle des Abdâly que l'on appelle Dourâny : le pouvoir est entre leurs mains et cette tribu compte cent mille familles. La deuxième est celle des Ghalenzay dont le nom a été corrompu en celui de Ghildjaï : elle se compose de trente mille familles. Les Uzbeks et les Turkomans qui descendent de Djenguiz Khan et qui sont fixés à Serakhs, à Badghis, à Merv et dans ses environs, à Balkh et aux alentours de cette ville, sont au nombre de plus de cent mille.

« Le Khorassan, dont le nom signifie terre du soleil et qui est situé à l'est de l'Iran, a été soumis au pouvoir des rois Pichdâdiâns, d'Afrassiab, d'Alexandre, des rois ses successeurs, de la dynastie des Achganiâns et des Sassanides : il a été gouverné par des émirs, représentant les quatre premiers khalifes et par des gouverneurs Ommiades et Abbassides. En l'année 926 (1519), Châh Ismaïl Séfévi l'arracha à la domination étrangère. Le Khorassan subit le joug des sultans Uzbeks et en l'année 1145 (1732), Nadir Châh en fit la conquête. Après la ruine de l'empire de Nadir, le Khorassan présenta le spectacle de l'empire d'Alexandre partagé entre ses successeurs. Depuis le commencement du règne de Kerim Khan Vékil jusqu'à l'époque de Mehemmed Châh Qadjar, les chahzadèhs de la tribu des Efchar le gouvernaient. Les souverains de l'Afghanistan et de Boukhara y faisaient sentir tour à tour leur prépondérance. A la fin du dernier siècle Nadir Sultan, fils de Châh Roukh, fils de Nadir Châh, était le souverain indépendant de Mechhed. Dans le Turkestan, à Boukhâra, dans le Kharezm et à Ferghanah, les Uzbeks affichaient la prétention d'être chefs indépendants. Depuis la naissance de la dynastie des Zend, le Khorassan était aux mains des chefs Efchar, fils et petits-fils de Nadir Châh. Le châh de Perse résolut de faire la conquête de cette province et, comme Châh Ismaïl Séfévi et Nadir Efchar, de l'annexer à ses Etats après avoir détruit les princes qui y commandaient : c'était une haute entreprise et un but élevé. »

Herat. La province ou boulouk de Hérât est bornée au nord par le Tchar Vilayat et le pays des Firouz Kouhy, au sud par le Lach Djorven et le Seïstan, à l'ouest par la Perse et le Héry Roud, à l'est par le pays des Taïmeny, et la province de Qandâhar.

Elle comprend les districts de Ghourian, de Sebzvâr, de Ferah, de Kerak et d'Obèh. On y compte 446 villages, 8 grands canaux et 123 cours d'eau.

Les tribus établies dans la province sont celles des Turkomans Tèkèh, Sariq, Salor, Er Sary, Tchar Sengui, des Hézarèh, des Djemchidy, des Taïmeny, des Firouz Kouhy, des Timoury et des Berberi Hezarèh. Les forces que ces tribus peuvent mettre sur pied s'élèvent à 47,000 cavaliers et 23,000 fantassins.

La majeure partie de la population de la ville de Hérât se compose de Persans suivant le rite chiite; le reste est Afghan, Hézarèh, Djemchidy et Taïmeny. On y compte sept cents Hindous et une quarantaine de familles juives.

Les historiens et les géographes arabes et persans nous ont laissé des descriptions détaillées de la ville de Hérât et de ses monuments.

Abdoul Kerim leur consacre aussi quelques lignes à la fin de son ouvrage.

Forster, Conolly, M. de Khanikoff et M. Ferrier ont retracé sa situation sous la domination des Afghans. Ce dernier voyageur en a donné une description exacte et complète à laquelle on ne peut reprocher que quelques inexactitudes dans les noms propres.

Hérât fut démantelée par Timour qui l'enleva à Sultan Ghias oud Din. La ville s'étant révoltée à la mort du gouverneur mogol, le fils de Timour, Mirân Châh y pénétra de vive force, et la détruisit après en avoir massacré les habitants. Elle fut ravagée par Oulough Bek après la défaite de Yar Aly que les Hérâtiens avaient choisi pour chef.

Hérât fut pillée et brûlée en 864 (1477), sous le règne d'Abou Saïd Sultan Houssein par Djihan Châh de la dynastie turkomane du mouton noir : en 941 (1554), par Oubeïd Khan et en 997 (1604), par le prince uzbek Abdoul Moumin Khan.

Nadir Châh s'en empara en 1143 (1730) après une courte résistance. Ahmed Châh l'enleva à Châh Roukh Mirza. Après la mort de Timour Châh, Hérât échut à Mahmoud. Zéman Châh marcha contre la ville dont il s'empara par la trahison de Qilidj Khan. A la mort de Zéman Châh, Firouz oud Din devint le maître de la ville. La paix qui suivit la bataille de Chekiban fut rompue en 1231 (1816). Les Persans vinrent mettre le siége devant Hérat. Firouz oud Din implora l'aide de Fethy Khan. Celui-ci répondit à son appel : il se jeta dans Hérât, se saisit du pouvoir et marcha contre l'armée persane qu'il défit dans la sanglante bataille de Koussan.

En 1232 (1817), Fethy Khan fut arrêté et privé de la vue par Kamran Mirza qui reconnut la suzeraineté de la Perse et s'engagea à lui payer tribut. Kamran expulsa de Hérât son père Mahmoud Châh qui vint à la tête d'une armée mettre le siége devant la ville : mais, il fut défait et obligé de battre en retraite.

Il revint en 1237 (1821), à la tête d'une nouvelle armée : mais une réconciliation ménagée entre le père et le fils arrêta le cours des hostilités. Il n'entre pas dans mon sujet de poursuivre l'histoire contemporaine de Hérât. Les dissensions intestines, les invasions des Persans, des armées de Boukhara, les incursions des Uzbeks et la turbulence des tribus nomades ont changé le Khorassan, autrefois si prospère, en un pays appauvri et presque désert.

Balkh. La province de Balkh faisait autrefois partie du Khorassan : elle est située au sud et à l'est du khanat de Boukhara.

Balkh Bamy, la capitale, s'élève dans une vaste plaine couverte de ruines à treize fersakhs de l'Amou Deria. Cette ville a reçu des Musulmans les surnoms de Oumm oul Bilad (la mère des cités) et de Qoubbet oul Islam (la coupole de l'islamisme). Elle fut détruite par Djenguiz Khan, puis par Timour qui en massacra tous les habitants. Les environs de Balkh, arrosés par douze canaux dérivés du fleuve sont d'une grande fertilité ; mais le climat est extrêmement malsain. A l'époque où écrivait Mir Abdoul Kerim, le Serdar Nedjib oullah Khan, fils de Hukoumet Khan, gouvernait Balkh au nom du souverain de l'Afghanistan, mais le pouvoir était, en réalité, aux mains de Qilidj Aly Khan de Khoulm qui percevait un revenu de 30,000 roupies : un tiers de cette somme était versé au trésor de Kaboul, les deux autres tiers étaient également partagés entre les kohnèh nouker (vieux serviteurs), reste de la garnison afghane placée à Balkh par Ahmed Châh et les Uzbeks obligés de prendre part aux expéditions militaires en dehors de la province.

Chibreghan est situé à soixante-douze fersakhs au nord-est de Hérât et à dix-sept fersakhs à l'ouest de Balkh. La population s'élève à 12,000 âmes dont la majeure partie est uzbek, le reste parsivân. La ville est commandée par une citadelle dans laquelle réside le gouverneur.

Le petit Etat de Chibreghan entretient une force de 2,000 cavaliers et de 500 fantassins. Il a été tantôt indépendant, tantôt, selon les circonstances, placé sous la dépendance de Hérât, de Balkh ou de Boukhara.

Fariab. Le district de Fariâb, célèbre pour la culture du safran, est situé à l'ouest du Djihoun, à trois étapes de Thaliqan et à six journées de Balkh. La ville de Fariâb a donné naissance au poëte Zehir oud Din mort à Tauriz en 598 (1201)

Endkhou. La ville d'Endkhou est située à quarante-deux fersakhs à l'ouest de Balkh, à sept fersakhs au nord-ouest de Chibreghan et à dix-huit fersakhs au nord-est de Meïmenèh. On compte dans la ville environ 3,000 maisons : l'oasis d'Endkhou est, en outre, habitée par des tribus Uzbeks et Efchar qui possèdent environ 3,000 tentes.

Les Efchar furent transplantés du Khorassan à Endkhou par Châh Abbas. Un proverbe persan dit : « Fuis Endkhou ! l'eau y est amère et salée : le sable y écorche : elle est remplie de scorpions et les mouches y sont venimeuses. Éloigne-toi de cette ville, elle est l'image de l'enfer ! » Abdoul Kerim a consacré quelques lignes à Endkhou.

Qoundouz. Les limites de ce petit Etat ne sauraient être exactement définies. Il est divisé en trois districts : 1° Qoundouz ; 2° Thaliqan ; 3° Hazreti Imam. La population s'élève approximativement à 270,000 âmes. La capitale Qoundouz (kohnèh diz, le vieux château) est située entre les rivières d'Aq Seraï et de Benky. Des canaux dérivés de ces deux rivières fournissent l'eau à la ville et servent à l'irrigation des environs. Thaliqan ne contient que trois cents maisons. La population appartient aux Sarigh Bach (têtes jaunes), fraction de la tribu de Minâs.

Meimenèh. Ce district renferme, outre la ville capitale de Meïmenèh, une dizaine de gros villages dont les plus considérables sont ceux de Qaïsser, Alter, Kafir Qalèh et Khodja Kend.

La population peut être évaluée à cent mille âmes. Une partie est sédentaire, l'autre nomade. Elle est Uzbek et appartient aux tribus de Min, d'Atchmaly et de Duz.

Après la mort de Nadir Châh et l'élévation d'Ahmed Châh au trône de Kâboul, un Uzbek, soldat de fortune nommé Hadji Khan, qui avait servi dans l'armée de Nadir avec Ahmed Châh, reçut de ce dernier prince le gouvernement de Meïmenèh, sous la seule condition de fournir un contingent militaire. Hadji Khan s'établit à Balkh et fit administrer Meïmenèh par un de ses parents. Son fils Djan Khan qui lui succéda, forcé de s'enfuir à la suite de la révolte des habitants de Balkh et d'Aqtchèh, se retira à Meïmenèh. A sa mort, vers 1790, ses fils se disputèrent le pouvoir. Un d'eux fut aveuglé, un autre périt dans une sédition; le plus jeune, nommé Ahmed Khan, gouverna Meïmenèh de 1798 à 1810. Il fut massacré dans une révolte. Son fils aîné Mizrab Khan prit la fuite et se réfugia à Mezar, près de Balkh, au tombeau de Châh Merdan (Aly).

Son cousin Allah Yar Khan se saisit du pouvoir et l'exerça de 1810 à 1826. Il mourut du choléra.

Les habitants du district de Meïmenèh passent pour être de tous les Uzbeks les plus braves et les plus audacieux. Avant la domination des Afghans, les chefs de Meïmenèh faisaient un commerce considérable d'esclaves qu'ils allaient vendre à Boukhara.

La ville de Meïmenèh est située à vingt-huit fersakhs au nord-est de Hérât, à dix-sept fersakhs au sud-ouest de Balkh et à quarante-cinq fersakhs au sud de Boukhara. La population se compose d'Uzbeks, de Tadjik et d'Hérâtiens.

Les chevaux de Meïmenèh jouissent d'une grande réputation. On les exporte à Hérât, à Qandahâr, à Kâboul et dans l'Inde.

Tchidjektou. Ce canton est situé sur la frontière du district de Meïmenèh : la petite ville de Tchidjektou est un lieu de passage où les caravanes doivent payer les droits de transit et de douane.

Ghardjistan. Ce district montagneux confine au Ghour. Le Ghardjistan comprenait autrefois le pays s'étendant jusqu'à Merv er Roud au nord, Ghazna au sud, Hérât à l'ouest, et jusqu'aux montagnes du Ghour à l'est. Ghar, dans le dialecte local, signifie montagne. Les deux villes principales sont Apchmin et Sourmin. Le Ghardjistan a formé un Etat indépendant dont les chefs portaient le nom de Châr.

On trouve quelques détails sur les princes qui ont gouverné le Ghardjistan dans le *Tarikh Yeminy*, d'Outby, et dans le *Kamil fit Tarikh*, d'Ibn el Athir.

Le dernier châr dont il soit fait mention est Aboul Nasr

Ahmed, mort en 401 (1010). Le Ghardjistan a dû conserver longtemps son indépendance. Aly Ibn Husseïn Vaizh el Kachefy forcé de s'éloigner de Hérât, se réfugia dans le Ghardjistan en 939 (1532) et il dédia à Châh Mehemmed Sultan qui gouvernait ce pays, son recueil d'anecdotes intitulé : *Lethaïf outh Thevaïf*.

Bout Bamian. Le district qui porte ce nom s'étend entre Balkh et Ghazna. La ville de Bout Bâmian est bâtie dans une petite vallée où s'élèvent, en outre, quinze villages fortifiés habités par des Hézarèh et des Tadjik. Le gouverneur du district réside dans un de ces villages.

Au nord de Bout Bâmian on voit une montagne abrupte, percée d'un millier d'excavations et sur la paroi de laquelle sont sculptées deux figures gigantesques appelées par les anciens géographes *Sourkh bout* (Idole rouge) et *Khink bout* (Idole blanche). On les désigne aujourd'hui sous les noms de *Sersal* et de *Chemâmèh*. Les Hindous de passage à Bout Bâmian rendent un culte à ces deux statues. Burnes en a donné une description détaillée dans son voyage.

Firouz Kouh. Ce district s'étend entre Hérât et Meïmenèh, le long du Héry Roud et du Mourghâb. Il a pour frontières : au nord, le pays occupé par les Turkomans; au sud, l'arrondissement d'Hérât; à l'est, les cantons des Mogols ou Charaï et des Hézarèh ; à l'ouest, ceux des Djemchidy.

Les Firouz Kouhy sont d'origine persane. Leurs ancêtres résistèrent vaillamment à Timour et furent transplantés des montagnes du sud du Mazanderan dans le Khorassan. Le district de Firouz Kouh est coupé de ravins et de précipices. Une fraction de la tribu des Firouz Kouhy est établie dans les environs de Nichâpour.

Ghour. La petite province de Ghour est aujourd'hui de fait indépendante de Hérât. Le gouverneur afghan ne peut lever aucun impôt sur la population dont une partie est nomade et dont l'autre partie habite des villages fortifiés.

La ville de Ghour, aujourd'hui Zerny, l'ancienne capitale des princes qui avaient rangé sous leur autorité le Khorassan, l'Afghanistan, le Sind et Lahore, est aujourd'hui en ruines et dépeuplée. Les habitants sont Taïmeny, Zoury et Guèbres.

Le district de Taïmen est situé au pied du Siah Kouh et au nord de la route de Guirichk et de Sebzvâr.

Les districts des Hézarèh sont situés dans la partie montagneuse du pays qui s'étend entre Kâboul et Hérât, et dont le nord est occupé par les Uzbeks et le sud par les Dourâny et les Ghildjaï. Cette contrée est à peu près inconnue ; on sait seulement que les rivières de Khochk, d'Endkhou, le Mourghâb, le Bendi Berber, les rivières de Qoundouz, de Ghazna, l'Erghendâb, l'Hirmend, le Ferâh Roud et le Héri Roud y prennent leur source.

Les Hézarèh sont d'origine mogole et sont venus à la suite de Djenguiz Khan et de Timour.

Aboul Fazl, dans l'*Ayini Ekberi*, prétend qu'ils faisaient partie de l'armée de Mangou Qaân, et Baber affirme que, de son temps, ils parlaient encore le mogol. Les Afghans les désignent encore aujourd'hui sous le nom de Mogols.

Les Hézarèh fixés dans les environs de Dèh Koundy se donnent comme les descendants d'un Arabe de la tribu de Qoreich. Les Hézarèh suivent le rite chiite et professent une haine profonde pour les Ouïmaq et les Uzbeks qui sont sunnites. Leur langue est un patois persan.

Les titres en usage dans les tribus Hézarèh sont ceux de khan, sultan, ikhtiar, vely, mir, mehter et terkhan.

IsFEZAR. Le district et la ville d'Isfezâr dépendaient autrefois du Seïstan : ils font aujourd'hui partie du boulouk de Hérât.

GHOURIAN, district situé au nord-ouest de Hérât. La ville de Ghourian est florissante et bien peuplée. Elle se trouve à six fersakhs et demie de Hérât sur la route de Mechhed. Elle est défendue par un château fort.

KHAF. Ce canton est situé au sud-ouest de Tourbeti Djâm. La ville de Khâf renferme cinq cents maisons; elle est la résidence du chef de la tribu Timoury.

BAKHERZ. Le canton de Bakherz, situé entre Nichâpour et Hérât, est renommé pour sa fertilité et l'abondance de ses fruits.

DJAM : District fertile et bien peuplé entre Mechhed et Hérât, a pour capitale Tourbeti Cheikh Djâm. Cette ville doit son nom au tombeau d'un saint personnage, Cheikh Ahmed Namiqy, qui y mourut l'an 536 de l'Hégire (1141). On y voit les ruines des monuments élevés en son honneur par les princes de la dynastie de Timour. Les tombeaux et les édifices qui en dépendent ont été restaurés par Châh Abbas à son retour de Qandahâr en 1031 (1621).

MOUHAVVELAT est un district situé dans la province de Nichâpour au delà de Tirchiz. Je le trouve mentionné dans le *Tezkerèhi Mouquim Khany*, page 5 de l'édition de M. Senkovsky.

Le QOUHISTAN est la contrée montagneuse qui sépare la province de Hérât de celle de Nichâpour. Qayn, Toun, Thabèsi Kileki, Thabèsi Sina, sont les principales villes du Qouhistan.

Le SEISTAN, Seguestan, Sedjistan ou Nimrouz, est une vaste

province dont la partie septentrionale est désignée sous le nom de Zadestan ou Zadjestan : elle est bornée au nord par le Khorassan, au sud par le désert qui la sépare du Béloutchistan, à l'est par l'Afghanistan et à l'ouest par la Perse. Le climat est chaud et malsain; le sol, en général sablonneux et imprégné de sel, est peu cultivé : il est couvert, surtout dans la partie nord-ouest, de tamariscs, de plantes épineuses et d'une herbe dure et grossière. La partie sud-est, appelée Hamoun, est un vaste marécage formé par les débordements du Hirmend et habitée par une race aux formes athlétiques, à la face allongée, d'un aspect repoussant et vivant exclusivement du produit de la chasse et de la pêche.

Le Seïstan était autrefois une province bien cultivée : on voit encore les traces de nombreux canaux savamment tracés pour les besoins de l'agriculture. On y trouve les ruines immenses de villes jadis florissantes telles que Douchâq, Pichaveran, Poulky. Douchâq, qui ne compte plus que dix mille habitants, a reçu au commencement de ce siècle le nom de Djelal Abâd en l'honneur de Djelal oud Din, fils de Behram Khan, chef du Hamoun.

Timour conquit le Seïstan en 785 (1383), après avoir triomphé de la longue résistance des habitants. Toute la population fut exterminée et les villes détruites de fond en comble. La plus grande partie de la population du Seïstan se compose aujourd'hui de Tadjik, descendants des anciens Persans, de Beloutchy et d'Afghans.

La ville de FERAH est bâtie dans une vallée fertile arrosée par le Ferâh Roud. Elle a une enceinte fortifiée en bon état et elle est entourée de jardins. Ferâh est un lieu de station pour les caravanes qui se rendent de Qandahâr à Hérât.

Bemm est située à deux journées de marche à l'est de Guevachir, capitale du Kerman. Les environs sont bien arrosés et fertiles. Elle est défendue par une forte citadelle et possède trois grandes mosquées. L'une d'elles est affectée aux chiites, l'autre aux sunnites et la troisième aux khawaridj. Bemm jouissait autrefois d'une grande réputation pour ses étoffes.

Le district de Hirmend s'étend sur les rives de ce fleuve : ses frontières ne peuvent être exactement déterminées. Il était autrefois bien cultivé et on y voit encore les traces de canaux de dérivation creusés pour les besoins de l'agriculture. Aujourd'hui les bords de l'Hirmend sont occupés par des Afghans et des Beloutchy, qui ne vivent que de déprédations. Le gros village fortifié de Guirichk n'a d'importance que par sa situation sur la route de Qandahâr à Hérât.

Le district de Zemin Daver s'étend sur la rive droite de la rivière Hirmend au delà de Guirichk sur une longueur de sept fersakhs. Il est borné au nord par les montagnes des Hézarèh, au sud par le district de Guirichk, à l'est par la rivière Hirmend et à l'ouest par le Siah Bend. Le sol du Zemin Daver est bien arrosé et fertile, mais il est peu cultivé. Il est presque entièrement couvert de pâturages. Le pays est habité par les Afghans Dourâny.

Qandahar s'élève au milieu d'une plaine arrosée par des canaux dérivés de l'Erghendâb et du Tirnaq. La ville actuelle a été construite par Ahmed Châh fondateur de la dynastie des Dourâny, qui en fit sa capitale et lui donna le nom d'Ahmed Châhy.

Qandahâr a été prise par Timour en 786 (1384), par Baber en 913 (1507), par Châh Abbas en 1030 (1620) et par Nadir

Châh en 1165 (1751.) Ce dernier conquérant voulait construire sur l'emplacement de Qandahâr une ville nouvelle qui aurait reçu le nom de Nadir Abâd.

Qandahâr ne renferme d'édifices dignes de remarque que le Tcharsou ou bazar central et le tombeau d'Ahmed Châh. Ce dernier monument est de forme octogone ; il est surmonté d'une coupole et a un minaret à chacun de ses angles. Il s'élève sur une plate-forme en pierres de taille et il est construit en pierres et en briques recouvertes de stuc coloré en rouge et en bleu sur lequel on a peint des fleurs et tracé des inscriptions. Autour du tombeau d'Ahmed Châh sont disposés douze tombeaux plus petits renfermant les restes de ses enfants morts en bas âge.

La population de Qandahâr se compose d'Afghans, de Persans, d'Uzbeks, de Beloutchy, de Juifs et d'Hindous. Ces derniers sont les maîtres du commerce de la ville.

Timour Châh, fils d'Ahmed Châh, transporta le siége du gouvernement de Qandahâr à Kâboul.

KELATI GHILDJAÏ est situé sur la route de Qandahar à Gaznah à dix-huit fersakhs au nord-ouest de la première ville. Cette ville est bâtie au sommet d'une colline conique de plus de cent mètres de hauteur. Elle passe pour être la place la plus forte de l'Afghanistan. Le sultan Baber s'en empara en 911 (1505).

KABOUL, la capitale de la province de ce nom, a été le siége du gouvernement avant le démembrement de la monarchie des Dourâny.

Le sultan Baber a laissé dans ses mémoires une longue description de Kâboul et de ses environs (1). Ce prince voulut y être enterré, et son tombeau se voit sur une des collines qui s'élèvent au sud de la ville. Timour Châh, fils d'Ahmed Châh, repose aussi à Kâboul.

Les bazars de cette ville jouissaient d'une grande réputation. Le Tchehar Tchetèh, qui se faisait remarquer par sa merveilleuse architecture, a été détruit par les troupes britanniques en 1842, en représailles de la trahison des habitants et des assassinats commis par eux.

La population de Kâboul se compose d'Afghans, de Tadjik, de Hézarèh, d'Hindous, d'Arméniens et de Juifs. Dix ou douze mille Qizilbach ou Persans, descendants de ceux que Nadir Châh avaient fixés dans la ville, habitent le Tchândol, quartier séparé qu'ils ont fortifié pour se mettre à l'abri des attaques des Afghans sunnites.

Le docteur J. Atkinson a publié dans ses *Sketches* (Londres, 1842) des vues de Kâboul, de quelques-uns de ses monuments et du tombeau de Baber (planches xviii, xix, xx, xxi, xxii, xxiii et xxiv).

L'ancienne et célèbre ville de GHAZNA a été détruite au xiie siècle par Ala oud Din Hassan Djihan Souz, souverain du Ghour. Une ville nouvelle a été bâtie à une demi-fersakh au sud-ouest. Elle est entourée d'une muraille flanquée de tours et percée de trois portes. Elle renferme tout au plus 5,000 habitants. La citadelle, bâtie au nord de la ville, sert de résidence au gouverneur. Le tombeau de Sultan Mahmoud se trouve dans la partie de l'ancienne ville appelée Raouzèh.

---

(1) *Memoirs of Zehir eddin Baber*, page 136.

Mémoires de Baber, traduits par M. Pavet de Courteille, tome I, pages 278 et suivantes.

La description des portes de Soumnat, les inscriptions en caractères coufiques qui y furent sculptées, et celles du tombeau de Sultan Mahmoud se trouvent dans le rapport de la commission d'officiers formée par le général Nott. Toutes les inscriptions ont été lues et traduites par sir H. Rawlinson, alors major dans l'armée expéditionnaire de l'Afghanistan (1842). Le tombeau et les portes qui s'y trouvaient ont été dessinées par le capitaine Lockyer Willis Hart et le docteur James Atkinson dans le *Character and Costume of Afghanistan, second series.* Londres, 1843 (pl. viii, ix et xxvi).

Kélati Nacir Khan, capitale du Béloutchistan, est bâtie sur la pente orientale d'une colline qui porte le nom de Châh Merdan. La ville est entourée d'une muraille en terre percée de trois portes : elle est commandée par une citadelle construite sur une éminence à l'ouest de la ville. Le khan réside dans cette citadelle. Kélât est renommée pour ses fabriques de fusils à mèche, d'épées et de lances. Elle doit son surnom à Nacir Khan qui gouverna le Béloutchistan sous Nadir Châh et Ahmed Châh.

Khabis, dont le nom est fautivement orthographié par Mir Abdoul Kerim, est une ville qui renferme huit cents maisons; elle est entourée d'une muraille en terre, et les jardins qui l'environnent produisent en abondance des dattes, des oranges et du hennèh.

L'ancienne ville de Khabis est en ruines et complétement abandonnée.

Nermachir ou Nermassir est une ville importante du Kerman, éloignée de deux journées de marche de Bemm.

Laghman. Le district de Laghman confine au Kafiristan et comprend le pays borné par les rivières de Tagao, de Kâboul et de Kouner. Les habitants de ce district sont des Afghans

Ghildjaï et des Tadjik. Les premiers sont fixés dans la partie montagneuse, les autres dans la plaine. Les Laghmany parlent un dialecte particulier que l'on suppose être le même que celui des habitants du Qouhistan, du Derèhi Nour et des Kafir Siahpouch. Ils parlent aussi le persan. Les Laghmany sont industrieux et excellents agriculteurs. Les Ghildjaï et les Tadjik ont des chefs particuliers qui relèvent du gouverneur de Djelal Abâd.

Tcharik Kar, district du Kouhistan du Kâboul. La ville de Tchârik Kâr est située sur la grande route qui conduit de Kâboul au Turkestan, à l'entrée de la vallée de Ghourbend. Elle est le centre d'un commerce très-actif avec les pays voisins : on en exporte une grande quantité de fer en barres ou travaillé en fers de chevaux.

Elle est la résidence du gouverneur du Kouhistan et l'on y prélève les droits sur les marchandises à destination du Turkestan ou importées de ce pays. Tchârik Kâr est défendue par plusieurs petits forts en terre dont le plus grand porte le nom de Khodja Mir Khan.

Youssouf Zey. Le district des Youssouf Zey forme la partie orientale du gouvernement de Pichâver. Ses limites sont, au nord, les montagnes des Youssouf Zey; au sud, la rivière de Kâboul ; à l'est, l'Indus, et, à l'ouest, la Maïra. C'est un pays plat, exclusivement habité par les Mandan, fraction de la grande tribu des Youssouf Zey.

Le Tcherkhi Louguer ou cercle de Louguer consiste en une vallée dont le sol est presqu'entièrement inculte. Il est borné au nord par la rivière de Kâboul, au sud par le district de Kharwar, à l'ouest par celui de Ghazna, et à l'est par le pays de Djadjy. Le Louguer est habité par des Wardaq, des Tadjik, des Ghildjaï, des Qizilbach et des Mohmend. Les uns sont chiites, les autres sunnites, et ils vivent dans un état d'hostilité perpétuelle. Louguer est un des quatre districts directement placés sous l'autorité de Kâboul.

Le PAYS DE KOUNER s'étend le long de la rivière de ce nom entre Pichout et Chewa. Les habitants sont des Safy, des Mohmend et des Tadjik. Ces derniers sont fixés dans la ville de Kouner et dans les villages où ils se livrent au commerce et à l'industrie. Le sol de Kouner est fertile, le climat tempéré. Les collines sont couvertes de forêts de pins.

Les Ghildjaï conduisent, pendant l'hiver, leurs troupeaux dans la vallée de Kouner et payent pour ce fait une redevance au gouverneur. On recueille de l'or en lavant les sables de la rivière de Kouner. Ce district est gouverné par des chefs qui prennent le nom de seyid. L'un d'eux, Seyid Nedjib, se révolta contre Zéman Châh et força ce prince à se réfugier dans le château de Achour Chinvary où il fut arrêté et livré par la garnison aux émissaires de Mahmoud Châh.

PICHOUT. Cette ville est située dans la vallée de Kouner et sur la rive gauche de cette rivière ; elle est éloignée de six fersakhs de Djelal Abâd. Elle est défendue par un fort appartenant aux seyids de Kouner. Les habitants sont des Afghans Ibrahim Kheil de la tribu de Salar Zey. Ils peuvent mettre sur pied quatre mille hommes armés de mousquets.

Les LOHANY sont une fraction de la grande tribu des Povindah qui s'adonnent exclusivement au commerce. Ils se divisent en Daoulet Kheil, Pany et Mian Kheil. Ils campent, en été, dans les environs de Panah et de Qarabagh. Dans cette saison, la plus grande partie des hommes fait le commerce à

Kâboul ou entreprend le transport des marchandises à Samarqand et à Boukhara.

Les tentes occupées par les femmes et par les enfants sont protégées par une force suffisante de guerriers. En automne, toute la tribu franchit le défilé de Goumal et va s'établir dans les Deïrèhs. Les hommes se rendent à Lahore et à Benarès, d'où ils reviennent au mois d'avril. La tribu retourne à cette époque à ses campements de Panah et de Qarabagh. Les Lohâny payent annuellement une redevance au souverain de Kâboul pour avoir le droit de faire paître pendant l'été leurs troupeaux dans le district de Ghazna.

Le PAYS DES KAUKERY est situé à l'extrémité sud-est de l'Afghanistan : aucun voyageur européen n'a pu y pénétrer jusqu'à ce jour. Les Kaukery prétendent descendre d'un certain Cheref oud Din dont la généalogie remonterait jusqu'à un des compagnons du Prophète. Cheref oud Din laissa cinq fils qui sont la souche des cinq tribus formant le peuple des Kaukery. Les Kaukery sont répandus dans tout l'Afghanistan, et l'on trouve quelques familles établies dans le Kachmir, sur les bords du Djhelam.

Les Kaukery possèdent d'immenses troupeaux de bœufs, de moutons et de chameaux. Ils exportent dans les Deïrèhs et à Qandahâr de la laine, des peaux et du ghi (beurre clarifié et liquide).

Ils récoltent dans leur pays de l'assa fœtida et des gommes aromatiques qu'ils transportent à Hérât où ils ont le monopole de ce commerce.

II

LE BALA HISSAR DE KABOUL

Le Bala Hissar de Kâboul a joué dans l'histoire de l'Afghanistan un rôle si important que j'ai cru devoir en insérer ici une description très-détaillée. Les auteurs orientaux que j'ai eus à ma disposition ne disent que peu de mots sur son origine et ils s'abstiennent de donner le moindre renseignement sur cette résidence royale.

M. Charles Masson dans le second volume de son ouvrage qui a pour titre : *Narrative of various journeys in Baluchistan, Afghanistan and the Panjab* (Londres 1842), a consacré à cet édifice les pages suivantes qui contiennent des détails intéressants et que l'on chercherait vainement ailleurs.

« Le Bala Hissar a, dans l'origine, été très-solidement construit. Les murailles qui suivent la configuration du terrain sont en maçonnerie dans leur partie inférieure et elles s'appuient sur le roc à une profondeur de quinze ou vingt pieds. Dans leur partie supérieure, elles ont six ou sept pieds d'élévation et elles sont construites en briques cuites. Elles forment un parapet crénelé pourvu d'embrasures et de meurtrières, ainsi que d'une suite régulière de Kangourèhs (créneaux).

« On a, autrefois, élevé entre la muraille et le fossé, un chirazy ou fausse-braye en terre. Le fossé est large, mais de profondeur inégale. Il n'a point été entretenu et il a été envahi par une végétation abondante qui, à la fin de l'automne, lorsque les eaux ont diminué, sert de pâture au bétail.

« A l'extrémité sud-ouest des fortifications, à l'endroit où la colline la plus basse de Bala Hissar se relie à la plus élevée et où s'ouvrait autrefois la porte de Djebbar (Dervazèhi Djebbar), le fossé n'a pas été continué, soit que la nature du rocher ne l'ait pas permis, soit que les obstacles qu'il présentait aient été jugés trop considérables pour entrer en ligne de compte avec les avantages à obtenir. Ce côté semble, cependant, avoir été considéré comme le point faible de la place. Pour le fortifier, on a construit sur la colline qui le commande, une tour massive appelée Bourdji Houlakou, que la tradition rattache à ce conquérant. Les travaux de défense élevés par le serdar Djihan Khan s'étendaient jusqu'à ce point et renfermaient la tour de Houlakou. Dans les guerres intestines qui ont eu lieu dans ces dernières années, cet ouvrage, destiné à défendre la forteresse, est toujours, dès le début des hostilités, tombé entre les mains des assaillants.

« Le Bala Hissar de Kâboul commandé au sud-ouest et à l'ouest par des hauteurs qui le dominent et sur lesquelles Nadir Châh avait établi ses batteries, ne peut pas être considéré comme capable de résister à une attaque faite selon les règles de l'art. Si nous nous reportons à des temps plus reculés, nous pouvons partager l'avis du judicieux Baber sur l'importance qu'il attachait à ses fortifications. Le siége soutenu à une autre époque contre Nadir n'a pas diminué la réputation de cette forteresse.

« Le Bala Hissar de Kâboul renferme deux parties bien distinctes : Bala Hissar Payn et Bala Hissar Bala. Bala Hissar signifie la forteresse supérieure. Pichâver, Kâboul, Ghazna, Qandahâr et Hérât ont toutes leur Bala Hissar qui équivaut à l'Erk des villes de la Perse. Bala Hissar Bala et Bala Hissar Payn donnent donc l'idée d'une forteresse supérieure et d'une forteresse inférieure. A Hérât, à Qandahâr et à Ghazna, la citadelle est comprise dans l'enceinte de la ville ; à Kâboul, à Pichâver, elle est située en dehors.

« Sous le règne des souverains Sadou Zey, le Bala Hissar Bala servait de prison d'Etat. Aujourd'hui, c'est une solitude remplie de ruines.

« Le sommet de l'éminence sur laquelle est construit Bala Hissar Bala est surmonté d'un bâtiment carré flanqué de tourelles et qui tombe en ruines. On lui donne le nom de Koulahi Firengui (le chapeau européen). Il est de date fort récente, car il est l'œuvre du serdar Sultan Mehemmed Khan, qui le fit élever par un architecte fort inexpérimenté, Hadji Aly Kouhistany, officier qui servait sous ses ordres. Ce bâtiment n'avait d'autre but que celui de permettre au serdar et à ses amis de jouir de la beauté du paysage environnant : aussi la construction en était fort légère. De cet endroit, le spectateur domine complétement le palais royal.

« On trouve à Koulahi Firengui, au-dessous des murs et du côté nord, deux objets qui méritent d'être décrits. Ce sont deux blocs de marbre blanc taillé formant ce que l'on appelle ici des takhts ou trônes. Sur le côté de l'un d'eux, on voit un flacon sculpté. Ce symbole de la joie et de la bonne chère peut expliquer l'usage de ces trônes et rappelle à la pensée que, c'est à cette même place, que Baber a si souvent tenu ses réunions joyeuses. Il s'en souvenait sans doute, quand il déclarait que Kâboul est le meilleur endroit du monde pour boire du vin. Il y a, à côté de ces trônes, un réservoir en miniature ne pouvant servir à des ablutions générales, mais qui convient parfaitement pour laver ses mains, les pialèhs (coupes) et pour satisfaire à toutes les exigences d'un repas oriental.

« Dans l'enceinte de Bala Hissar Bala, on trouve deux puits revêtus de maçonnerie. L'un d'eux nommé Siah Tchâh (puits noir) a servi de prison jusqu'à Châh Mahmoud. Le vézir Fethy Khan a enfermé plusieurs de ses frères, entre autres Dost Mehemmed Khan dans ce Siah Tchâh. Après les exécutions, on y jetait quelquefois les corps des suppliciés. L'autre puits, aujourd'hui abandonné, fournissait autrefois une eau excellente. L'enceinte extérieure de Bala Hissar Bala est percée de trois portes. La première conduit dans Bala Hissar Payn, un peu au sud du palais. Cette porte a été minée par Dost Mehemmed Khan, quand il assiégea le prince Djihanguir, fils de Kamran. La seconde porte est nommée Dervazèhi Kachy, à cause des plaques de faïence émaillée qui la recouvrent. Elle regarde la plaine du côté de l'est. C'est par cette porte que s'échappa le prince Djihanguir. La troisième porte, plus petite que les deux autres, mène à la colline de Khodja Sefer, près de la porte de Djebbar. Elle est appelée « porte du sang », parce que l'on y faisait passer secrètement la nuit les cadavres des membres de la famille royale, victimes des craintes ou du ressentiment du souverain régnant.

« Sous les princes Sadou Zey, Bala Hissar Payn renfermait, outre le palais et ses dépendances, le quartier de la garde royale ou Ghoulam Khanèh. Bala Hissar Payn contient un millier de maisons environ. Le bazar est bien pourvu. Cette agglomération de maisons est divisée en plusieurs quartiers ou mahallèh qui tirent leurs noms des races qui les habitent: ainsi, Mahallèhi Arab, quartier des Arabes, Mahallèhi Habechy, quartier des Abyssins, Mahallèhi Ermeny, quartier des Arméniens, etc. La police est faite par un koutouval, et les délits sont jugés par une Cour de justice. »

Le docteur J. Atkinson a donné une vue du Bala Hissar de Kâboul, dans ses *Sketches of Afghanistan*, Pl. xx.

III

NOTICE SUR L'ETAT DU TURKESTAN ET SUR NER BOUTEH BI QUI A GOUVERNÉ PRÉCÉDEMMENT CETTE CONTRÉE

La notice qui suit est placée à la fin du *Tarikhi Ahmed*. Cet ouvrage a été composé pour Abdourrahman Khan, fils de Hadji Mehemmed Rouchen Khan par Mehemmed Abdoul Kerim Mounchy. Il comprend l'histoire de l'Afghanistan depuis le commencement du règne d'Ahmed Châh jusqu'à la fuite de Mahmoud Châh dans le Qouhistan (1212-1797). Il comprend donc un espace de quarante-sept ans.

Le règne du fondateur de la dynastie des Dourâny formant la partie la plus importante de ce livre, l'auteur lui a donné en l'honneur de ce prince le titre de Tarikhi Ahmed. Il a placé à la fin de son récit la description du Pendjâb et des itinéraires de Pichâver à Kâboul, Qandahâr et Hérât, de Kâboul à Qandahâr, de Quandahâr à Hérât, de Hérât à Djecht. La dernière partie est consacrée au Turkestan et le lecteur en trouve ici la traduction.

« Il faut savoir que les tribus turques, uzbeks, aliman et qirghiz portent des vêtements noirs faits de peaux de cheval. Le plus illustre des khans turcs, et le chef le plus important des tribus uzbeks est Ner Boutèh Bi dont l'autorité est reconnue par les tribus uzbeks établies dans les plaines depuis Samarqand, Yarkend, la steppe de Goukan jusqu'aux frontières de la Chine du Nord. Le nombre de ces Uzbeks s'élève approximativement à cent cinquante mille familles. Ce prince a toujours auprès de lui cinquante mille cavaliers sans compter ceux des tribus nomades. Il fait sa résidence dans la ville de Khoqand qui est de toutes les villes la plus rapprochée de la frontière de la Chine. L'empereur de la Chine en parlant de lui, l'appelle « son fils ».

« Tous les ans ou tous les deux ans, un ambassadeur de Ner Boutèh Bi se rend auprès de l'empereur et lui offre en présent, des chevaux, des peaux de martre et d'autres cadeaux. L'empereur témoigne à l'ambassadeur de ce prince des égards et une considération qu'il n'accorde pas aux envoyés des autres souverains et des autres princes. Lorsque l'ambassadeur de Ner Boutèh Bi paraît en sa présence, l'empereur lui demande à trois reprises des nouvelles de la santé et de l'état du khan, en ces termes : « Mon fils Ner Boutèh jouit-il de toute satisfaction et de tout contentement ? » Les présents qu'il lui envoie en or rouge et en autres objets représentent une somme de plusieurs laks de roupies. Ner Boutèh Bi exerçant son pouvoir sur des hordes et des tribus nombreuses, l'empereur de Chine met tous ses soins à entretenir de bonnes relations avec lui. »

Châh Ghafrân oullah Serhindy, dont les enfants habitent aujourd'hui la ville de Pichâver, s'était rendu, d'après l'ordre de Timour Châh ou de Zéman Châh, à Khoqand en l'année 1209 de l'Hégire (1794). Il a raconté à quelqu'un que le qazhi oul qouzhat de la ville de Khoqand était allé auprès de l'empereur de Chine en qualité d'ambassadeur de Ner Boutèh Bi. « Au bout de quinze jours de marche, racontait le qazhi, j'arrivai à la frontière de Chine ; j'y trouvai une voiture traînée par des chevaux et montée par deux hommes. »

« Lorsque je m'approchai, ils me firent entrer seul et asseoir dans cette voiture, dont la forme était semblable à celle d'un grand coffre. Ils la firent avancer ; nous étions à la dernière période de l'hiver ; ils placèrent devant moi une pierre noire aussi chaude que le feu et qui ne causait aucune incomodité au corps ni aucun dommage aux vêtements. Je vis, dans cette voiture, tout ce qu'il fallait en fait d'aliments et de boissons. En route, on me faisait déjeûner, et, le soir, on me faisait descendre dans une grande tour solidement construite occupée par cinq cents hommes de garnison et dans laquelle se trouvait tout ce qui est nécessaire à la vie. La voiture était fermée des quatre côtés ; je ne vis point sur toute la route un seul endroit bien peuplé. En résumé, je mis un mois et quelques jours à franchir la distance qui sépare la frontière de la capitale de la Chine et dans toutes les stations et dans tous les postes fortifiés où je descendis, les Chinois avaient préparé le repas du matin et le dîner. J'arrivai à la capitale dans cette même voiture et l'on me conduisit en présence de l'empereur. Quand on approcha du palais, je descendis et j'y entrai à pied. Je vis une résidence ravissante et magnifique ; les murs et le plafond étaient dorés et incrustés de glaces ; au milieu se trouvait un pavillon élégant couvert de dorures et de glaces fixées dans les murailles. Je me conformai aux instructions de la personne qui m'accompagnait et je saluai en me prosternant à terre. Je vis paraître au haut du pavillon une main, et une personne m'interpella en langue turque du Khita en me disant : « L'empereur daigne demander : Mon fils Ner Boutèh Bi jouit-il d'une bonne santé et de tout contentement? » Après ces paroles, je me prosternai selon la recommandation qui me fut faite et je répondis humblement : « Ner Boutèh Bi n'a d'autre occupation que celle de faire des vœux pour Sa Majesté. » Lorsque j'eus la permission de me retirer, l'empereur fit présent au khan d'objets et de curiosités de Chine dont la valeur était de dix laks de roupies. Il m'accorda en or la somme de vingt mille roupies sans compter des cadeaux en produits de l'industrie de ce pays. Tous ces présents furent placés dans la voiture ; on m'y fit remonter et l'on me reconduisit à la frontière de Khoqand dans le même espace de temps que celui que j'avais mis pour me rendre à Pékin. » Tel est le récit qui a été fait par le qazhi oul qouzhat.

Châh Ghafrân oullah racontait ce qui suit : « J'ai parcouru et vu tout le Turkestan ; je n'y ai point rencontré un homme aussi juste, aussi équitable, aussi clément, d'un sens aussi rassis que Ner Boutèh Bi. Il a construit pour sa résidence, un palais d'une grande élégance et d'une rare beauté, dont les murs sont couverts de glaces incrustées. Personne ne peut pénétrer jusqu'à lui ; cinquante ou soixante soldats montent la garde autour de ce palais ; ils recueillent les suppliques des solliciteurs, les portent dans l'intérieur et les rendent avec une annotation manuscrite. Tous les vendredis, le khan se rend à la mosquée escorté par environ dix mille cavaliers et par des soldats bien armés. Il y trouve les ulémas et les seyids et il reçoit les suppliques. Il prend des décisions pour toutes les affaires dont la solution est facile. Il confie à la justice des muftis l'examen de celles qui sont difficiles et qui exigent une longue étude pour qu'elles soient jugées selon les prescriptions de la loi religieuse. Après cela, il se rend dans un palais qui peut contenir dix mille personnes et il y fait un repas. La nourriture du khan consiste en viandes apprêtées à la manière uzbek ; il mange peu de riz. Quand ce repas est terminé, il retourne à son palais d'où il ne sort que le vendredi suivant pour recevoir les salutations du peuple et s'occuper d'affaires. Les ambassadeurs ne sont reçus en sa présence qu'avec le cérémonial usité chez les souverains. Il a auprès de lui, les représentants de tous les khans du Turkestan ; comme Châh Murad Bi, souverain de Boukhara, Khouday Nazar Bi et autres. Ces envoyés lui exposent leurs affaires par écrit. »

« Boutèh en turc et aussi en hindy signifie le petit du chameau ; le mot bi est une abrévation de beik ; il se place à la suite des noms turcs et mogols de la même manière que le mot khan à la suite des noms afghans. Comme le jeune chameau est vigoureux, agile et léger à la course, on a donné ce nom au chef du Khoqand qui fait preuve, dans son gouvernement et dans son administration, de force, de décision et de promptitude dans le jugement. En effet, les noms servent à caractériser les personnes et principalement les noms et les surnoms donnés aux souverains et aux princes du Turkestan. »

« Châh Murad Bi est un des chefs et des souverains les plus considérables du Turkestan ; il descend de Touktoumich Khan qui était le chef du Turkestan à l'époque de Timour Gouregan. Touktoumich combattit ce prince ; il fut vaincu et fit sa soumission. »

« Khouday Nazar Bi est un des chefs uzbeks les plus illustres. Il réside à Ouratèpèh ville située au nord-ouest de Kâboul, à la distance de six cents karohs (1) ; il commande à dix mille familles. Il a une fois mis en déroute Châh Murad Bi qu'il a poursuivi jusqu'aux portes de Boukhara. Il dépense tous les ans dix mille tillas qui représentent la somme de quarante-huit mille roupies pour l'entretien des ulémas, des gens de loi, des cheikhs et des étudiants. Timour Châh Dourâny lui envoyait des présents en argent et en vêtements, en haine de Châh Murad Bi. Sa domination s'étend jusqu'aux environs de Balkh. Zéman Châh Dourâny lui témoignait aussi beaucoup de considération. A cette époque il était en paix avec Châh Murad Bi. »

« Une personne qui appartenait à la famille des directeurs spirituels de Khouday Nazar Bi racontait que, malgré sa vieillesse, il mangeait tous les jours un mouton entier ; il dormait pendant le jour ; le soir, on apprêtait en ragoût un mouton qu'on laissait bouillir longtemps ; on en remplissait deux grands plats creux que l'on plaçait devant lui. On mettait à sa portée des couteaux bien affilés et pendant toute la nuit, il mangeait tout doucement la viande qu'il coupait avec son couteau. Quand il avait achevé de manger : « maintenant je suis rassasié » disait-il. Il se plaignait que son appétit avait beaucoup diminué. Il est doué d'une telle valeur que deux cents cavaliers ne peuvent tenir devant lui. Sa lance est si pesante et si longue que lui seul peut la soulever. »

« Mir Mehemmed Châh, roi de Badakhchan a environ dix ou quinze mille cavaliers et fantassins Tadjik ; (il faut com-

---

(1) Le karoh ou coss désigne une mesure de distance, variable selon les différents pays, mais que l'on estime généralement à deux milles anglais (3 kilomètres 200.)

prendre dans ce nombre les soldats d'origine turque qui sont dans les villes et dans les villages) mais il est toujours vaincu par les Uzbeks. Il maintient sa domination tantôt par des arrangements pacifiques, tantôt par la guerre. Il est d'une famille de seyids. Il réside dans la ville de Feyz Abâd. Badakhchan et la principauté qui porte ce nom sont au nord de Kâboul, à la distance de deux cents et quelques karohs ; elle est située entre Balkh, Qoundouz, Hissar et Koulab. Le Badakhchan commence à l'Hindoukouch qui se trouve à cent et quelque karohs de Kaboul et il se termine au canton de Qoundouz et de Koulab. Dans ce pays chaque chef commande dans la localité où il est établi, bien qu'il affecte en apparence d'obéir au roi de Badakhchan. Ces chefs paient de temps en temps, selon leur convenance, quelques impôts. Cette province renferme des mines de lapis lazuli et de rubis situées près de la ville de Feyz Abâd. »

« En l'année 1212 (1797) de l'hégire, il y avait d'autres petits chefs uzbeks tels que Feth Aly Khan, Djafer Aly Khan et autres. Ces chefs sont nombreux dans les environs de Qoundouz, de Hissar et de Koulab. Chacun d'eux possède un château-fort et un territoire proportionné à sa force et à sa puissance. Toutes les fois qu'un souverain parvient à les dominer, il se fait attribuer une somme proportionnée à leur richesse et il se charge de protéger leur territoire. »

IV

LE TURKESTAN ET LE DECHT

Cette description du Turkestan est tirée du *Djihan Numa* de Hadji Khalfa. J'en ai fait de nouveau la traduction bien que M. Klaproth en ait déjà publié une dans le *Magasin asiatique*, tome II, Paris, 1826, que Ritter a insérée dans le tome VII de son *Erdkunde*.

« Le Turkestan est borné à l'est par les frontières de la Chine, au nord par le Dechti Qiptchaq et les steppes de la Russie, au sud par le pays de Badakhchan, le Ma vera oun Neher, le Kachmir et le Tibet; à l'ouest, par le Kharezm et le Daghestan. Dans le Dechti Qiptchaq, c'est la rivière de Ten qui lui sert de limite. Les villes sont peu nombreuses et éloignées les unes des autres. La plus grande partie du pays se compose de plaines couvertes de verdure et habitées : cette circonstance fait que ce pays est compté parmi les contrées les moins civilisées. La principale province est celle de Kachgar; elle est la plus vaste du Turkestan; elle est située à quinze journées de marche au nord-est d'Endedjan. Cette province est bornée au nord par les montagnes du Mogholistan, d'où descendent de nombreuses rivières qui viennent l'arroser. Au sud, sa frontière est bordée en partie par le pays de Chach (Ferghanah) et en partie par une plaine sablonneuse ; à l'ouest, elle est bornée par une longue chaîne de montagnes qui se détachent de celle du Mogholistan : les rivières qui prennent leur source dans cette chaîne coulent à l'est. Les provinces de Kachgar et de Khoten sont situées au pied de cette montagne. A l'est, quand on dépasse Thourfan, on arrive au pays des Qalmaq; à l'est et au midi se trouvent des plaines sablonneuses et boisées d'une très-vaste étendue. De Chach à Thourfan, il y a trois mois de route ; il y avait jadis dans ces plaines des villes florissantes, mais, aujourd'hui, il ne subsiste que le nom de deux d'entre elles : l'une est Sob et l'autre Kenk; toutes les autres sont en ruines et recouvertes par le sable qui les a envahies. On trouve dans ces plaines des chameaux sauvages auxquels on fait la chasse. La capitale de Kachgar est située au pied des montagnes qui bordent la province à l'occident ; dans ces montagnes prennent leur source plusieurs rivières qui arrosent les champs cultivés ; l'une d'elles s'appelle le Temen. Autrefois cette rivière traversait la ville de Kachgar ; Mirza Abou Bekr détruisit la ville, et la rebâtit sur une rive de ce même cours d'eau qui la longe. L'auteur du *Takouim* écrit Kachgar avec un qaf. C'est une grande ville dont la population est musulmane. D'après l'auteur du *Qanouni Massoudi*, cette ville porte aussi le nom de Ordoukend. Le cheikh Saad oud Din Kachgary est né dans cette ville.

Yarkend est située par 112° de longitude et 42° 1/2 de latitude ; c'est la capitale de la province de Kachgar. Cette ville, autrefois très-considérable, était tombée graduellement en décadence et elle avait fini par devenir le refuge des bêtes fauves; son climat et ses eaux ayant plu à Mirza Abou Bekr, ce prince la rebâtit et en fit sa capitale; il y amena les eaux des environs, fit construire de magnifiques édifices et l'entoura d'une muraille fortifiée de trente coudées de hauteur. Il fit planter dans ses environs près de douze mille vergers; ses canaux, ses arbres et ses jardins toujours fleuris font que, dans la province de Kachgar, il n'y a pas de ville plus agréable que Yarkend. Ses eaux sont remarquables par leur pureté et leur bon goût; elles sont peu abondantes au printemps, mais considérables au mois de juillet. On trouve dans le lit des rivières la pierre de jade. L'air de Yarkend n'est pas pur; mais, en général, le climat de Kachgar est froid et salubre, et la population y jouit d'une bonne santé; malgré l'abondance des fruits, les maladies sont rares. Le commerce des fruits est peu considérable. La population se divise en quatre classes: 1° les cultivateurs, 2° les Qoutchin qui forment la classe militaire, 3° les Ouïmaq et 4° les gens de loi et les administrateurs des biens de mainmorte. De Yarkend jusqu'à Lakhouf, qui est situé à trois journées de marche, on ne voit que canaux, arbres, vergers et jardins. Quand on dépasse Lakhouf, jusqu'à Khoten situé à dix journées de marche, on ne trouve que les constructions élevées pour servir de station aux caravanes; il n'y a tout le long de la route aucun endroit cultivé, on ne voit que le désert.

Yenghy Hissar, par $110°^{1/2}$ de longitude et $42°^{1/2}$ de latitude, est peu éloignée de Yarkend. Khoten est une ville située à l'extrémité du Turkestan, au delà de Yuzkend; elle est arrosée par plusieurs rivières, elle se trouve par 116° de longitude et 42° de latitude. L'auteur du *Traité des sept climats* dit que Khoten doit être comptée parmi les villes célèbres, mais qu'aujourd'hui elle est en décadence. Les deux rivières principales sont nommées l'une Bouqratach et l'autre Barourenktach ; on trouve dans le lit de ces deux rivières la pierre de jade qui est pour les habitants un objet de commerce et une source de richesse. Khoten produit principalement de la toile et des étoffes de soie ; le blé y est abondant ; tous les vendredis on y tient un marché auquel on se rend de tous côtés ; l'on y voit réunis jusqu'à vingt mille hommes.

Yessy est situé à 101° de longitude et à 43° de latitude. Cette ville célèbre est la capitale du Turkestan. C'était autrefois la résidence des khans uzbeks. Khodja Ahmed, cheikh de l'ordre des Naqchbendy, doit son surnom (Yessevy) à cette ville.

Sinan est situé à une journée de marche à l'ouest de Yessy.

Otrar est situé à une journée de marche de Yessy, du côté de Tachkend. Le jurisconsulte hanèfite Qawwam oud Din est né dans cette ville.

Thourfan est située sur la route de Samarqand en Chine ; elle se trouve à dix-huit journées de marche d'Endedjan. Cette ville est placée au milieu du Mogholistan ; quelques auteurs prétendent qu'elle est située entre Kachgar et Khoten.

Tendou est situé à 114° de longitude et 39° de latitude.

Bersadjan, situé à 114° 1/2 de longitude et de 41° de latitude, est à l'est de Kachgar. D'après Ibn Saïd, il y avait deux capitales dans le Turkestan : l'une était Kachgar et l'autre Bersadjan...

Autrefois on se rendait de Khoten en Chine en quatorze

journées de marche. Le pays que l'on parcourait était cultivé et offrait des ressources ; on n'avait pas besoin de se réunir en caravane pour faire le voyage, un ou deux voyageurs pouvaient marcher en sécurité. Aujourd'hui cette route est au pouvoir des Qalmaq qui l'interceptent et empêchent d'y passer, et il faut suivre une route que l'on parcourt en cent étapes. Khodja Ghias, ambassadeur d'Oulough Bey, raconte qu'il a suivi cette route : parti de Samarqand, il arriva à Ildouz après deux mois de marche ; à la fin du troisième mois, il atteignit Thourfan ; il lui fallut ensuite vingt jours pour gagner Qamil et vingt-cinq jours pour arriver à Sektcheou, place située sur la frontière de Chine.

Le pays qui sépare ces différentes villes est désert. De Kachgar, capitale du Turkestan, jusqu'à Samarqand, situé à l'ouest, il y a trente journées de marche; jusqu'à Lahore au sud, vingt-quatre ; de Yessy à Samarqand, dix-sept ; jusqu'à Boukhara, vingt-cinq ; jusqu'à Tachkend, neuf ou dix étapes ; de Tachkend jusqu'à Samarqand, situé à l'ouest, il y a six étapes ; jusqu'à Endedjan, sept ; d'Endedjan jusqu'au Mogholistan, huit ; et du Mogholistan jusqu'à Thourfan, dix.

V

Les deux chapitres suivants sont extraits de l'ouvrage de Séify, qui a pour titre : *Histoire des souverains de l'Inde, du Sind, du Khita, du Khoten, de Derèh, de Dervaz, du Kachmir, de la Perse, de Kachgar, des Qalmaq, etc.*

II. LE CHEF DES QALMAQ. — LE ROYAUME DU TIBET.

Le pays des Qalmaq (1) est situé en deçà de la Chine. Le chef de cette contrée porte le nom d'Oktaï et le surnom de Altoun. Tous les chefs Qalmaq reçoivent ce surnom. Altoun Khan descend de Djenguiz Khan qui franchit le Djihoun, revint sur ses pas et mourut dans le pays des Qalmaq. De nos jours, Altoun Khan a fait placer les ossements de Djenguiz dans un cercueil en or qu'il transporte partout avec lui. Toutes les fois que surgit une affaire importante, il se prosterne, en

---

(1) La première mention des Qalmaq dans les auteurs orientaux se trouve dans l'itinéraire des ambassadeurs envoyés en 822 (1419) par Châh Roukh et Oulough bey à la cour de Pékin. Cet itinéraire a été inséré par Aboul Hassan Saïd el Djourdjany dans son ouvrage géographique intitulé : *Messalik oul Memalik.* « Thourfan, dit l'auteur de l'itinéraire, est une ville fortifiée. On y trouve les Qalmaq, qui se livrent au brigandage. » Witsen a donné la traduction de l'itinéraire extrait de Saïd el Djourdjany dans son ouvrage : « *Noord en Oost Tartaryen* ». Amsterdam, 1785, pages 491 et suivantes. Seyid Aly Ekber Khitay ne consacre aux Qalmaq que quelques mots sans intérêt.

se conformant à sa fausse croyance, devant le cercueil de Djenguiz et il implore son aide, car les Qalmaq sont infidèles.

Dans cette contrée se trouve une caverne située sur le flanc d'une montagne; du sein de cette caverne s'élève une colonne de flammes qui atteint la hauteur d'un minaret. Les Qalmaq rendent un culte à cette flamme : selon eux (que Dieu nous préserve d'un pareil blasphème), Djenguiz Khan fait des miracles. Toutes les fois que le chef des Qalmaq fait la guerre à un prince voisin, il transporte avec lui le cercueil de Djenguiz au-dessus duquel il plante son drapeau. Altoun Khan fait quelquefois la guerre à l'empereur de Chine, mais il ne peut pas lui résister efficacement; il fait des expéditions jusqu'à la grande muraille de la Chine, met en fuite les gens qu'il rencontre et enlève leurs troupeaux; mais il ne peut franchir les fortifications, car il n'a ni canons, ni fusils, tandis que les Chinois en possèdent beaucoup. L'empereur de Chine désigne alors un général pour marcher contre Altoun Khan, car, il ne prend jamais part, de sa personne, à aucune expédition. Dans toutes ces contrées, il n'y a personne qui puisse résister aux Chinois. L'empereur de Chine désigna une fois un général pour aller combattre Altoun Khan : celui-ci le vainquit dans une bataille et le fit prisonnier; l'empereur, outré de colère, fit marcher un autre général avec une armée innombrable. Altoun Khan voulut lui résister, mais il fut battu et son frère fut tué; son camp fut pillé; un grand nombre de Qalmaq restèrent sur le champ de bataille. Altoun Khan, incapable de résister, demanda la paix et rendit la liberté au général qu'il avait fait prisonnier. Aujourd'hui, les deux parties ont renoncé aux hostilités et sont en paix; mais les Qalmaq, divisés en petites troupes, se jettent sur tout ce qui se rencontre en dehors des villes chinoises, puis ils battent en retraite. Quand les troupes chinoises sont informées à temps, elles fondent sur les Qalmaq, mais sans s'aventurer dans leur pays, par ce qu'elles marchent avec lenteur, à cause de leur artillerie et de leur armement. Ces Qalmaq ressemblent par leur manière de combattre aux Tatars. Si l'empereur de Chine fait des représentations à Altoun Khan au sujet de ces incursions, celui-ci se borne à répondre qu'il n'en a aucune connaissance, qu'il recherchera les brigands et qu'il les punira. Cet état d'hostilité est perpétuel entre les deux pays.

Au delà du pays de Kachgar se trouve la tribu des Qazaq : ce sont des nomades qui n'ont ni villes, ni villages ; leur nombre s'élève à deux cent mille familles ; leurs khans portent le nom de Tevekkul. Ces Qazaq firent une fois une expédition contre les Qalmaq ; le chef des Qalmaq, en fut informé, et envoya à leur poursuite un de ses vézirs. « Ne reviens pas, ordonna-t-il, sans ramener Tevekkul, ou sans rapporter sa tête. » Le vézir se mit en marche. Tevekkul fit une reconnaissance du côté de son campement, et voyant le nombre infini des guerriers Qalmaq, il jugea toute résistance impossible et se réfugia à Tachkend. Les Qalmaq poursuivirent les Qazaq et pillèrent la moitié de leur tribu. Tevekkul laissa l'autre partie de sa tribu à Tachkend.

Tachkend est une grande ville qui a été autrefois la capitale d'Afrassiab. A cette époque, le souverain de Tachkend était Bouzour Ahmed Khan, qui portait le surnom de Barâq Khan : il descendait de Djenguiz. Tevekkul s'était donc réfugié à Tachkend ; les Qalmaq, après avoir pillé sa tribu, étaient retournés dans leur pays ; Tevekkul envoya un émissaire à Barâq Khan. « Je suis venu dans votre pays, lui fit-il dire, je me suis mis sous votre protection ; nous sommes attachés l'un à l'autre par les liens de la parenté, nous descendons tous les deux de Djenguiz ; en outre, nous sommes musulmans et coreligionnaires ; accordez-moi votre aide et marchons tous deux pour tirer vengeance de ces infidèles. » Barâq Khan lui fit répondre : « Si dix princes comme vous et moi se liguaient ensemble, ils ne pourraient résister aux Qalmaq, car ils sont aussi nombreux que les hordes de Yadjoudj. » En effet, ils ressemblent par leur multitude au peuple de Magog. Ils sont, comme les hommes de ce peuple, de petite taille. Les Qalmaq mangent toutes sortes d'animaux et même des serpents. Cependant, tous les Qalmaq n'agissent pas ainsi, mais seulement quelques fractions de tribus. Quand un Qalmaq vient à mourir, on met sur son tombeau tous les objets qui lui ont appartenu ; personne n'y touche, car, selon leur vaine croyance, si quelqu'un enlevait de ces objets, il serait chargé de tous les péchés du mort. C'est pour cela qu'ils n'osent rien dérober.

Les habitants de Tachkend font quelquefois des incursions sur leur territoire et enlèvent des Qalmaq. Après les engagements, quand les habitants de Tachkend dépouillent les morts et qu'ils enlèvent les cottes de mailles et les armures, on reconnaît des jeunes filles parmi ceux qui ont succombé. Cette tribu des Qalmaq est douée d'une telle intrépidité que les jeunes filles elles-mêmes vont à la guerre, après s'être couvertes d'armures.

Une fois, Altoun Khan, le chef des Qalmaq, donna le commandement d'une nombreuse armée à un de ses vézirs. Celui-ci, dans l'expédition dont il était chargé, tomba malade auprès de la ville de Thourfan, dans le pays de Kachgar. Il fit demander un médecin dans cette ville et les habitants, pour éviter le pillage, lui en envoyèrent un pour le soigner. A son retour, ce dernier raconta qu'ayant marché un jour et une nuit à travers le camp des Qalmaq, il n'était arrivé que le lendemain matin à la tente du chef. Malgré leur nombre infini, les Qalmaq ne peuvent résister à l'empereur de la Chine et ils sont vaincus par lui.

Distique. « Dieu, qui a créé le firmament et tout ce qui se trouve au-dessous, a établi les puissances sur la terre. »

Le Royaume du Tibet. — En deçà du Khita se trouve le Tibet, pays vaste et florissant. Il n'est pas gouverné par un chef unique, mais il est soumis à plusieurs princes qui se font continuellement la guerre. Si un ennemi extérieur vient les attaquer, ils font trêve à leurs inimitiés particulières, s'unissent et se portent mutuellement secours. Ce pays est couvert de montagnes escarpées et couvertes de forêts : on n'y a accès que par des défilés. Lorsque l'empereur de Chine veut faire une expédition contre les Tibétains, ceux-ci occupent les défilés et en défendent l'entrée. Ils reconnaissent néanmoins l'autorité de l'empereur de Chine; mais ils se révoltent quelquefois contre lui. On importe de Chine en Tibet une feuille que l'on appelle « tchay » (le thé). Ils en font un breuvage qu'ils boivent comme on boit le café chez nous ; quand ils n'ont pas de thé, leur caractère devient morose comme celui des Theriaqy à Constantinople. Le climat du Tibet est malsain, mais le thé en corrige la mauvaise influence ; la nécessité de se procurer le thé leur fait avoir avec la Chine des relations amicales. Le costume des Tibétains est noir des pieds à la tête ; l'or est si abondant chez eux, qu'ils en fabriquent leurs plats et leurs assiettes. Les Tibétains sont de très-petite taille. Le Tibet est borné d'un côté par le Kachmir et l'Hindoustan, de l'autre côté par le pays des Qalmaq et la province de Kachgar; mais, entre ces derniers pays et le Tibet, il y a un désert de plusieurs journées de marche.

III. LA PROVINCE DE KACHGAR. — LE PAYS DES QAZAQ ET DE TOURA.

La province de Kachgar. — Le pays de Kachgar est d'une vaste étendue, on l'appelle aussi le Khoten ; au delà du Khoten s'étend l'empire de la Chine. Kachgar est désigné sous ces deux noms comme la Perse est désignée par les mots Adjem ou Iran, et la Chine par ceux de Tchin et Matchin. Yarkend, capitale du royaume de Kachgar, est la résidence du souverain. La province elle-même s'étend sur une longueur de quarante journées de marche. Le pays est bien cultivé ; le souverain se nomme Abd our Rechid Khan, il descend de Djenguiz ; il est Mogol, car les descendants de Djenguiz sont divisés en différentes tribus. Ceux qui occupent le pouvoir en Crimée se nomment Tatar ; les khans de Toura, au delà du Dechti Qiptchaq s'appellent Choban ; les khans de Boukhara sont Uzbeks. Les tribus qui sont au delà de Kachgar et s'étendent jusqu'aux frontières de la Chine, sont celles des Qalmaq. Tous les chefs de ces différents peuples descendent de Djenguiz. On voit dans le *Djenguiz Namèh* que Djenguiz s'empara de tous ces pays et qu'il les partagea entre ses neuf fils ;

mais tous n'ont point acquis une égale célébrité. Il est inutile, du reste, d'entrer dans des détails à ce sujet. Le souverain de Kachgar, Abd our Rechid, se fait remarquer par son esprit d'équité ; il est, de tous les descendants de Djenguiz, celui qui pratique le plus exactement la justice. Il ne prélève sur son peuple que l'impôt du dixième et il ne se livre point aux exactions comme les khans de Boukhara.

C'est de Kachgar que vient la pierre de jade. On voit dans ce pays une haute montagne dont personne n'a jamais pu atteindre le sommet ; un fleuve considérable se précipite du haut de cette montagne, et ses eaux entraînent le jade. Personne ne sait où se trouve la mine d'où sort cette pierre ; on sait seulement qu'elle provient de cette montagne. Pendant l'été, lorsque les eaux diminuent, la population va récolter le jade dans le lit du fleuve. La moitié des pierres qu'elle trouve est réservée au souverain, l'autre moitié est abandonnée aux ouvriers. Le jade est divisé en sept espèces, selon sa couleur, la plus grande partie est expédiée en Chine, car, ainsi que nous l'avons dit plus haut, sans le jade, qui préserve de la foudre, la Chine serait dévastée.

A l'extrémité de Kachgar se trouve la ville de Thourfan, au delà de laquelle on ne rencontre plus de musulmans ; les marchands des différentes parties du monde, qui se rendent en Chine, se rassemblent au nombre de plusieurs milliers dans cette dernière ville ; ils choisisissent un chef auquel ils obéissent. Thourfan est situé sur la limite de Kachgar, et les villes de Qamil et de Soutcheou sont les premières villes de la frontière de Chine : entre Thourfan et ces deux dernières villes se trouve un désert d'une étendue de quarante journées de marche ; il n'y a aucun endroit cultivé, mais on y trouve de l'eau. Ce désert était autrefois peuplé et cultivé, mais Djenguiz, les empereurs de Chine et les chefs Qalmaq l'ont entièrement dévasté; c'est une plaine parfaitement unie. On ne peut le traverser en hiver, a cause de la terreur qu'inspirent les Qalmaq; car ces tribus, qui sont nomades, viennent s'y établir pendant la mauvaise saison. Pour ce motif, les caravanes ne s'y aventurent que pendant l'été. On provoque la pluie avec la pierre de yèdèh; cette pluie rafraîchit la température et permet de continuer son chemin. On franchit ainsi une route de vingt journées de marche; après ces vingt journées, la température est moins élevée et on n'a plus besoin de faire tomber de la pluie. Le yèdèh se trouve également en Crimée, chez les Tatares Nogaï; c'est une substance osseuse de la grosseur d'une noix et qui a la dureté de la pierre, on la trouve dans la tête de l'homme, du cochon, du cheval et d'autres animaux, mais il faut faire mille expériences avant de rencontrer la pierre véritable. Les gens qui font profession de connaître le yèdèh y inscrivent avec du sang de porc le nom de certains démons et de certains mauvais génies. Ils mettent aussi en usage certaines pratiques pour découvrir le yèdèh et ils s'en servent pour faire neiger, pleuvoir, et pour provoquer le froid. Les marchands qui se rendent en Chine prennent à leur solde un yèdèdjy, qui fait tomber la pluie et leur permet de marcher avec une température modérée. Pour conjurer les effets du yèdèh, il faut réciter le chapitre du Qoran « Ech chems » (1) et, avec la permission de Dieu, on annule

---

(1) Le chapitre Echchems ou du Soleil est le LXXXXI° du Qoran. Il comprend 21 versets.

son influence (1). Le climat de Kachgar est si salubre que les maladies y sont inconnues, et la vieillesse seule met un terme à la vie. La population est remarquable par sa beauté.

Abd our Rechid Khan professe les plus grands égards pour les ulémas ; il les fait venir en sa présence, juge leurs discussions et rend hommage au mérite de chacun.

Distique. « Reconnais à la science la valeur qui lui est due, et garde-toi de faire éprouver le moindre dommage à la loi religieuse. »

En deçà de Kachgar habitent de nombreuses tribus qui portent le nom de Qirghiz ; elles sont nomades, leur origine est mogole ; elles n'obéissent point à un souverain, mais à

---

(1) Le lecteur pourra consulter sur le yédèh, appelé en turc djedèh et en arabe hadjer oul mathar (pierre de la pluie), une longue note insérée par M. Et. Quatremère dans l'appendice de l'histoire des Mongols de Rechid oud Din. M. Quatremère a réuni tous les passages des auteurs orientaux et occidentaux qu'il a pu consulter et qui sont relatifs au yédèh et aux qualités que lui attribuent les peuples de l'Asie centrale. *Histoire des Mongols de la Perse écrite en persan par Raschid Eldin, traduite par Et. Quatremère*, Paris, 1836, in-f°, pages 428 et suivantes.

On lit dans la description du Turkestan insérée dans le voyage de M. Timkowski :

« L'yada tach ou bezoar est dur comme le sel gemme ; il varie pour la grosseur et la longueur ; il y en a de jaune, de rouge, de blanc, de vert, de brun. On le trouve dans l'estomac des vaches et des chevaux, dans la tête des cochons, le meilleur, dans leur estomac. Quand les Turkestani veulent obtenir de la pluie, ils attachent le bezoar à une branche de saule qu'ils posent dans de l'eau pure, ce qui amène infailliblement ce qu'ils demandent. Quand ils désirent du vent, ils mettent le bezoar dans un petit sac qu'ils attachent à la queue d'un cheval ; quand ils veulent un temps frais, ils l'attachent à leurs ceintures. Ils ont, pour ces différentes circonstances, des conjurations ou prières qui, selon leurs opinions superstitieuses, manquent rarement de succès. Les Turkestani, les Targaout et les Oelet se servent fréquemment du bezoar, dans de longs voyages, pour se préserver de la chaleur. L'effet du bezoar est encore plus grand dans les mains des Lama. »

Timkowski, *Voyage à Péking*. tome I, pages 412-413.

des chefs qui portent le nom de qachgâ. Les Qirghiz ne sont ni musulmans ni infidèles ; ils habitent des montagnes d'un accès difficile et dans lesquelles on ne peut pénétrer que par des défilés. Quand un souverain leur déclare la guerre et dirige des troupes contre eux, ils envoient leurs familles dans l'intérieur des montagnes et ils se portent à l'entrée des défilés et en interceptent le passage ; ils usent alors du yèdèh ; ils font tomber une neige abondante, provoquent le froid et quand les troupes ennemies sont engourdies et incapables de faire un mouvement, ils fondent sur elles et les mettent en déroute.

Ils n'enterrent point leurs morts, mais ils les placent dans un cercueil qu'ils suspendent aux sommets des arbres les plus élevés ; ils les y laissent jusqu'à ce que les ossements soient tombés en poussière.

Le Pays des Qazaq. — Les Qazaq sont établis dans le voisinage du pays des Qirghiz ; c'est une tribu qui compte plus de deux cent mille familles. Ils sont musulmans, du rite hanéfite. Leurs khans, qui descendent de Djenguiz, portent le nom de Tevekkul. Les ancêtres des Qazaq tentèrent jadis de conquérir Boukhara et Tachkend ; ils furent battus et obligés de se réfugier dans le désert, où ils s'établirent : c'est à cette circonstance qu'ils doivent le nom de Qazaq (1). Ils possèdent un nombre considérable de moutons, de chevaux et de chameaux ; leurs tentes sont placées sur des chariots ; leurs robes sont faites de peaux de mouton, qu'ils teignent de différentes couleurs et qui ont l'éclat du satin. On les porte à Boukhara, où on les vend au même prix que les

---

(1) Le mot Qazaq en turc oriental a les différentes significations de : émigré, exilé, rebelle, brigand, vagabond, aventurier.

robes de satin, tant elles sont élégantes et estimées. Ils ont aussi des manteaux faits en peaux et que la pluie ne peut traverser ; ils doivent cette qualité à certaines herbes qui croissent dans le pays des Qazaq et qui servent à préparer ces peaux.

Le Pays de Toura. — En deçà des Qazaq et au delà du Dechti Qiptchaq, et s'étendant sur une longueur de vingt journées de marche, se trouve le pays de Toura, dont le chef porte le nom de Koutchoum Khan. Il est de la race de Djenguiz et musulman du rite hanéfite. Koutchoum Khan s'étant un jour éloigné, les infidèles russes s'emparèrent de la ville de Toura. Koutchoum Khan revint, investit la ville, et pendant deux ans bloqua les Russes. Ceux-ci, réduits à la dernière extrémité, durent céder la ville. Cet événement a eu lieu récemment. Quand les Russes s'emparèrent de Toura, ils y firent prisonnier un fils de Koutchoum Khan qui fut envoyé à Moscou.

Autour du pays de Koutchoum Khan, on rencontre des tribus de peuples extraordinaires dont l'apparence extérieure excite l'étonnement. Personne ne comprend leur langue ; ils ne suivent les prescriptions d'aucune religion ni d'aucune secte. Ils sont semblables à des animaux sauvages. Dans ce pays les nuits sont extrêmement courtes, et, pendant quarante jours consécutifs, on ne peut faire la prière de la nuit, parce que l'aube paraît immédiatement ; c'est un fait parfaitement connu.

Les ancêtres de Koutchoum Khan ont exercé le pouvoir dans ce pays depuis Djenguiz Khan ; les aïeux d'Abd our Rechid dominent à Kachgar depuis l'expédition de Djenguiz Khan.

Un poëte persan a composé quelques vers pour fixer la date de l'expédition de Djenguiz qui envoya son fils Houlagou contre Bagdad où le khalife Montassem fut mis à mort. Lui-même ne dépassa jamais les frontières du Khorassan.

Vers : « En l'année de l'hégire 656, le jeudi quatrième jour du mois de safer, le khalife se rendit devant le sultan mogol, et ce jour vit la fin de la dynastie des Abassides. »

Dans le partage que Djenguiz fit de son empire à ses enfants, il attribua le pays de Kachgar à son fils Touly. Abd our Rechid descend de Touly Khan ; il y a donc trois cent cinquante ans que le royaume de Kachgar est au pouvoir de cette dynastie. Le chef des Qalmaq descend de Mangou Qaân. Les ancêtres d'Altoun Khan exercent le pouvoir depuis Djenguiz Khan.

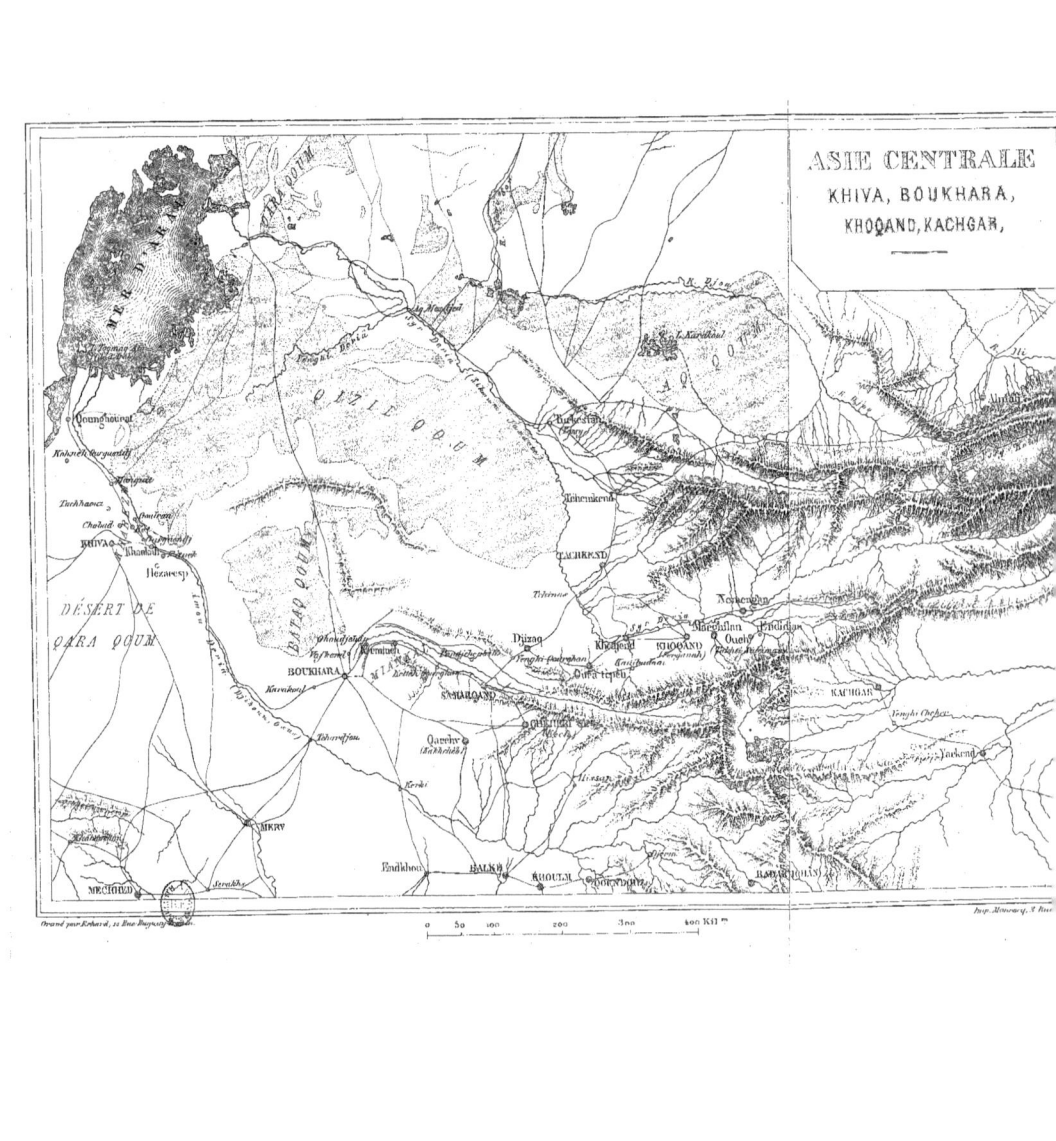

TABLE DES MATIÈRES

INTRODUCTION.

AFGHANISTAN	1
Noms des possessions qui dépendent du Souverain des Afghans, dans l'Hindoustan et dans le Khorassan.	5
Distances des principales villes entre elles.	8
Souverains Afghans : Zéman Khan Abdâly, Hadji Mir Véïs, Ahmed Châh.	9
Timour Châh, fils d'Ahmed Châh.	20
Souleiman Châh, fils d'Ahmed Châh.	24
Le prince Houmayoun, fils de Timour Châh.	27
Zéman Châh, fils de Timour Châh.	29
Le prince Qaïsser, fils de Zéman Châh.	37
Châh Mahmoud, fils de Timour Châh.	49
Le prince Alemguir, fils de Timour Châh.	60
Le prince Abbas, fils de Timour Châh.	79
Hadji Firouz oud Din, fils de Timour Châh.	81
Le Chahzadèh Châpour, fils de Timour Châh.	88
BOUKHARA.	93
Généalogie des Khans Uzbeks.	93
I. Aboul Feïz Khan.	95
II. Rehim Khan.	115
III. Danial Bi.	120
IV. Châh Murad Bi.	129
V. Hayder Tourèh.	152
Tableau des distances qui séparent les différentes villes.	172
KHIVA.	175
Généalogie des gouverneurs d'Ourguendj et de Khiva.	175
Mehemmed Emin Bi.	179
Yvaz Bi inâq.	181
Iltouzer Khan.	182
Mehemmed Rehim Khan.	193

Khoqand...	207
Généalogie des chefs Uzbeks de la province du Khoqand, appelée autrefois Ferghanah...	207
Ner Boutèh Khan...	210
Alim Khan Ghazy, fils de Ner Boutèh Khan...	211
Châhroukh Mirza, fils d'Alim Khan...	223
Omer Khan, fils de Ner Boutèh Khan...	225
Dénombrement des villes du Khorassan...	231
Description du Tibet...	237
Kachmir. Fabrication des châles...	240
Ekber Châh...	242
Districts du Khorassan...	245
Appendice...	253
I. Le Khorassan...	253
II. Le Bala Hissar de Kâboul...	275
III. Notice sur l'État du Turkestan et sur Ner Boutèh Bi qui a gouverné précédemment cette contrée...	280
IV. Le Turkestan et le Decht...	287
V. Le chef des Qalmaq. — Le royaume du Tibet...	292
La province de Kachgar. — Le pays des Qazaq et de Toura...	298

www.ingramcontent.com/pod-product-compliance
Lightning Source LLC
Chambersburg PA
CBHW071239160426
43196CB00009B/1113